海南师范大学中国语言文学一级博士点建设经费资助出版

# 中华优秀传统文化研究

（第三辑）

张震英——主编

Research on
Excellent Chinese Traditional Culture
(Part III)

社会科学文献出版社
SOCIAL SCIENCES ACADEMIC PRESS (CHINA)

宁鸣而死，
不默而生。
胡适
ー九ー三二十

**胡适**（1891—1962），学者。原名洪骍、嗣穈，字希疆，参加留美考试时改名适，字适之。安徽绩溪人，生于上海。早年肄业于中国公学，受严复和梁启超等人影响，开始接触西方学术文化。清宣统二年（1910）赴美，先入康奈尔大学农学院，后转文学院学哲学。曾与同时留美的赵元任、任鸿隽等发起成立中国科学社。1915年又入哥伦比亚大学攻读博士，师事杜威，用英语写成《先秦名学史》的博士论文。1917年回国任北京大学教授，加入《新青年》编辑部，撰文反对孔教和封建贞操观念，宣传个性自由，民主与科学，提倡白话文，发动文学革命，为当时新文化运动的著名人物。1922年，创办《努力周报》，主张"好人"政府和"省自治的联邦制"。1928年，任中国公学校长，参与筹备中央研究院。1931年"九一八"事变后，又办《独立评论》。1938年起，任国民党政府驻美大使。1942年被聘为行政院高等顾问。1946年任北京大学校长。1948年去美国，晚年寓居台湾。提出"大胆假设，小心求证"的治学方法。认为"科学试验室的态度"就是根据事实材料，提出假设，然后进行验证，证据多而有力遂为定论，有有力反证则被否定。特别强调了假设的重要性，认为假设的基础是"寻得几条少数同类的例"，假设的作用是"使归纳法实用时格外经济，格外省力"。主要著作有《先秦名学史》、《中国哲学史大纲》（上卷）、《白话文学史》（上卷）、《胡适文存》、《胡适论学近著》等。

中华优秀传统文化研究 立一奉题

中华优秀传统文化研究 立一篆题

允執厥中

尚書大禹謨 人心惟危 道心惟微 惟精惟一 允執厥中 乙未十月廿日 崔三

泰山巖巖 魯邦所詹 奄有龜蒙 遂荒大東 至於邦海 淮夷來同 莫不率從 魯侯之功 徂來之松 新甫之伯 是斷是度 是尋是尺 松桷有舄 路寢孔碩 新廟奕奕 奚斯所作 孔曼且碩 萬民是若 詩經二章 玄一書

**崔学路**，号佛堂玄一，1945年生，山东德州武城佛堂人。书法家、书法教育家、书道倡行者。《青少年书法报》首任社长、总编辑，全国青少年神龙书法大奖赛主席，颜真卿书法学会会长，全国第五届书法篆刻展评委，首届国际临书大展评委，新加坡第六届陈静绍书法奖评选委员，北京师范大学启功书院学术委员会委员，深圳大学书法艺术研究员，中国硬笔书法家协会艺术指导，中国书法艺术国际大展艺术委员会委员，《青少年书法报》《神州艺术》《东方书画报》《钢笔书法报》《皖风书艺报》《神州时代艺术》等数十家报刊艺术顾问，《美术教育研究》主任编委。

## 郑州大学嵩阳书院

郑州大学嵩阳书院是在人文科学试验班的基础上建立的。1994年，郑州大学主要依托文学、历史、哲学三大学科设立了人文科学试验班（国学方向），归教务处直接管理，平时挂靠在历史学院。试验班按照文史哲贯通的思路，以中华优秀传统经典为教育重点，旨在培养基础扎实同时又有专长的国学教育与研究人才。

为了更好地继承和发展书院精神，彰显中原文化特色，传承创新中华优秀传统文化，提高国家文化软实力，郑州大学在河南省委、省政府的大力支持下，于2009年8月成立了嵩阳书院。作为郑州大学二级学院，嵩阳书院依托郑州大学历史学院、文学院和公共管理学院等人文社科院系，以培养国学人才、文化事业及文化产业发展专门人才为办学方向。成立郑州大学嵩阳书院，既是传承和弘扬中原文化、彰显当代河南文化性格、提升河南形象的需要，更是传承和弘扬中华优秀传统文化的需要，关系到"赓续文脉，弘扬国学"目标能否实现，是河南省文化强省战略的重要举措。

郑州大学嵩阳书院自创立以来，汇集文学院、历史学院等相关专业最优秀的师资力量，同时还聘请了中国人民大学国学院、武汉大学国学院等国内高水平大学的国学研究大家担任客座教授，为本专业的人才培养提供了可靠的师资保障。郑州大学嵩阳书院每年在全国招生70名左右，实行小班教学，目的就是让学生能够更好地与专业老师进行沟通交流，更加深入地学习相关国学经典。经过四年的系统学习，学校根据学生选择的方向授予文、史、哲相关专业的学士学位证书。

为了让学生更好地学习国学，培养高素质、创新型人才，增强学生对传统文化的认识，书院制定了科学合理的培养计划，开设的课程主要有：国学通论、经学常识、古礼常识、音韵学、训诂学、中国通史、中国古代文学史、中国哲学史、《左传》研读、《诗经》研读、《论语》研读、《周易》研读、《老》《庄》研读、《孟子》研读、《三礼》研读、《史记》研读、《汉书》研读、《孝经》研读等。

　　嵩阳书院设立的相关课程目的在于帮助学生熟悉中华典籍，陶冶情操，提高国学修养，适应时代发展的需要，成为新世纪国学研究的人才。通过所学的知识，学生可以把优秀的传统文化运用到现实生活中，将传统文化与当今社会的发展相融合，不仅能够促进社会的和谐发展，而且还可以促进传统文化在当代社会迸发出新的生机与活力。

　　郑州大学嵩阳书院除了系统的理论学习，还经常举办国学讲座、游学会讲和国学知识竞赛等活动。古人有言："读万卷书，行万里路。"每年学院都会组织学生去其他书院和全国著名的文化古迹所在地进行交流和考察学习。与此同时，书院每年还会举办国学知识竞赛，让学生在竞赛中加深对国学经典的学习，在理论和实践中加深对中华优秀传统文化的认识，开阔眼界，不断丰富学习生活。

（戴庞海、孙林园供稿）

**沙鸥**（1963—），现任马鞍山市文联四级调研员，笔名古莲。兼任华南理工大学中国版画研究所副所长、研究员，研究范围涉及文学、甲骨文、书法、绘画、方志、文献、考据等诸多领域，出版各类专著二十部。代表著作《甲骨文书法创作导论》《萧云从评传》《萧云从诗文辑注》《萧云从丛考》《萧云从与姑孰画派》《萧云从版画研究》《萧云从年谱》等。专著论文先后荣获第24届"金牛杯"全国美术图书奖铜奖、中国第三届年鉴论著奖、安徽省社科优秀成果奖、安徽省第三届文联文艺评论奖等二十多个奖项。现为中国历史文献研究会理事，中国李白研究会理事，中国四库文化学会理事，中国文艺评论家协会会员，中华诗词学会会员，安徽省姑孰画派研究会会长等。

[国画推介：谢麟先生国画作品选]

村口古树

庭院秋色图

峡江行舟图

玉泉潭

　　**谢麟** 1957年生于广西容县，祖籍广东德庆。毕业于广西艺术学院美术系，中央美术学院第十届油画研修班结业。中国美术家协会理事、中国美术家协会民族美术艺委会副主任、中国油画学会副秘书长、中央文史研究馆书画院研究员、广西壮族自治区中国画学会会长、第八届广西美术家协会主席、第九届广西美术家协会名誉主席，国家一级美术师。获广西壮族自治区人民政府颁发的第四、六、九届广西文艺创作铜鼓奖。2018年获中国文联、中国文艺评论家协会第三届"啄木鸟杯"中国文艺评论年度优秀作品奖。

梁集祥/摄

**左江花山岩画**　地处广西崇左市左江及其支流明江流域（范围包括崇左市宁明县、龙州县及江州区和扶绥县），与其依存的山体、河流、台地共同构成壮丽的左江花山岩画文化景观，包含约105公里左江、明江河段。遗产区面积6621公顷，其中宁明县为第一遗产区，龙州县为第二遗产区，江州区和扶绥县为第三遗产区。岩画绘制年代可追溯到战国至东汉时期，已有2000多年历史，其地点分布之广、作画难度之大、画面之雄伟壮观，为国内外罕见，具有很强的艺术内涵和重要的考古科研价值。因其景观、岩画与中国南方壮族先民骆越人生动而丰富的社会生活融合在一起所显示的独特性，2016年7月15日，在土耳其伊斯坦布尔举行的联合国教科文组织世界遗产委员会第40届会议上，中国世界文化遗产提名项目"左江花山岩画文化景观"与湖北神农架一起入选《世界遗产名录》，分别成为中国第49处和第50处世界遗产。花山岩画申遗成功填补了中国岩画类世遗项目的空白。

[ "八桂国学大讲堂" 系列讲座海报选]

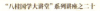

## [ "言文行远" 系列学术讲座海报选]

# 《中华优秀传统文化研究》集刊
# 编辑委员会

# 目　录

# 新时代传承和弘扬中华优秀
# 传统文化路径研究

# 深刻把握坚守中华文化立场的三重意蕴

何 丽[*]

**内容提要** 坚守中华文化立场宣示了中华民族发展中华文化的立场、方向和决心，具有重大的现实意义和深远的历史意义。坚守以马克思主义为指导的立场、以人民为中心的立场、以社会主义为方向的立场、以中华文化为主体的立场，构成了坚守中华文化立场的基本要义。在实践逻辑上，我们必须坚持中国共产党领导；走中国特色社会主义文化发展道路；增强文化自觉，坚定文化自信，实现文化自强；弘扬文化斗争精神。坚守中华文化立场，必须以独立的姿态参与世界文化交流与合作。

**关键词** 中华文化 中国特色社会主义 文化基因 文化立场

在民族历史转变为世界历史的进程中，世界主义与民族主义交相辉映，各民族文化之间的交流互鉴与相互竞争并存，描绘了五彩缤纷的世界文化的基本蓝图。在世界文化蓝图中，光辉灿烂的中华文化，是保持"自我"还是放弃"自我"，是一个极其重大的时代问题。2014 年 10 月 15 日，习近平在文艺工作座谈会上郑重指出："我们要坚守中华文化立场、传承中华文化基因，展现中华审美风范。"[①] 党的十九大报告也庄严宣示，要"坚守中华文化立场"[②]。坚守中华文化立场有三个关键词："坚守"，即有

---

\* ［作者简介］何丽，女，1985 年生，陕西西安人。尼赫鲁大学国际学院博士研究生。研究方向：中华传统文化。

① 习近平：《在文艺工作座谈会上的讲话》，人民出版社，2015，第 26 页。
② 习近平：《决胜全面建成小康社会 夺取新时代中国特色社会主义伟大胜利——在中国共产党第十九次全国代表大会上的报告》，人民出版社，2017，第 41 页。

决心、有毅力地坚决守护；"中华文化"，即中华大地上生长起来的本土文化与中国化的外来文化的总和；"立场"，即观察问题、分析问题、解决问题的立场定位和基本态度。坚守中华文化立场，宣示了中华民族发展中华文化的立场、方向和决心，具有重大的现实意义和深远的历史意义。

## 一　坚守中华文化立场的历史必然

在近代以前的民族历史时代，各民族文化的生成、延续、发展不仅具有自发性、自主性，而且具有相对封闭性，呈现出千差万别的"民族文化生态"；而在现代世界历史时代，各民族文化发展的片面性和局限性日益减弱，随着世界范围内的普遍联系和相互影响日益加深，各民族文化呈现出和而不同的"世界文化生态"。那么，世界历史背景下的"世界文化生态"，是万紫千红的百花园，还是整齐划一的绿茵场？从理论逻辑和实践逻辑上看，世界文化是多样性的统一。在世界多极化、经济全球化、文化多样化、社会信息化深入发展的世界场域中，能否坚守中华文化立场，关乎中华文化的存续和发展，关乎中华民族的前途和命运，关乎未来世界的和平与稳定。

坚守中华文化立场，是中华文化永续发展的历史要求。2014 年 10 月 15 日，习近平在文艺工作座谈会上指出："每到重大历史关头，文化都能感国运之变化、立时代之潮头、发时代之先声，为亿万人民、为伟大祖国鼓与呼。中华文化既坚守本根又不断与时俱进，使中华民族保持了坚定的民族自信和强大的修复能力，培育了共同的情感和价值、共同的理想和精神。"[1] 自古以来，多元一体的中华文化，以特有的"敬德保民"的人文性、"道法自然"的自然性、"天下为公"的社会性、"海纳百川"的包容性、"阴阳互动"的辩证性、"自强不息"的创造性等优秀品质，内生性地促进其自身永续发展。中华文化从未中断的历史已经证明，中华文化无论是对于中华民族来说，还是对于世界文明而言，都发挥了无可替代的作用，有着特殊的价值和意义。坚守中华文化立场，不仅体现了当代中国人对待中华既有文化的态度，而且体现了当代中国人在如何对待中华未来文

---

[1]　习近平：《在文艺工作座谈会上的讲话》，人民出版社，2015，第 5 页。

化这一问题上的主张，即坚定不移地保护中华优秀传统文化，弘扬优秀文化传统，传承优秀文化基因，夯实中华文化根基，塑造中华文化灵魂，发展民族的科学的大众的中国特色社会主义文化。如果放弃中华文化立场，搞历史虚无主义、文化虚无主义等，就会斩断中华文化的根脉；如果搞"崇洋媚外""全盘西化"，就会导致中华文化基因变异。无论出现上述哪种情况，中华文化都会变成没有根基的空中楼阁。只有坚守中华文化立场，保持"自我"，继往开来，才能筑牢中华文化根基，赓续中华文化命脉，促进中华文化发展，不断造就不忘本来、吸收外来、面向未来的中华文化繁荣兴盛的良好局面。

坚守中华文化立场，是实现中华民族伟大复兴的现实要求。实现中华民族伟大复兴，是近代中国人民前赴后继不断追求的共同理想，也是当代中国人民持续奋斗的共同使命。实现中华民族伟大复兴，既需要强大的物质力量，也需要强大的精神力量。无论是汉唐勃兴，还是康乾盛世，都是经济、政治、文化等共同造就的结果；无论是罗马帝国兴起，还是大英帝国昌盛，都是物质力量和精神力量共同塑造的结局。文化是民族的灵魂与标识，民族是文化的主人与载体。习近平反复强调，没有中华文化繁荣兴盛，就没有中华民族伟大复兴。中华文化赋予中华民族特有的精神品格，为中华民族伟大复兴提供价值导引、精神动力和智力支持。五四运动中"打倒孔家店"的形式主义，"文化大革命"中"横扫牛鬼蛇神"的形而上学，都对中华文化的存续和发展造成了极为严重的消极影响，留下了深刻教训。改革开放以来，党中央领导全国各族人民拨乱反正，坚持古为今用、推陈出新的方针，继承中华优秀传统文化，发展革命文化和社会主义先进文化，积累了丰富经验。中国特色社会主义文化的形成和发展过程，就是马克思主义与中华优秀传统文化相结合，并吸收世界上一切优秀文化成果，从而实现中华优秀传统文化创造性转化和创新性发展的过程。坚守中华文化立场，就是保持"自我"与发展"自我"相统一，保持独立性，坚持开放性，将推动中华文化繁荣昌盛融入实现中华民族伟大复兴的过程。

坚守中华文化立场，是中华民族为世界做出更大贡献的客观要求。当今世界，民族主义与世界主义共存共生，实现中华民族伟大复兴的呼声与构建人类命运共同体的呼声相互响应，各民族之间的"竞合状态"实际上也是各民族文化之间交流互鉴的历史结果。民族的独特性组成了世界的多样性，世界的多样性内含民族的独特性。源远流长的中华文化是中华民族赖以生存和发展的"根"与"魂"。如果丢掉了这个"根"，就会割断自己的历史传承和精神命脉；如果丧失了这个"魂"，就会毁掉自己的精神家园和心灵主宰，中华民族就可能失去提供中国智慧和中国方案的"中国资格"。"如果一个民族丧失其文化特点，它就不可能作为一个单独民族而存在"①。在历史上，中华文化对人类文明产生过重要影响，中国智慧对世界发展做出过重要贡献。在当今时代，随着中国经济的崛起，中华文化、中国精神等正在大踏步地走向世界舞台中央，一系列带有中华民族色彩的概念、理念、思想、论断、表述、话语等正日益成为国际话语场中的核心议题和基本共识。文化软实力的发展逐步展现出中国价值对世界发展的巨大引领作用，彰显出中国智慧对人们认识世界的巨大启迪作用，反映出中国方案对解决世界难题的巨大创新作用。越是民族的，越是世界的。如果动摇或放弃了中华文化立场，我们就会失去与世界文化交流、对话的主体性前提，更谈不上为世界做出中国贡献。我们有理由相信，中华文化的人文优势、价值优势、话语优势等必将转化为发展优势、制度优势、治理优势等，中华文化对世界的贡献必将越来越大。

堅守中华文化立场，强调的是中外文化的交流互鉴，揭示的是古今文化的发展规律。坚守中华文化立场，巩固中华文化的主体地位，恪守中华文化的独立性，保持中华文化的民族性，是中华文化走向世界、融入世界的前提条件，也是学习外来文化、吸收外来文化的前提条件，因而既有必然性，也有应然性。

## 二　坚守中华文化立场的基本要义

坚守中华文化立场，本意是指站在中华民族的立场上，用中华民族的方式看待中国与世界，树立中华文化的主体意识，巩固中华文化的主体地

---

① 〔苏〕尼·切博克萨罗夫、伊·切博克萨罗娃：《民族·种族·文化》，赵俊智、金天明译，东方出版社，1989，第23页。

位，促进中国特色社会主义文化大发展大繁荣，保持中华文化在世界文化交流中的话语权和地位。如果失去了中华文化的主体意识，就必然会盲目地跟着别人走，成为其他文化的附庸；如果失去了中华文化的主体地位，就必然会失去对外文化交流的能力。总而言之，如果放弃了中华文化立场，就必然会失去贡献于世界的资格。坚守中华文化立场的基本逻辑，就是要明确"我们从哪里来，我们到哪里去"与"我们是谁，我们为谁"的历史性、世界性文化命题。在中国特色社会主义新时代，坚守中华文化立场，应至少表明以下几个方面的主张。

**第一，坚守以马克思主义为指导的立场。**

马克思主义作为科学的世界观和方法论，深刻揭示了人类社会发展的基本规律，是全世界"普照的光"。马克思主义在中国得到广泛传播，实现了两次历史性飞跃，成为中国革命、建设和改革的根本指导思想，是中国历史和中国人民选择的结果。党的十九届四中全会通过的《中共中央关于坚持和完善中国特色社会主义制度、推进国家治理体系和治理能力现代化若干重大问题的决定》强调，要"坚持马克思主义在意识形态领域指导地位的根本制度"[①]。意识形态是民族文化的统领，民族文化是意识形态的表现。坚持以马克思主义为指导，是当代中国文化建设的首要问题和根本问题，是中国特色社会主义文化的本质特征，关系着中华文化的特质以及中华民族的命运。中国化马克思主义是当代中国文化建设的"指南针"和"定盘星"，我们在任何时候和任何情况下都不能对中国化马克思主义有所怀疑和动摇。坚守以马克思主义为指导的立场，就要坚定对马克思主义的信仰，坚持把马克思主义基本原理与中国具体实际相结合，坚持与时俱进地发展马克思主义，锲而不舍地推进马克思主义中国化时代化大众化，使其成为中国"普照的光"；坚守以马克思主义为指导的立场，就要坚决贯彻习近平新时代中国特色社会主义思想，坚定不移地走中国特色社会主义文化发展道路，在守正创新中不断促进中华文化的发展和繁荣，不断铸就中华文化新辉煌；坚守以马克思主义为指导的立场，就要敢于和善于同形形色色的反马克思主义的错误观点和思潮做最坚决的斗争，巩固意识形态

---

① 《中共中央关于坚持和完善中国特色社会主义制度、推进国家治理体系和治理能力现代化若干重大问题的决定》，人民出版社，2019，第23页。

安全和文化安全；坚守以马克思主义为指导的立场，就要巩固马克思主义在意识形态领域的指导地位，巩固全党和全国人民团结奋斗的共同思想基础。

**第二，坚守以人民为中心的立场。**

在社会主义中国，坚守以人民为中心的立场，既是坚守根本的政治立场，也是坚守根本的文化立场。毛泽东早在延安文艺座谈会上就指出："无论高级的或初级的，我们的文学艺术都是为人民大众的，首先是为工农兵的，为工农兵而创作，为工农兵所利用的。"① 改革开放后，邓小平在中国文学艺术工作者第四次代表大会上的祝词中强调："我们的文艺属于人民。"② 习近平在文艺工作座谈会上强调，要"坚持以人民为中心的创作导向"③。在革命、建设、改革过程中，无论局势如何变化，无论任务如何转换，中国共产党始终倡导和坚持人民至上，始终秉持和坚守人民立场。中国特色社会主义文化要为人民代言，表达人民心声，传达人民情感，满足人民文化需要，增进人民福祉。坚守以人民为中心的立场，就要突出人民的主体地位，尊重人民群众的首创精神；坚守以人民为中心的立场，就要坚持人民共享原则，保障人民群众的文化权益；坚守以人民为中心的立场，就要反映人民的时代心声，展示人民群众的精神面貌；坚守以人民为中心的立场，就要坚持全心全意为人民服务的根本宗旨，满足人民群众日益增长的文化需要；坚守以人民为中心的立场，就要坚持"文以化人"，引领人民群众的精神生活，促进人民群众全面发展。中国特色社会主义文化的民族性、科学性、大众性，规定着中国特色社会主义文化必须来源于人民，根植于人民，服务于人民，满足于人民，从而促进人民全面发展。

**第三，坚守以社会主义为方向的立场。**

在社会主义初级阶段，以公有制为主体、多种所有制经济共同发展的基本经济制度，从根本上决定了我国文化必然是多样性的存在，必然会呈现出五彩斑斓、争奇斗艳的宏大画面。积极的与消极的、先进的与陈腐

---

① 《毛泽东选集》第 3 卷，人民出版社，1991，第 863 页。

② 《邓小平文选》第 2 卷，人民出版社，1994，第 209 页。

③ 中共中央文献研究室编《十八大以来重要文献选编》（中），中央文献出版社，2016，第 127 页。

的、高雅的与庸俗的、美好的与丑陋的、进步的与反动的、有益的与有害的、科学的与荒谬的等不同属性的文化都有自己的场域。1980 年 7 月 26 日,《人民日报》发表的题为《文艺为人民服务,为社会主义服务》的社论,提出了"二为"方向。"二为"方向不仅是我国文艺的方向,而且是我国文化的方向。要"坚持为人民服务、为社会主义服务的方向"①。坚持以社会主义为方向,"弘扬主旋律,提倡多样化"②,是由社会主义初级阶段的基本国情决定的,是推进中国特色社会主义伟大事业的必然要求。坚守以社会主义为方向的立场,就要宣传和贯彻习近平新时代中国特色社会主义思想,用马克思主义中国化的最新理论成果武装全党、教育人民,使习近平新时代中国特色社会主义思想成为推动当代中国文化建设的指导思想;坚守以社会主义为方向的立场,就要深化中国特色社会主义宣传教育,弘扬民族精神和时代精神,培养和塑造中华民族共同的理想信念;坚守以社会主义为方向的立场,就要坚持用社会主义核心价值观引领我国文化建设,发挥社会主义核心价值观对国民教育、精神文明建设、精神文化产品创作等的引领作用,使社会主义核心价值观转化为中国人民的情感认同和行为习惯,提高中国人民的思想觉悟、道德水准、文明素养,提高全社会的文明程度;坚守以社会主义为方向的立场,就要坚持为中国特色社会主义伟大事业服务,激发全民族的创造活力,促进中华文化复兴。

**第四,坚守以中华文化为主体的立场。**

近代,西学东渐、欧风美雨,影响了中国社会风气。一部分人提出了"全盘西化"的谬论,形而上学之风以及"崇洋媚外"之风泛滥。这些给中华文化的发展造成了十分消极的影响。当然,在中国近现代历史中,也有一部分人主张发展"中国本位"文化,如王新命等十位教授于 1935 年发表的《中国本位的文化建设宣言》、牟宗三等学者于 1958 年发表的《为中国文化敬告世界人士宣言》、中华民族文化促进会于 2004 年发表的《甲申文化宣言》等,都主张尊重中华传统文化,推进"中国本位"文化建设。为了校正我国文化建设的前进方向,中国共产党提出了批判地继承、

---

① 中共中央文献研究室编《改革开放三十年重要文献选编》(下),中央文献出版社,2008,第 910 页。
② 同上。

古为今用、推陈出新、保护和弘扬、创造性转化和创新性发展等文化方针，主张发展民族的科学的大众的社会主义文化，弘扬民族精神，凝聚民族力量，塑造民族形象，叫响民族话语。中华民族在数千年的奋斗过程中，形成了自己独特的精神家园、思维方式、价值观念、思想体系、表达形式和审美情趣等，这些构成了中华民族最基本的文化基因，成为中华民族的内在品格和精神标识。中华文化既有对历史的积淀和延续，也有对时代内涵的拓展和丰富。中华民族五千多年文明历史所孕育的中华优秀传统文化，熔铸于党领导人民在革命、建设、改革中创造的革命文化和社会主义先进文化，在新时代熔铸为中国特色社会主义文化，即中华文化。习近平指出，"中华文化既是历史的、也是当代的，既是民族的、也是世界的……我们要坚持不忘本来、吸收外来、面向未来，在继承中转化，在学习中超越"①。发展中国特色社会主义文化，就是要立足中国，面向世界和未来，坚持和巩固中华文化的主体地位。坚持和巩固中华文化的主体地位，保持中华文化的主体性、自主性、民族性，建设和发展中国特色社会主义文化，是巩固和发展中国特色社会主义事业的重要组成部分，是开展世界范围内文化交流与对话的首要前提，是为世界文明进步贡献中国智慧的"中国本钱"。坚守以中华文化为主体的立场，就要守正创新、强基固本，推动中华优秀传统文化创造性转化和创新性发展，不断铸就中华文化新辉煌；坚守以中华文化为主体的立场，就要在国际上讲好中国故事，传播好中国声音，展示好中国形象，从而彰显中华文化的持久魅力。坚守以中华文化为主体的立场，是坚守中华文化立场的基本主张和根本要义。

坚守中华文化立场，是具体的而非抽象的，是民族立场和阶级立场在当代中国文化领域的体现，"就是要用中国智慧创造出表达中国思想的话语体系"②。在中国特色社会主义新时代，要坚守以马克思主义为指导的立场、以人民为中心的立场、以社会主义为方向的立场、以中华文化为主体的立场，促进中华文化繁荣兴盛。这是坚守中华文化立场的基本要义，也是坚守中华文化立场的本质规定。

---

① 习近平：《习近平谈治国理政》第2卷，外文出版社，2017，第352页。
② 郭凤志：《深刻把握"坚守中华文化立场"的深刻内涵》，《光明日报》2018年1月29日。

### 三 坚守中华文化立场的实践要求

坚守中华文化立场，是时代的呼唤、民族的心声。如何更好地坚守中华文化立场呢？"重"在"坚守"，必须有觉悟、有决心、有恒心、有毅力，勇于担当；"要"在"中华文化"，必须突出、巩固、发展中华文化，勇于自为；"质"在"立场"，必须立好足、站好队，有所为、有所不为，勇于自主、善于自主。在实践逻辑上，我们应该始终坚持中国共产党领导；走中国特色社会主义文化发展道路；增强文化自觉，坚定文化自信，实现文化自强；弘扬文化斗争精神。总而言之，我们要以独立姿态参与世界文化交流与合作，为构建人类命运共同体做出不可或缺的新贡献。

其一，坚持中国共产党领导。中国共产党向来是中华优秀传统文化的守护者和传承者、革命文化的倡导者和弘扬者、社会主义先进文化的建设者和推动者，一言以蔽之，是中华文化的捍卫者和发展者。在中国革命和建设时期，以毛泽东同志为主要代表的中国共产党人主张实现马克思主义中国化，提出了批判地继承、古为今用、推陈出新的方针，要求发展民族的科学的大众的新民主主义文化。在《论联合政府》中，毛泽东指出："没有民族的科学的大众的文化即新民主主义文化的发展……要想在殖民地半殖民地半封建的废墟上建立起社会主义社会来，那只是完全的空想。"[1] 党的十一届三中全会以后，以邓小平、江泽民、胡锦涛等为主要代表的中国共产党人，明确提出了保护中华民族文化遗产的方针，号召全党和全国各族人民继承中华优秀传统文化，弘扬中华优秀文化传统。党的十八大以后，以习近平同志为核心的党中央，深刻总结历史经验与教训，提出了"推动中华优秀传统文化创造性转化、创新性发展"[2] 的"两创"方针，传承中华优秀传统文化，创新革命文化，发展社会主义先进文化，从而全方位推进中华文化复兴，"让中华文明的影响力、凝聚力、感召力更

---

① 中共中央文献研究室、中央档案馆编《建党以来重要文献选编（1921—1949）》第22册，中央文献出版社，2001，第158页。

② 习近平：《在第十三届全国人民代表大会第一次会议上的讲话》，人民出版社，2018，第9页。

加充分地展示出来"①。中国共产党向来不忘本来、吸收外来、面向未来，正确处理古今中外关系，不仅在"守"中求"变"，在"变"中坚"守"，而且在继承中推动发展，在发展中体现继承，从而不断引领中华文化走向繁荣昌盛。只要坚持中国共产党领导，始终跟着中国共产党走，就能够坚定不移地坚守中华文化立场。

其二，走中国特色社会主义文化发展道路。早在中华人民共和国成立前夕，毛泽东就豪迈地宣告："伟大的胜利的中国人民解放战争和人民大革命，已经复兴了并正在复兴着伟大的中国人民的文化。"② 新中国成立以后，中国共产党领导中国人民踏上了社会主义建设和改革的征程，积极探索"三大规律"，勇于开创崭新局面，开辟了中国特色社会主义道路，开启了"伟大的中国人民的文化"的复兴历程。党的十八大报告指出："建设社会主义文化强国，必须走中国特色社会主义文化发展道路。"③ 党的十九大报告强调，我们"要坚持中国特色社会主义文化发展道路，激发全民族文化创新创造活力，建设社会主义文化强国"④。习近平多次强调，要统筹推进"五位一体"总体布局，协调推进"四个全面"战略布局，坚定"四个自信"，务必做到"四个讲清楚"，保护中华民族精神命脉，发展中国特色社会主义文化。习近平指出："独特的文化传统，独特的历史命运，独特的基本国情，注定了中国必然走适合自己特点的发展道路。我们走出了这样一条道路，并且取得了成功。"⑤ 历史和现实都表明，中国特色社会主义文化发展道路，是关乎中华民族精神独立性、关乎中华文化繁荣昌盛、关乎中华民族伟大复兴的大问题，既合规律性，又合目的性，是历史决定性和人民选择性的统一，是中华文化复兴和中华文化走向世界的正确道路，也是坚守中华文化立场的根本体现。

---

① 习近平：《在第十三届全国人民代表大会第一次会议上的讲话》，人民出版社，2018，第9页。
② 《毛泽东选集》第4卷，人民出版社，1991，第1516页。
③ 胡锦涛：《坚定不移沿着中国特色社会主义道路前进 为全面建成小康社会而奋斗——在中国共产党第十八次全国代表大会上的报告》，人民出版社，2012，第30页。
④ 习近平：《决胜全面建成小康社会 夺取新时代中国特色社会主义伟大胜利——在中国共产党第十九次全国代表大会上的报告》，人民出版社，2017，第41页。
⑤ 习近平：《出席第三届核安全峰会并访问欧洲四国和联合国教科文组织总部、欧盟总部时的演讲》，人民出版社，2014，第43页。

其三，增强文化自觉，坚定文化自信，实现文化自强。近代，受到西学东渐、欧风美雨的冲击，确实有一部分中国人在中华文化上"丢掉了自信心"。1997 年，在北京大学举办的第二届社会文化人类学高级研讨班上，费孝通提出了"文化自觉"的重要论断。习近平在党的十八大提出的"三个自信"的基础上增加了文化自信，从而将"三个自信"发展成"四个自信"。随着文化自信日益深入人心，有学者提出了文化自强的历史任务。所谓"文化自觉"，就是个人或共同体（集团、政党、国家、民族等）对某种文化的认知、反思和觉醒，对这种文化的历史和内涵的总体认识和基本态度；所谓"文化自信"，就是个人或共同体（集团、政党、国家、民族等）对某种文化价值的充分肯定和积极实践，对这种文化的生命力持有坚定的信心；所谓"文化自强"，就是主体性文化的自我更新与自我发展。文化自觉、文化自信的最终目的是实现文化自强①。文化自觉是前提，文化自信是关键，文化自强是旨趣。我们应该坚持创造性转化和创新性发展的方针，使中华民族最基本的文化基因与社会主义现代化建设相适应，处理好传统与现代、继承与创新、固本与发展的逻辑关系，加深对中华文化的内容、地位和作用等的认识，正确把握中华文化发展规律，对发展中国特色社会主义文化有主动担当，在寻根固本上有定力，在规律把握上有理性，在求真务实上有作为，平视而非仰视外来文化，与外来文化平等对话而非对其跪拜领教。我们要遵循中华文化发展的历史逻辑、理论逻辑和实践逻辑，努力培育和建构具有中华民族特色的价值体系、学科体系和话语体系。增强文化自觉、坚定文化自信、实现文化自强，是坚守中华文化立场的最好表现。

其四，弘扬文化斗争精神。要弘扬文化斗争精神，就要增强文化斗争能力。马克思主义是在斗争中形成和发展起来的，具有鲜明的批判性的精神品格。从马克思列宁主义到毛泽东思想，从邓小平理论到习近平新时代中国特色社会主义思想，它们无不勇于直面各种错误思潮和观点，坚持解构与建构并重，实现了马克思主义的与时俱进，成为中国共产党和中国特色社会主义建设的指导思想。2018 年 9 月 3 日，习近平在中非合作论坛北

---

① 云杉：《文化自觉、文化自信、文化自强——对繁荣发展中国特色社会主义文化的思考（上）》，《红旗文稿》2010 年第 15 期，第 4~8 页。

京峰会开幕式上的讲话中指出，"当今世界正在经历百年未有之大变局"[①]。在"百年未有之大变局"的背景下，世界各国之间不仅有利益之争，而且有思想文化之争。习近平在党的十九大报告中阐明"四个伟大"时特别强调，要"发扬斗争精神，提高斗争本领"[②]。在中外文化交流中，我们必须坚定立场，保持独立性和自主性，增强道义性和敏锐性，坚决反对和批判各种错误观点和思潮。从国际上看，一些心怀敌意和偏见的人，继续鼓吹"西方中心论""文明冲突论""普世价值论"等，推行"霸凌主义""民粹主义""自由主义"等，妄图主宰世界范围内的话语权，有意无意地诋毁或贬低中华文化。从国内来看，"全盘西化论""西学优越论""传统保守论"等流毒依然大有市场，"文化虚无主义""新自由主义""极端享乐主义"等思潮依然暗流涌动。当然，在我国思想舆论界，也有"唯我独尊""儒化中国""狭隘民族主义"等奇谈怪论。尘不扫不去，脸不洗不净。面对形形色色的错误观点和思潮，我们"一定要掌握好批评的武器[③]，弘扬文化斗争精神，增强文化斗争能力，提高警惕，正本清源。毋庸讳言，面对中西文化比较视角下"崇洋媚外"之风泛滥的严峻形势，弘扬文化斗争精神，是坚守中华文化立场的基本要求和表现。

坚守中华文化立场，绝不意味着排斥外来文化，封闭自我，唯我独尊；也绝不意味着倒向外来文化，失去自我，随波逐流。在全世界人民共同抗击新冠肺炎疫情的斗争中，西方一些政客和文化人士仍然坚持冷战思维，妄图发动"新型冷战"和"舆论战争"，对中国横加指责。如果不能保持清醒头脑，我们就极容易掉进别有用心的西方政客和文化人士设计的文化陷阱之中。因此，在中华民族逐步走向世界舞台中央的进程中，面对文化领域的"各种声音"，我们必须更加坚定地坚守中华文化立场。

---

① 习近平：《携手共命运 同心促发展——在2018年中非合作论坛北京峰会开幕式上的主旨讲话》，人民出版社，2018，第4页。
② 《党的十九大报告辅导读本》，人民出版社，2017，第16页。
③ 《邓小平文选》第2卷，人民出版社，1994，第391页。

儒 学 研 究

# 惺斋诗注《朱柏庐先生治家谨言》初探

胡　宁<sup>*</sup>

**内容提要**　　《朱柏庐先生治家格言》是中国传统家训的名篇，笔者近期收集到其注本一种，为清代手写本，书名称"谨言"而非"格言"，主体内容是逐句以五言八韵诗为注，自首至尾共66首，作者自称以"惺斋"为号。通过对该写本的初步考察，可知为乾隆年间浙江籍学者王元启的未完稿，诗注用典多、用词古雅，而又文辞优美、对仗工稳，本身可以视为一种别具一格的训诫著作，学理性和文学水平皆甚高，是研究王元启学术思想与文学创作的重要资料，也是研究中国传统家训文化尤其是明清浙江家训文化的重要资料。

**关键词**　　《朱子治家格言》　　王元启　　五言八韵诗

《朱子治家格言》是清代影响最大的家训类著作，笔者及所属区域文化研究团队长期搜集家训文化史料，关于此篇的刻本、写本较多。惺斋诗注《朱柏庐先生治家谨言》就是新近收集到的清代写本之一，收集自山东省平度县大王埠某村民家。此写本用小楷写于竹纸上，纸捻装，单页18.5cm×12.5cm。封面（见图1）贴有绿色签条，写"朱柏庐先生治家谨言"九字，前五字大，后四字小。内有40双页（筒子页），含空白页前后各一页，38双页有字，虽是写本，书写非常整齐，单页满页八行，满行20字。内容是对通常称为《朱子治家格言》的注，先全录原文，称为"朱柏

---

　　*　[作者简介] 胡宁，1978年生，安徽舒城人。历史学博士，上海大学文学院副教授，硕士生导师。研究方向：中国古代史、古典文献学。

庐先生家训"（见图2），对朱柏庐其人和《朱子治家格言》作简要辨析，附录朱熹所作《朱子家训》全文。接着为主体部分，以五言八韵诗逐句给《朱子治家格言》作注（见图3），共65则。后有"自跋"，以五言八韵诗

图1　封面

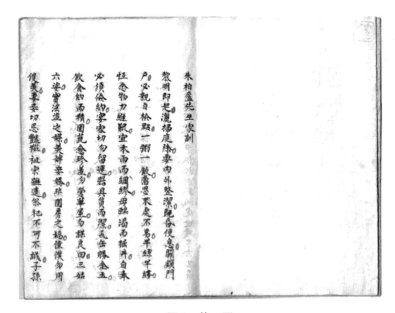

图2　第一页

一首结束，末二句曰："舒怀成六六，聊作惺斋箴。"最后总束全书曰："自首至尾共计六十六首。惺斋，予号也。"全书 7000 字左右。

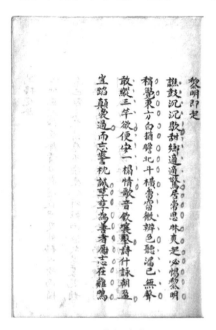

**图 3　首句诗注**

　　《朱子治家格言》是传统家训名作，"涉及治家、教子、修身、处世的各个方面，是将儒家思想和中华民族传统美德世俗化的典范之作，对民间影响最大"①。此篇的注本，如朱用纯弟子顾易的《朱子家训演证》、道光年间阜阳人朱凤鸣的《朱子家训衍义》等，以及民间流传的一些佚名注解，都是力求通俗易懂。而此注本则相当特殊，以五言诗作注且词句雅、用典多，有助于认识《朱子治家格言》在社会较高文化层面上的传播和影响，是非常罕见的资料②，笔者通过初步考察，觉得很有整理面世、做深入研究的必要，故作此文，从作者、特点、价值三个方面向学界同好做一介绍。

---

①　陈廷斌、徐少锦：《中国家训史》，陕西人民出版社，2003，第 683 页。
②　与此书同类的《朱子治家格言》注本，仅有道光年间陕西丰登书院刻本《朱子家训诗》，作者署名"太华山人"，也是以五言诗形式作注，笔者将另文介绍。

## 一　本书作者

全文末尾曰"惺斋，予号也"，是作者的自我介绍，可知他的号是"惺斋"。清代以"惺斋"为号者，可考的主要有：雍乾时期著名学者王元启、著名医家俞震（著有《古今医案按》）、晚清著名的外交家吕海寰等。此外，尽管将字称为号的情况通常不会出现，为谨慎起见，尚需提到道光年间字惺斋的著名诗人黄宅中。笔者认为此写本的作者应是王元启，理由如下。

首先，此写本是在山东省平度县搜集到的，而据《苌楚斋续笔》记载，王元启"历主道南、金石、樵川、华阳、崇本、涑源、嵩莽、重华、鲲池等九书院讲席三十年"①，华阳书院在崂山、涑源书院、嵩莽书院在济南，重华书院在菏泽，可知王元启长期在山东地区讲学，而崂山华阳书院距离平度市很近。王元启所著《祗平居士集》中有许多作于济宁、崂山等地与山东人士交游的文字。据此集所载文章考证，王元启于乾隆二十六年（1761）到河南卫辉崇本书院，山东兖州涑阳书院、曹州重华书院讲学，五年后的乾隆三十一年（1766）才返回福建延平书院。乾隆三十七年（1772）又北上，到涑阳书院，并游东昌，重修《济宁图记》。次年表示欲归家乡浙江，但似未成行，直到乾隆五十年（1785）自述至四明游览，可知当时已回浙江。② 这样看来，王元启在山东游历讲学之时间累计，短则五六年，长则十多年，他在山东期间为《朱子治家格言》作注并留存在山东，是完全合理的。

其次，作者在"自跋"中说"予岂能诗者，茫然遽学吟"，虽是谦辞，也可说明作者并不以诗歌创作为恒务。王元启是学者，有文名，但诗作甚少，传世者仅二十余首。自谦非能诗者，正符合他的口气。若是经常作诗的人，自谦可言所作不佳，径言"予岂能诗者"就太过而显得很做作了。

---

① （清）刘声木：《苌楚斋随笔、续笔、三笔、四笔、五笔》，中华书局，1998，第 320 页。

② 参见《与张少仪同年书》《与胡书巢书》《观察印淞汀像赞并序》《皇清例授文林郎赐进士出身福建将乐县知县王先生元启墓志铭》，（清）王元启：《祗平居士集》，《续修四库全书》第 1430 册，影印嘉庆十七年王尚绳恭寿堂刻本，上海古籍出版社，2002，第 597、606、609、690、474 页。

再次，此书封面题名为"朱柏庐先生治家谨言"，首页又题"朱柏庐先生家训"，显然是有意不用"格言"之名，全稿也未出现"格"字，应是避讳。王元启之父名"承荣"，古人的名与字之间在含义上是相关联的，且多用经典语意，《尚书·益稷》有"格则承之庸之"之句，则很可能因为王承荣的字用了"格"，故王元启讳之，不用"格言"而称"谨言"。

又次，从写本内容来看，无医家气、无显宦气，而学者气息却很明显，多用并善用典故，遣词造句多用古语，下文将有例示。这种风格，既非普通民间作劝善书者所能为，也非仅擅长描景绘形、抒情咏志的普通文士所能为。

最后，王元启颇留意训诫类的文献，其著作中有《弟子职补注》一卷，是对《仪礼经传通解》中《弟子职》部分的补充训释，并不完全依从朱熹。该书有乾隆《惺斋先生杂著》本、济南书院刊本。而且据《祗平居士集》，王元启家塾尚刊刻有《校正女诫》和《校正三言蒙训》两种。王元启既然补注《弟子职》、校勘《女诫》和《三言蒙训》，那么在《朱子治家格言》上也下一番功夫，完全在情理之中。

综合以上五点，以惺斋为号的此写本作者应该就是王元启。王元启，浙江嘉兴（一作钱塘）人。生于清圣祖康熙五十三年（1714），卒于高宗乾隆五十一年（1786），享年七十三岁。乾隆十九年（1754）进士，官福建将乐知县，颇多善政，在任三月而罢。历主讲席，多有成就。晚年专门研究周易，病重时犹补注《周易下经》，寻卒。元启文法韩、欧诸大家，著有《祗平居士文集》《惺斋论文》《惺斋杂著》《读韩记疑》等[1]；尤精于历算，亦有著述多种，并传于世，《清史稿》卷五百零六《畴人传》介绍了其在算学历法方面的成就。

那么，此写本是什么性质的呢？是抄本还是稿本？此书主体部分是用五言八韵诗对《朱子治家格言》逐句作注，也就是说每句之注皆为五言八韵十六句八十个字，但"祖宗虽远，祭祀不可不诚"之注只有七韵十四句，末尾有两句的留白，如图4所示。还有"刻薄成家，理无久享"之注，第九句缺首字，第十三句缺末二字，如图5所示。留白当是因为此句

---

[1]　王元启的著作有近四十种，参见（清）刘声木《桐城文学渊源撰述考》，黄山书社，1989，第391~392页。

尚需斟酌，也就是说此书实际上尚未最终完成，因此并未像《校正女诫》和《校正三言蒙训》那样付梓。这样看来，此写本应是未完成的稿本，或者未完稿本的原样抄本，笔者倾向于前者。

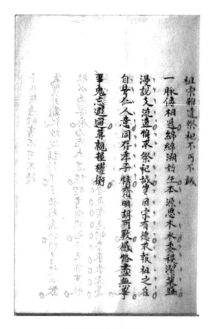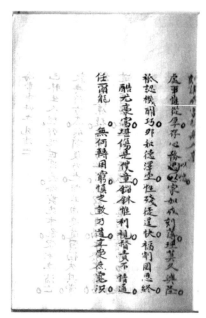

图4　缺字页1　　　　　　　　图5　缺字页2

## 二　注释特点

《朱子治家格言》的原文是比较平易浅显的，并不难懂，但篇幅短小、言辞简略，是提纲挈领式的，人读此书时很容易平平看去，不能深思深究，所以其注本往往着重于对原文的推衍阐发而非字词诠释。惺斋在"自跋"中着重谈这一点：

> 若兹训明白晓畅，本不待注。然细绎之，各有无穷之义，有不容已于言者。而所言虽不必是，亦求其心之所安，遂不觉言之永而情之长也。

即对《朱子家训》中的每一句"细绎之"，推衍其"义"，玩味其

"情"。当然，同样是"细绎"，不同的作者风格可以是完全不同的，惺斋之注旁征博引，尽显学者本色，而又极富文学性，主要有以下三个特点。

首先是注的形式采用五言诗，而且对《朱子家训》每句的注皆为十六句八十个字。就此写本来说，每段注文用小楷分四行、每行四句二十个字书写，非常整齐划一。"自跋"的最后又用五言十六句总括，全书总共用了六十六首五言诗。用诗歌的形式作注，本来就非常罕见，全用五言八韵诗且多达六十六首，更是未曾有。

其次是用词古雅、用典繁多，从首至尾皆是如此。就以《朱子家训》首句"黎明即起"下所注五言八韵为例：

谯鼓沉沉歇，甜乡适适惊。居常思昧爽，起必惕黎明。稍觉东方白，犹瞻南斗横。当窗微辨色，听漏已无声。敢纵三竿欲，便安一榻情。歌音钦壤击，诗什咏朝盈。岂蹈颠裳过，而忘警枕诚。孳孳为善者，励志在鸡鸣。

笔者对这个"注"试作简要注释如下：

谯鼓沉沉歇："谯鼓"指谯楼更鼓，夜间敲击报时。元人谢应芳《董明府除夕惠炭》诗云"环堵一龛春盎盎，丽谯三鼓夜沉沉"。歇，停止。

甜乡适适惊："甜乡"指睡梦中，又称"黑甜乡"，宋人赵藩《散庵即事》诗云"荆榛白堕境，杖履黑甜乡"。"适适"与"惕惕"同，是警惕之状，《庄子·秋水》："适适然惊，规规然自失也。"成玄英疏："适适，惊怖之容。"清蒲松龄《聊斋志异·云翠仙》："一日，博党款门访才，窥见女，适适惊。"何垠注："适音惕，惊貌。"

居常思昧爽："昧爽"指天蒙蒙亮时。《尚书·牧誓》："时甲子昧爽。"陆德明释文："昧爽，谓早旦也。"

起必惕黎明："黎明"亦指天刚亮时。《史记·高祖本纪》："黎明，围宛城三匝。"司马贞索隐："黎，犹比也，谓比至天明也。"

稍觉东方白：杜甫《东屯月夜》诗云"日转东方白，风来北斗昏"。

当窗微辨色："辨色"即天光下能辨识物色，时在昧爽之后。《礼记·玉藻》："朝，辨色始入，君日出而视之。"

听漏已无声："漏"是计时器。《说文》："漏，以铜受水，刻节，昼夜百刻。"滴漏有声，夜静可闻。

敢纵三竿欲："三竿"指日上三竿，太阳已经升得很高。日上三竿才起床，是贪睡。

歌音钦壤击：《帝王世纪》言尧时有老者击壤而歌曰："日出而作，日入而息。凿井而饮，耕田而食。帝力于我何有哉？"此处取"日出而作"意。

诗什咏朝盈："诗什"指《诗经》，《诗经》以十首诗为一组，称为"什"。《诗经·齐风·鸡鸣》有"鸡既鸣矣，朝既盈矣"，是清晨妻子劝丈夫快点起床的话。

岂蹈颠裳过："颠裳"是"颠倒衣裳"的省略，"衣"是上衣，"裳"是下衣。《诗经·齐风·东方未明》："东方未明，颠倒衣裳。"郑玄笺："絜壶氏失漏刻之节，东方未明而以为明，故群臣促遽颠倒衣裳。"

而忘警枕诚："警枕"也叫醒枕，是一种小型圆枕，睡梦中无意识翻身，头就很容易从枕上滑落，因而惊醒，故此枕是为防止贪睡而设。《礼记·少仪》载常用之物，有"颎"，郑玄注："警枕也。"

孳孳为善者，励志在鸡鸣：《孟子·尽心上》有"鸡鸣而起，孳孳为善者，舜之徒也；鸡鸣而起，孳孳为利者，跖之徒也"。此处取"鸡鸣而起"。

用词古雅，化用典故甚多，而在此书66首中，这一首尚不算用典最多的。"黎明即起"一句，无论古人今人，都很容易明白意思。而惺斋所注的五言八韵诗，普通人很少有句句一睹即知其意、明晓所有典故出处的。注文比原文难懂，并不是故意"掉书袋"，而是为了揭示看似平易简单的一句训诫背后深厚的历史文化底蕴，让读者明白这句训诫并不是朱柏庐的一家之言、个人见解，而是历来圣贤都强调的。

最后，惺斋之注不仅有很强的学理性，而且有很强的文学性。通常说来，学者固然能深思明辨，但正因为太富于理性，所作诗文往往容易流于枯燥呆板。王惺斋则不仅是位学者，文名亦颇藉藉，《冷庐杂识》以"积学工文"评价之[①]，《茨楚斋续笔》言其"学问博奥，文章尔雅"，

---

① （清）陆以湉：《冷庐杂识》，中华书局，2007，第285页。

言其所著《读韩记疑》《读欧记疑》"不特于考证有益，即于文字上，亦耐人思索，可悟文章字句法也"。① 秦瀛在给《祇平居士集》作的序文中更是专门谈到王惺斋在文辞上的造诣："以先生之贤，即使其文属辞不尽工，犹将传之以俟后之考览而寻绎。况其义法之正、文词之美，为当代作者所不能过哉？"② 观《祇平居士集》中所载书信、墓志铭、传记、祭文等，可知这些评价并不为过。集中诗作甚少，仅三十卷之最后一卷，二十余首而已，但皆情词并茂，无迂腐之气而多秀拔之句，章法井然而又挥洒自如。

王元启的文学造诣，也表现在以五言诗形式为《朱子治家格言》作注上，不仅理致深邃，而且文辞优美、对仗工稳，如注"宜未雨而绸缪"有"日暖风初定，云开雨亦收"之句，注"妻妾切忌浓妆"有"眉凭山色淡，髻只野花香"之句，注"饮食约而精，园蔬愈珍馐"有"春韭黄初剪，秋菘翠欲流。葵鲜欣洁好，蕨嫩最芳柔"之句，皆清丽可喜。用典虽多，化用巧妙，自然而不做作，从上文所举注"黎明即起"五言八韵即可看到。再如注"三姑六婆实淫盗之媒"之诗曰："言恬童也狡，色诱士之耽。"两句分别用了《诗经》中《狡童》《氓》二诗之典，并非刻板直引，而是在深入领会诗句之意的基础上化用之，对仗非常巧妙。又如注"婢美妾娇非闺房之福"之诗，用"丽质歌南国，新姿恋右房"描摹对美色的迷恋，上句用曹植《杂诗》之五"南国有佳人，容华若桃李"，下句用《诗经·王风·君子阳阳》"右招我由房，其乐只且"，皆融会而运用之。如此之例，书中处处可见。当然，诗之优劣不仅在于文辞，当以意为先，重在抒情达意的顺畅透辟和角度的巧妙。王元启此书66首，可以说都是精心结撰之作，如上文已举的注"饮食约而精，园蔬愈珍馐"一首，并没有一味说节制口腹之欲，而是把蔬菜之美描摹得令人垂涎，把"精"字突出出来。又如注"重赀财薄父母不成人子"，言"黄金休说贵，白发最愁催"，指出孝养父母当及时，又言"岂亲曾薄汝，汝亦育婴孩"，设身处地，推心置腹，体贴人情十分亲切。

① （清）刘声木：《苌楚斋随笔、续笔、三笔、四笔、五笔》，第320页。
② （清）王元启：《祇平居士集》，第1页。

## 三 注本价值

通过对此写本的初步考察，可知其为一部具有较高价值的著作，其价值主要在王元启研究和家训文化研究两个方面。

此书是王元启的佚著，对于研究这位乾隆年间的学者具有重要价值。王元启著述颇多，在经学、史学、古文等领域都有贡献，一直以来却未能得到足够重视，研究者寥寥。这一方面是因为王元启名位不彰，未能致身显荣、对社会产生巨大影响；另一方面有清一代学术繁荣，名家辈出，众星璀璨，令学术成就不是那么突出者如王元启光芒被掩盖。但换一个角度来看，正因为著述涉及面较广，总的来看呈现出相当丰富多彩的样貌，经学研究（含星算历法）、史学研究、韩欧诗文评点、训诫读本的校注刊行以及诗文创作，各方面相互影响相互涉入，与某一方面成就突出者相较，反而具有更大的研究空间。各方面中，王元启在训诫类文献上下的功夫最被忽视，而这实际上是王元启之学的"落脚处"，最能反映出他的综合才能。就此写本来说，旁征博引，化用经典之语，表现出经史研究上的功力，从中可以看到对经典的理解，关涉颇多经学问题；这六十六首排律又可以补诗歌创作上的数量不足，展现了诗才；总的来看还可见王元启在家风、家庭教育方面的思想，这既是积学所得，又是人生经验的结晶。

换个视角去看，此书是《朱子治家格言》的注本，对于研究此中国传统家训名篇乃至探究整个中国传统家训文化具有重要价值。《朱子治家格言》的作者是明末清初昆山人朱用纯，朱用纯（1627~1698），字致一，号柏庐，苏州府昆山县人，其父朱集璜是明末学者，清顺治二年（1645）昆城被清军攻破，朱集璜投河自尽。朱用纯敬仰在父亲墓前攀柏悲号的王裒，于是以"柏庐"为号，隐居教读，钻研程朱理学，学识、德行皆为人称道，平生著述颇丰，流传最广、影响最大的就是《朱子治家格言》。此篇很早就被称为《朱子家训》，朱用纯弟子之一顾易为此书作注，书名即为《朱子家训演证》。严可均为朱用纯作传，特别提到："其最传者《治家格言》，江淮以南皆悬之壁，称《朱子家训》，盖尊之若考亭也。"① 可知

① 严可均:《铁桥漫稿》,《清代诗文集汇编》第 470 册, 上海古籍出版社, 2010, 第 622 页。

在清朝中期，"朱子家训"之称已经非常普遍。

"尊之若考亭"的"考亭"指的是南宋朱熹，称朱用纯为"朱子"而不名，是表示尊敬，但这样一来很容易让人误解此篇是朱熹所作，朱玉所编《朱文公序文全集》、陈宏谋所编《五种遗规》中都把此篇系于朱熹名下。因此也有不少人特意厘清误解，昆山人顾公燮于乾隆五十年写成的《消夏闲记摘抄》中就说："《朱子格言》系昆山朱柏庐所作，非文公也。"① 而此惺斋诗注中对《朱子治家格言》作者的辨析，应尚在《消夏闲记摘抄》之前，一开始抄录《朱子治家格言》全文后，惺斋就简要介绍了朱柏庐的生平，并指出："（朱柏庐）潜心圣学，躬行实践，自作修齐格言以为家训，谓朱子者误矣。"又指出之所以发生误会，是因为朱熹也有家训，并将朱熹所作的《朱子家训》也抄录下来作为参考。惺斋的一段话，是研究《朱子治家格言》流传情况的重要资料。而且，惺斋抄录《朱子治家格言》全文，可以说是目前所能见到的最早版本，对于此篇的文字校勘也非常重要。

从更为宏观的视角来看，浙江、江苏为明清家训文化繁盛之地，据《明清家训文献考论》整理统计，明清两代家训作者籍贯可考者182人，其中浙江56人，人数最多，江苏32人，居其次，两省合计88人，占总数近半，与其余18省市合计相当。② 这既反映了明清时期江浙地区经济文化上的优势，也反映了该地区重视家训文化的传承。朱用纯是江苏人，他的《朱子治家格言》是清代最有名、最有影响力的家训著作。而王元启是浙江人，他所作之诗虽然是《朱子治家格言》的注，实可视为以《朱子治家格言》为纲的五言排律体训诫，本身也是一部别具一格的家训作品，无论思想性、学术性还是文学性，都属高者，它是在浙江家训文化传统中形成的，是研究这一传统的宝贵资料。

---

① （清）顾公燮：《消夏闲记摘抄》，《涵芬楼秘笈》第二集，民国6年铅印本，第1页。
② 陆睿：《明清家训文献考论》，浙江大学博士学位论文，2016，第39页。

# 取资古典与大学通识的人文教育[*]

## ——以儒家人性论说为例

刘成敏[**]

**内容提要** 大学是接续中华文脉、发扬中华文明的重要基地，在传承中华优秀传统文化的过程中扮演着重要角色。中国古典思想中的有益资源，如先秦儒家基于对人性的学理阐发，主张经典的研习与修养，注重"绘事后素"的功夫，致力于"成人"之教，所开启的励学敦行的人文传统，对现代通识人文教育仍具有深刻的启示。塑造君子人格、培养具有"斯文在兹"之使命感的"文化人"乃通识人文教育的意义。

**关键词** 古典思想 通识教育 文化人

大学，首先自然是师生在其中学习、生活的物质空间。儒家经典《大学》与之同名异义，但是我们仍然愿意借后者来理解前者。《大学》开篇倡言"大学之道，在明明德，在亲民，在止于至善"[①]，继而谈到格物致知、正心诚意、修身齐家治国平天下。《大学》之"大学"将德性、学问、事功三者绾合一系，具有丰富的人文意涵。借此再来理解被喻为象牙塔的大学，这就不仅仅是由围墙、大楼构成的物质空间，更应是因"人"的存在而富于生机和活力的文化与精神空间，而以文育人正是大学在分科治学、专业教学之外的重要功能。"文"从何来？这既有赖于大学自身的历

---

* ［基金项目］湖北省高校 2017 年度省级教学研究项目：大学语文教育中的古典文学教学体系创新和运行研究（2017167）。

** ［作者简介］刘成敏，1987 年生，安徽六安人。文学博士，中南财经政法大学新闻与文化传播学院、法律与文学研究所讲师。研究方向：汉代政治与思想、学术。

① （宋）朱熹：《四书章句集注》，中华书局，1983，第 3 页。

史与文化积淀，同时也有待"大学文化"的自觉创建，其中，中华优秀传统文化、古典思想是取之不尽的资源。《孟子·离娄下》称："资之深，则取之左右逢其原。"① 在大学营构精神空间及育人实践方面，通识的人文教育可从古典资源汲取源头活水，获得充足的给养。

## 一　抉发古典思想的现代教育意义

近年来，随着国家的倡导，传承和发扬中华优秀传统文化，成为知识界的一个"热词"。作为国家综合实力的指标之一，文化的重要性已经升级到了国家文化战略的高度。在《在第十三届全国人民代表大会第一次会议上的讲话》（以下简称《讲话》）开头，习近平同志就对博大精深的中华文明作了总括性的论述：

> 中国人民是具有伟大创造精神的人民。在几千年历史长河中，中国人民始终辛勤劳作、发明创造，我国产生了老子、孔子、庄子、孟子、墨子、孙子、韩非子等闻名于世的伟大思想巨匠，发明了造纸术、火药、印刷术、指南针等深刻影响人类文明进程的伟大科技成果，创作了诗经、楚辞、汉赋、唐诗、宋词、元曲、明清小说等伟大文艺作品，传承了格萨尔王、玛纳斯、江格尔等震撼人心的伟大史诗，建设了万里长城、都江堰、大运河、故宫、布达拉宫等气势恢宏的伟大工程。②

优秀传统文化及由此孕育的文化传统，并不是博物馆里陈列的故旧文物，而是不断形塑历史、具有自新活力的"文化血液"。《讲话》中提到的中国哲学、思想、文学的经典，构成了"文化血液"的载体。我们称之为"传统"的东西，或者经典当中寄寓的思想、精神与价值，实际上，并没有封存于过去的历史时空之中，而是"活"在当下。只不过，如果不是有

---

① （宋）朱熹：《四书章句集注》，中华书局，1983，第292页。
② 习近平：《在第十三届全国人民代表大会第一次会议上的讲话》，《人民日报》2018年3月21日第2版。

意提起它们，人们往往是日用而不知的。我们处于一个注重文化的新时代，面对历史传承下来的经典，不仅需要"温故"，更需要在传承中"知新"和创新，从而真正做到"学而时习"。在此背景下，高等院校的通识人文教育成为接续文化传统（"文脉"）、承传中华文明（"文心"）的前进基地。

中华文化传统的存在形式具有抽象、具体二端，前者体现于思想、学术的述作，后者表现为直观、可感的形象与实践方式。文化的生命力就落实于二者之间相济相维的过程之中。文化育人，人能弘道。先秦时期，儒家向往、塑造的君子形象及衍生的君子文化，在今天而言，仍然有着十分重要的借鉴意义。道义、学问、事功是寄托在君子身上的生命追求，崇文尚知则是完善人格、实践理想的精神旨趣，由此，形成了励学敦行的人文传统。儒者眼中是有"人"的，虽然讲求取法乎上而以"成圣"相期许、相勉励，其切实的目标乃在于"成人"。儒者如此致思、勉励之要义，立足于对人性、人之为人这一最基本问题的哲学思辨与方法探寻。这也应是当下高校以文育人、建设高质量的通识人文教育的前提性思考。

在中国思想史上，古之贤哲通常立足于"人性"一端，建构政治、道德、教育、文学等诸多领域的学说。不同的人性论说取决于、又容或决定了迥殊有别的思想与方法认知，这在儒家学说内部也有一定的表现。孔子、孟子、荀子都有讨论人性的文字，其中又以孟子"性善说"、荀子"性恶说"的阐述最为丰富。历来有关性之善、恶的辩难也经久不息，若未理清儒者论说的基本理路，势必治丝益棼。平实而论，"性善""性恶"同而有异，"性"受命于"天"，孟、荀之间没有特别的歧义。同时，二者也都认为"性"合自然（生物性）、人文（道德性）两个方面，却也是在这个问题上彼此意见不同，而在教育的实践层面，又终究表现出一致的旨趣。因之，抉发古典思想——儒者人性论说的有益之处，对当下高校通识人文教育的育人目标与学理建构可以提供有益的启迪。返本开新、温故知新之义正在于此。

## 二　人性的理论之维："自然"与"人文"

自然之性在《孟子》一书中有丰富的形容、描述。例如《孟子·告子上》中告子的"性犹湍水"的譬喻，"决诸东方则东流，决诸西方则西流。人性之无分于善不善也，犹水之无分于东西也"[1]；又如"口之于味也，有同耆焉。耳之于声也，有同听焉。目之于色也，有同美焉"[2]，而人之于味、声、色有"同耆""同听""同美"之性，亦即所谓"食色，性也"的情形。对这些说法，孟子其实也是同意的。但是，孟子没有将此"性"作为人之为人的第一性、唯一性。否则的话，照这个逻辑推演开去，无疑是"犬之性犹牛之性，牛之性犹人之性"[3]。将人之性与牛、犬之性等齐，孟子认为这是毫无意义的。因此，告子言下"生之谓性"的观点，人、畜一回事，在孟子而言完全是无谓之言，故而没有必要讨论。

孟子论人性的文字，除了习于闻见的"四端"说（《孟子·公孙丑上》言："恻隐之心，仁之端也；羞恶之心，义之端也；辞让之心，礼之端也；是非之心，智之端也。"[4]），最经典也是最直接的，实际上是《孟子·尽心下》中的一段阐述。孟子说：

> 口之于味也，目之于色也，耳之于声也，鼻之于臭也，四肢之于安佚也，性也。有命焉，君子不谓性也。仁之于父子也，义之于君臣也，礼之于宾主也，智之于贤者也，圣人之于天道也，命也。有性焉，君子不谓命也。[5]

"性也，有命焉""命也，有性焉"，这样的表述有点拗口，初读起来好像还有点令人费解，当下不少讨论孟子"性善"的观点对这节文字的关注似乎也不够充分。应该说，孟子在这里十分具体明白地阐明了他的人性学说。析而论之，孟子言下之"命"即天命，"口之于味、目之于色"云云是人的生物自然之性，而仁、义、礼、智等孟子谓之人本固有之"四心"是人的人文道德之性，两个方面均受命于天，只不过，前者人、畜等齐，毋庸具论，所以，虽然也是"性"但"君子不谓性"，因为讨论它没

① （宋）朱熹：《四书章句集注》，中华书局，1983，第325页。
② 同上书，第330页。
③ 同上书，第326页。
④ 同上书，第238页。
⑤ 同上书，第369页。

有意义；后者才是人之为人的"人性"，因此，同样是禀受天"命"，但"君子不谓命"。或可说，这是孟子"性善"之荦荦大端，也是我们所要洞彻的孟子"性善"之理论内核。

关于《孟子》书中这一番性、命之论，朱熹《孟子集注》有一段引注也讲得十分清楚。朱子说道：

> 愚闻之师曰："此二条者，皆性之所有而命于天者也。然世之人，以前五者为性，虽有不得，而必欲求之；以后五者为命，一有不至，则不复致力，故孟子各就其重处言之，以伸此而抑彼也。张子所谓'养则付命于天，道则责成于己'。其言约而尽矣。"①

在诸多解释之中，此"师说"之言辨析孟子之义可谓通透，其称孟子"各就其重处言之""伸此而抑彼"真乃知言之论。如果联想到孔子与学生之间的一场对话，子游问孝，孔子答曰："今之孝者，是谓能养。至于犬马，皆能有养；不敬，何以别乎？"② 孟子思想的实质与孔子言下主"敬"的精神是相通的。"君子谓之性"的性是人文的、道德的，具此，人方为人而终与犬马畜物有别。这才是孟子揄扬的人性，也是人之为人的可贵之处。如此，便将人从自然世界当中区划开来，为构建人文世界奠立了理论前提，《孟子》的诸多学说也才能够由此生发，自成一家之言。

《荀子》有《性恶》一篇，就行文而言，处处针对孟子的"性善"，似乎是有意为之。若将《性恶》与《孟子》的基本观点对读比较，可粗略看出荀、孟二者的区别，一是孟子认为没有必要讨论的自然之性，《性恶》一文予以客观的理解，并且正是从中导出了"性恶"的结论；二是孟子认为礼义乃人本固有，荀子提出礼法都是约制人性、节制自然的。由此，荀子区分"性""伪"。"性恶"之性，正是孟子以为与生俱来而不必置论的生物自然之性，至于孟子言下"我所固有"之"四心"，荀子认为这是"伪"的结果。伪者，人为也，意在凸显后天的作用。孟子语中口之于味、目之于色、耳之于声、鼻之于臭、四肢之于安佚的这种自然"性"，即为

---

① （宋）朱熹：《四书章句集注》，中华书局，1983，第370页。
② 同上书，第56页。

荀子的性朴之义。就此以论，君子与小人等齐，"尧、舜之与桀、跖，其性一也；君子之与小人，其性一也"①。荀子尝言，"今人之性，饥而欲饱，寒而欲暖，劳而欲休，此人之情性也"②，又说"若夫目好色，耳好声，口好味，心好利，骨体肤理好愉佚，是皆生于人之情性者也，感而自然，不待事而后生之者也"③。感而自然、不待事而后生的"情""欲"是中性的，本身并没有善、恶之分，因此，荀子以为这是"朴"、是"天情"、是"天之就也"。然而，也正是在这种自然的性情之中，荀子发覆了其中隐含的"性恶"，即个人情、欲之顺意恣然以致妨害了群体。若此，就需要在功能上类似于法的礼有节制地"养人之欲"，并通过"正"情性赋予自然之性以人文道德内涵。这是荀子构建人文世界及其礼法秩序的理论前提。

孟子认为"四心"为先天所有，个体只需要保守本性便可实现群体和谐。荀子以为这些并非人所固有，但是，这并不意味着我们就要因此而悲观、失望，因为凡人"皆有可以知仁义法正之质，皆有可以能仁义法正之具"④。质、具是基础，知、能是条件与取径。在荀子的逻辑中，圣人之性与凡人之性并无区别，只是圣人的高明在于能够知性积善与道德自觉。"知"有先后，与先秦众多思想家相同，荀子也认为圣人先知先觉。"知"的不同决定了化性起伪的"可""能"程度。《荀子》说：

> 足可以遍行天下，然而未尝有能遍行天下者也。夫工匠、农、贾，未尝不可以相为事也，然而未尝能相为事也。用此观之，然则可以为，未必能也；虽不能，无害可以为。然则能不能之与可不可，其不同远矣，其不可以相为明矣。⑤

意思是说，凡人可以成为圣人而不一定能，圣人可以成为凡人也不一定能，均取决于"知"的变化。所以，《性恶》的最后，有相当篇幅是在

---

① （清）王先谦撰，沈啸寰、王星贤点校《荀子集解》，中华书局，1988，第441页。
② 同上书，第436页。
③ 同上书，第437~438页。
④ 同上书，第443页。
⑤ 同上书，第444页。

述说圣人之知、士君子之知、小人之知、役夫之知，进而又论到上勇、中勇、下勇的层次。"勇"有上、中、下的不同层次，其实质仍然在于"知""能"的个体差异。比较而言，孟子的超越性更强，荀子的切实感为显。

## 三 励学敦行：从"自然"到"人文"

虽然总体上以零散的文献面目出现，先儒的人性论说实乃集性、情、知三者于一体的思想体系。孟、荀固然分别表达了性善、性恶的观点，却都十分重视"知"的意义。孟子认为，人性之恶是"心放"致使本性被遮蔽的结果，唯有求"放心"方能回归正途，所谓"学问之道无他，求其放心而已矣"①。荀子认为，即便人性是美善的，也仍然要"求贤师而事之，择良友而友之"②。二者都十分注重"伪"的积极效能，注重后天的励学敦行功夫，在这一点上，实际又回到了孔子："性相近也，习相远也。"③ 孔子的这一观点可谓朴素、实在，却又高明、通达。孔子似乎很少发表言"性"之论，子贡说"夫子之文章，可得而闻也。夫子之言性与天道，不可得而闻也"④，似如其言。其实，孔子并非罕言"性"，只是没有在字面上明言"性"而已，孔子的人性论说完全融贯于孔门弟子可得而闻的"文章"之中，慧者自明其义，此或亦闻一知十、"告诸往而知来者"的孔门教学之法。

在《论语·八佾》中，子夏跟孔子讨论《诗》的一场问答，也能见出孔子关于人性的深度思考。子夏请教老师："'巧笑倩兮，美目盼兮，素以为绚兮。'何谓也？"孔子答曰："绘事后素。"子夏复问："礼后乎？"子曰："起予者商也！始可与言《诗》已矣。"⑤ 我们知道，孔子深于《诗》

① （宋）朱熹：《四书章句集注》，中华书局，1983，第334页。
② （清）王先谦撰，沈啸寰、王星贤点校《荀子集解》，中华书局，1988，第449页。
③ （宋）朱熹：《四书章句集注》，中华书局，1983，第175页。按：在理论形态上，"性善""性恶"的本质都是"性同一"，此与隐含个体差异指向和具有理论解释弹性的"性相近"不能等同。而这里说的"回到了孔子"，自然也不是说将《孟子》"性善"、《荀子》"性恶"合起来就等于孔子的"性相近也"。笔者强调的是，孟子着意于"存养"、荀子留心于"积靡"，皆表现出了注重对经典"学而时习"的自觉。
④ 同上书，第79页。
⑤ 同上书，第63页。

教，善用譬喻。子夏的回答具有"起尔心，沃朕心"的"起予"效果，这已说明他真正懂了老师的话中之义以及《诗》句的深层意涵。"绘事后素"的字面意思，是说在美好的底子上文饰、润益、完善，引申而论，即通过不断地精进、学习，实现"成人"的目标。朱熹《论语集注》中说"先以粉地为质，而后施五采，犹人有美质，然后可加文饰……礼必以忠信为质，犹绘事必以粉素为先"①。习礼是"绘事"的功夫，但礼的文饰之益并非徒具其表，而是与"素"相得益彰。换言之，礼是借"文"来彰显和更充分地实现"质"。"礼后"是实现文质彬彬的君子人格的取径。这一场看似普通的师生对话，蕴含着生动而不失深刻的人性思想。在儒家的人性论说中，注重通过修习诗、书、礼、乐，增进学问，扩充"知""能"。因之，性、知之间建立了密切的连接，竟至于"生而知之者，上也；学而知之者，次也"②"唯上知与下愚不移"③之类观点，也被纳入人性论的学理建构与思想阐释之中。众所周知，善恶与智愚、是非本不属于同类范畴，却时而被混说，这其中自有其内在理路。"知"不仅寓涵智性的能力，也包括励学敦行之自觉，体现为智识、思想，构成先儒人性论说的重要维度之一，也成为理解孟、荀思想要义以及儒与道、法诸家人性思想差异的锁钥。

其实，无论性善，或性恶，二者都是学说，是关于人性的假定。就消极一面而言，二者都是对复杂之人性作了道德伦理意义上的简化，但是，在各自的学说体系中，却又不得不如此。如此处理的意义，更在于理论启迪和实践指导，至于事实然否倒是个相对次要的问题。也就是说，孟、荀关于人性的阐释是指向"未来"的。孟子、荀子论人性，各自道理明白，就立意之大端而言，并不存在纠缠、难解之处。二者分别从性善、性恶的角度阐明通过进学、扩"知"进而明德的道理，殊途同归，均是对孔子思想的演绎与发挥。如果说《孟子》"性善"构拟了关于人性的理想模型，《荀子》"性恶"则提醒我们不要轻忽人性中的自然性、基础性及因之带来的可能的复杂性。借英文的语词来指称，前者是"essence（本质）"意义

---

① （宋）朱熹：《四书章句集注》，中华书局，1983，第 63 页。

② 同上书，第 172 页。

③ 同上书，第 176 页。

上的观点，后者则就"nature（自然）"的意义给予了充分的、根本的考量。而无论保有性之本善，抑或化性起伪而达善，彼此事实上都突出"知"的学理维度意义和"绘事后素"的功夫，借助诗、书、礼、乐的经典教育方式，塑造崇文尚知、文质彬彬的君子人格，开启励学敦行的人文传统，期望所有的个体实现知性自觉与道德完善。因之，"道问学""尊德性"并重成为这一传统的显著特点，由此进而"建事功"，三者紧紧绾合，而治中国学问有益于成人遂也成为一种共识。在此意义上，不妨作一点推想，或是《孟子》"性善"启发了《荀子》"性恶"的观点，彼此成就了对方，从而充实了儒家人性论说。儒家思想在中国历史上往往居于主流的、显性的位置，除了国家制度层面的支撑，儒家学说兼顾理想性、现实性的这一切实特点也是十分重要的因素，关于人性的多维思考正是"切实"之一端，"基于儒家的人性观生发的社会实践理论不仅更现实、更人性，有足够的涵盖面，而且没有降低其规范性"①。

## 结　语

儒家关于人性的学理阐发，致力于"成人"之教。儒者的一个信念是，经典的研习和修养可以陶冶和养成君子人格。研习经典并不仅仅是记取有关历史、道德、政治诸多方面的知识，更主要的是，获得对经典蕴含的精神与价值的理性的认同，在传承经典的过程中练就面对经典与文化传统的判断力和解释力。也就是说，"成人"之教的目的和意义在于德性的涵养与智性的觉解，进而实现人格的完善。"学而不思则罔，思而不学则殆。"② 借此审视当下高校通识人文教育存在的现象，一个突出的方面是传统人文学科的知识传授成为主要目标。了解一些关于历史、哲学、文学的知识、掌故，当然是必要的，然不是最主要的。在信息检索发达的当下，一般知识的获取途径已经具有替代性。但是，德性的涵养、智性的提升则只能通过主体的思考和觉解。《易·贲卦·象传》有云："文明以止，人文

---

① 苏力：《早期儒家的人性观》，《法制与社会发展》2010 年第 5 期。按：以上 essence、nature 两个英文语词的使用，也借鉴了苏力先生的用法。
② （宋）朱熹：《四书章句集注》，中华书局，1983，第 57 页。

也。"① 这里，"止"是极具方向性或目标感，并且富于行动力量的语词。"止者，必至于是而不迁之意。"② 人文，即止于文明。如果将真、善、美视为人文学科的价值指向，通识的人文教育的目标，就并不在于仅仅知道关于真、善、美的各种学科化的知识，而在于通过学理化的思辨培养发现真、善、美的眼光和能力。唯有如此，方能真正领悟优秀传统文化之精义，"践形"意义上的自覆之道也才有转化为"践行"意义上的进取之术的可能。深明于此，会发现古典思想超越了物理的历史时空，具有历久弥新的精神价值。以上，便是儒者关于人性的学理阐发之于大学通识人文教育的最深刻的启示。

传承中华优秀传统文化上升到了国家文化战略的高度，说明这已经成为时代课题。坚定文化自信，注重文化创新，建构中国特色的哲学社会科学话语，已然构成新时代的共识。古典思想和中华文脉、文化传统，是重构和凝聚共识的本土资源。从知识社会学的角度看，我们是从古典、传统中走过来的，并构成传统的一个部分，也将在延续传统的过程中不断创新。正如《庄子·逍遥游》所言，"水之积也不厚，则其负大舟也无力""风之积也不厚，则其负大翼也无力"③。对古典资源、文化传统之理解、开掘的深度和广度，在很大程度上决定了中华文化发展、延续所能成就的境地与气象。对此，从事人文社会科学研究的学者应有更宏阔的学术视野和更博大的现实关怀。"人能弘道"④，而非其人也不能弘道。如果对古典思想、文本如《老子》《论语》《庄子》《孟子》《墨子》等不是停留于"知道"而已，更不是盲目地信从或无端地否定，而是有了真正切实的理解和体认，入乎内而又能出乎外，这时候，我们自身便是"老子""孔子""庄子""孟子""墨子"，甚至超越了他们。落实到大学教育，重要的一环就在于培养具有"斯文在兹"之使命感和"弘道"精神的"文化人"。这是高校通识的人文教育之意义所在，也是大学之于民族文化所肩负的历史责任和时代使命。

---

① （唐）李鼎祚撰，王丰先点校《周易集解》，中华书局，2016，第150页。
② （宋）朱熹：《四书章句集注》，中华书局，1983，第3页。按：《大学》"止于至善"之内涵，与《易》"文明以止"之精义，彼此可以互参。
③ （清）郭庆藩撰，王孝鱼点校《庄子集释》，中华书局，2012，第8页。
④ （宋）朱熹：《四书章句集注》，中华书局，1983，第167页。

最后，谨借徐兴无先生的论述作为本文的总结：

作为国民教育的最高层次，大学的传统文化教育的目标就不能仅仅停留在提高文化修养、培养道德水平的层次，而是要成为文化战略目标，即通过学理化、系统的文化理论与文化史的教育，使学生不仅对传统文化有理性的认同，同时具备对传统文化进行阐释、批判以及与其他文化进行比较的能力，具有文化自觉的意识和文化自主的能力，如此才能确立文化自信，承担文化使命，领导未来中国文化的走向。①

---

①　徐兴无：《文化学建设与大学教育》，《文学与文化》2014 年第 4 期。

古代历史研究

# 东南亚华人民间文化异地传承建构
# 人类命运共同体路径研究<sup>*</sup>

林江珠<sup>**</sup>

**内容提要** 东南亚华人民间文化是东南亚文化组成部分，具有中国其他地区所没有的民间文化发展特性。东南亚华人作为融入当地社会的行动者，将中华民间文化与东南亚社会环境积极嵌合与动态调适，实现共享彼此民俗习惯的共同生活模式。在东南亚，华人传统生产习俗为当地社会创造的经济贡献令人瞩目，华人以民间文化的社会实践手段实现中华传统习俗异地传承和再生的历史过程，见证了中华民间文化具有伦理共生的社会道德能力以及共荣共生的文化属性。

**关键词** 东南亚华人 民间文化 涉入理论

从海洋看世界，是跨越国界的，一国一地的历史文化不应被孤立地看待。近年来，日本和中国台湾学者从整体出发提出"海洋亚洲"概念①，强调亚洲海域有自己的历史文化，也有跨文化交流与融合的结果，沿海港口与城市的交错，把亚洲大陆、半岛和岛屿之间海域串联起来。如马来西

---

* ［基金项目］国家社科基金重点项目：中国东南海洋史研究（项目批准号19ZA189）。

** ［作者简介］林江珠，女，1967年生，福建泉州人。厦门理工大学影视传播学院，系主任，副教授，厦门理工学院闽台濒危文化遗产研究中心研究员。

① 2003年11月17~18日，川胜平太先生在北京大学"解读日本"系列讲座上以"全球经济史与近代日本文明"为题，比较详细地阐述了个人关于近代文明孕育于海洋亚洲的观点。参看川胜平太《文明的海洋史观》，中公丛书，1997年。滨下武志《亚洲海域网络与海洋功能的多属性：15~18世纪以琉球"历代实案"为例》，参见郑永常主编《东亚海域网络与港口社会》，台北里仁书局，2015年，第12、4页。

亚马六甲，位于南海与孟加拉湾连接节点，曾经是亚洲历史上活跃的贸易港口城市。这种经由贸易航路与移民网络所构成的亚洲海域，既是一个地理空间也是一种文化交流条件，具有本土化（在地性）与自主性①。东南亚华人作为海洋亚洲历史文化的亲历者，如朱思本撰写《广舆图》和汪大渊著《岛夷志略》，记录亚洲海域地名有 200 多个，其中自述其耳目所见者有 99 个国家和地区，遍布东南亚和印度洋沿岸。从华人在东南亚社会历史过程来看，华人民间传统习俗在异地传承，经历了从民间无意识生存行动，到华人自身文化被唤醒，再到华人群体的文化自觉行动涉入当地社会所有面向，实现华人与东南亚国家民民相亲的共同生活模式。华人民间文化处于传统中华文化空间的边缘地带，东南亚华人社会，自 15 世纪末，欧洲各国和武装的特许公司将势力伸向亚洲，使东南亚成为葡萄牙、荷兰、英国和美国竞逐的重要场域，第二次世界大战期间日本占领东南亚，在东南亚华人民间文化传承的历史过程，既包含横渡海洋背井离乡、血肉分离的苦难历史，又有被阻止迁移和政府推行排华政策被隔离和敌对中挣扎生存的历史，还有公民意识建立后华人民间文化再生发展历史。事实上，中华民间文化经过与异国文化交融内化成为东南亚华人文化自觉的行动方式。文化由单一状态向多样状态变化过程中除了无法避免的文化冲突，也存在民间文化在异地传承的文化共享事实，具有中国其他地区所没有的特性，蕴含着近代中国文化的潜能性和再生性。厘清东南亚华人民俗文化作为东南亚各个国家地区民族文化资源的组成部分，实现了中华民族与其他民族之间的文化共用，发展形成共同进步和繁荣的人类文明特征，以此作为研究目的。

## 一　选题原因与研究背景

### （一）东南亚华人民间文化交流历史是天下大同思想的行动表达

民间文化与国家政治常被认为是两个不同范畴，民间民俗指下层民众民俗文化。自有人类社会以来，民俗是百姓在日常生活中面临各种环境挑

---

① 参见陈国栋《台湾的山海经验》，台北远流出版公司，2005，第 43～63 页，总论中"在地性历史、自主性历史与东南亚研究"部分。

战而凝结出来的智慧，它以神秘性与社会性的不同层面、形式渗透在人类社会实践生活中，其内在发展是受正统文化支配所产生自卫机制的不同反应。事实上，单纯的民间文化，历来都是民间智慧与政治、社会思想的综合话语的表达空间。天下，即全部人类社会，指全世界；大同，为儒家思想核心，指安居乐业，没有差异。天下大同代表着中华文明对人类最终可实现的理想社会设计理念。

中国东南沿海人口"下南洋"的民间记载最早于汉代。宋元至明清，闽粤民间赴东南亚"做生意""找头路"蔚为风尚。随着航海技术水平提升和海上贸易的航路不断发展，闽粤沿海民间有人到苏门答腊、爪哇等经商或定居。如宋元时期大批闽南商人、水手、农民、小手工业者，沿古代"海上丝绸之路"到南洋群岛各国或各地经商、谋生并在当地定居。在商务印书馆 1935 年版《瀛涯胜览》中"爪哇国"条有如下描述：

> 昔泉之吴宅（今洛阳江上游吴宅村），发舶稍众，百有余人，到彼贸易。既毕，死者十之八九，间存一二。①

这些人成为东南亚早期闽侨，到 17 世纪中期，在东南亚地区已形成数十个华人聚居点，移民人口达到上万人。华人族群在东南亚定居生活至今已有 300 多年历史。20 世纪 50 年代，以闽粤华人基因繁衍形成的东南亚华族，正式成为东南亚各民族的组成部分②。

东南亚华人民间文化交流的历史是"天下大同"思想的行动表达。虽然东南亚华人处于中华文化的边缘地带，东南亚华人受到殖民地社会治理或租界地体制的管控，他们在与异国文化主动融合与自觉调适的过程中建构出东南亚华人社会，成为中华传统文化异域传承独特的文化空间，使东南亚华人民间文化本身具备中国其他地区所没有的特性。如新加坡华人报纸《星洲日报》2014 年 1 月 20 日刊登聚会和宴会行为规范：

> 办宴会，要守时；菜六式，用公勺；吃清光，方离席；有剩余，

---

① 福建省地方志编纂委员会：《福建省志·华侨志》，福建人民出版社，1992，第 8 页。
② 庄国土：《论东南亚的华族》，《世界民族》2002 年第 3 期，第 37～39 页。

则打包；贵宾到，司仪报；称呼三，不要贪；台上讲，台下听；免襟花，音量适；排致词，少于四；五分钟，不超时。①

华人提出革新传统民俗观念的运动，落实"拼治安"、抑制通胀、环保与节俭、传统节日与温馨家庭等活动，引导新加坡华族民俗适应共同生活新理念。显然东南亚各地华人的民间文化实践活动从未中断过，现在东南亚华族民俗转型成为当地社会组成部分。

（二）华人民间文化融入东南亚当地社会展现出人类共同生活的真实情境

目前东南亚华人民间文化完全融入当地社会。华人通过地缘、语缘、族缘组合在东南亚当地发展成各类社群，社群维护共同利益、守望相助，积极加强与祖籍地的情感联结纽带力量。如厦门翔安区新店镇澳头广应宫供奉"天上圣母"三尊神像，粉脸、红脸和黑脸软架，始建于明天启年间（1621～1627），抗战期间遭日寇炮击倒塌，1953 年新加坡乡贤蒋骧甫独资修建，"文革"期间再次毁损，自 1984 年起厦门翔安澳头村在东南亚 40 多位侨亲信众，联手捐资修扩建广应宫 172 平方米，海内外侨亲络绎不绝前来添缘和还愿，香火鼎盛，尤其是每年清明节，大批侨亲回宗祠祭祖后，再到广应宫进香致谢。现在新加坡、马来西亚华人与澳头村来往频繁，2015 年 1 月 27 日，马来西亚五条港村与翔安澳头签订兄弟社区合约，捐资助建澳头美丽乡村示范点，认捐、认建 100 年以上的老侨房，共获得修缮基金折合人民币 100 多万元，建设厦门澳头村海鲜干货贸易市场、举办渔业论坛年会和建立华侨失散亲人联络总站等②。在 15 世纪到 17 世纪之间，定居东南亚［包括当时的怒沙塔拉（NUSANTARA）地区以及荷兰人控制的爪哇岛和东印度群岛］的华人与当地人通婚结合后生下后代，被称为土生华人，如在印尼的"帕拉纳坎"，在马来西亚称"Nyonya 娘惹（女性）"和"Baba 峇峇（男性）"，由于历史原因该族群成为华人、马来人和

---

① 《星洲日报》2014 年 1 月 20 日第 1 版。
② 2016 年 5 月 8 日，作者在澳头村广应宫访谈调研，访谈对象：苏圻天（男，75 岁，当地文史研究者）、刘德权（女，67 岁，退休教师）。

西方人的文化结合，既是文化交融也是当地文化活化石。土生华人保留了大多数中国传统习俗和宗教血统（祭祀祖先）理念，重视门当户对、忠孝传家文化意识，结婚时，新人须向长辈叩拜行礼，需烧香、拜神佛及祖先，婚后 12 日后，夫妇回娘家敬茶；丧葬时要遵行披麻戴孝、守灵、扶灵等礼仪①。在马来西亚"娘惹和峇峇"群体，至今保留着马六甲苏丹王朝历史文化状态，他们日常交流用语多见马来语夹杂许多闽南方言和用中国语法来讲马来语现象。这个群体提醒世界，华人祖先实际存在历史，他们的文化从不同种族中获得众多优势，同时也吸收马来人的语言和文化。他们的传统服装、语言和人生礼仪等至今保持华人传统习俗。如今在东南亚不同国家或地区如马来西亚、新加坡、印度尼西亚和泰国南部地区的妇女，日常穿的都是各种类型的"Nyonya Kebaya"或被翻译为"娘惹歌峇雅"的传统服装，此服为对开式"长衫（Panjang）"、中国领"刺绣"等款式，制衣材料选用质地轻柔的丝绸，偏好色彩鲜艳的大红色、粉红，在衣服上喜欢刺绣"龙凤呈祥"的花纹和图案等。

　　中国传统民俗已转化为东南亚当地文化习俗，马来西亚、新加坡和泰国、印度尼西亚的华人社区，中国主要传统民俗节庆日成为当地固定节假日。每到端午节，在马来西亚大街小巷中，可以看到许多卖粽子的摊位，因每个节日都有特殊民俗仪式，除了吃粽子，定期举办包粽子、赛龙舟比赛活动，可以感受到浓郁的中国传统节日氛围②。越南端午节在越历五月初五，粽子由芭蕉叶包裹而成，有"圆"形和"方"形两种，以圆代表天、方代表地，取天地合一、大吉大利之寓意。

　　（三）东南亚华人民间文化以民民相亲方式实现共同生活的新理念

　　"国之交在于民相亲"③，在明代，郑和"七下西洋"进一步拓展了中

---

① 参见梁明柳、陆松《峇峇娘惹——东南亚土生华人族群研究》，《广西民族研究》2010 年第 1 期，第 119～121 页。
② 《马来西亚的端午节》，央视网，http://news.cctv.com/special/duanwu/20090522/104743.shtml。
③ 2017 年 1 月 18 日，中国国家主席习近平在联合国日内瓦总部发表专题演讲，提出了构建人类命运共同体，实现共赢共享的中国方案，表达一种具有深厚文化渊源的新世界观。提出"国之交在于民相亲"的人类命运共同体建设方法之一。

国与东南亚各国民间民俗传播渠道。18世纪以前，福建商人每年年初从泉州、长乐等港口乘帆船出发，到马来西亚马六甲经商，载去布帛、绸缎、大黄、瓷器、铁器以及家畜等商品，到了夏季乘东南风运回珊瑚、玳瑁、明珠、香料、药材等，形成在海洋商贸中专门经营土特产生意的习惯。正如《菲律宾与华侨事迹大观》一书的作者对亚巴里的描绘：

> 亚巴里埠……华侨商店，在21年前（约1930年前后），余初至该埠观光时，则大小约有百家，商业颇形繁盛，因彼时交通未便，嘉牙渊及依沙迷拉两省所辖各社镇，所需货物皆仰给于亚埠。华侨商店……较大资本者，则设有贩船，以运输货物，溯流沿河贩卖兼收买土产。①

华人在东南亚当地社会的民俗实践，成为海外华人传承中华传统文化的民间行动力的见证。以海洋视角研究全球历史，历经东南亚历史与社会变迁的筛选检验，华人民间文化发展成东南亚当地社会一种生活方式。东南亚华人民间文化，形式上虽已经脱离其中华文化母体，通过与所在国家的主流文化相互交流、相互影响、互相融通，可成为新时代超越民族国家的束缚，探索构建人类命运共同体发展之路的研究范本。

## 二　华人民间文化的社会实践建立人类共同生活的东南亚模式

东南亚华人民间文化是中华传统文化内核的外化表现，涉入是一种融入社会的心理状态，在特定情境下能够满足个人需求、实现价值观和预期目标的程度高，个人就会积极主动融入当地社会，并且产生一连串主动关心社会发展的后续行为。

（一）通过海路拓展华人涉海商贸习俗在东南亚搭建利益共同体

自汉代，就有华人涉入环孟加拉湾海洋活动的记录。据《后汉书·东夷

---

① 陈笑予：《菲律宾与华侨事迹大观》第2集，菲律宾华侨事迹大观出版社，1951，"北吕宋诸省·嘉牙渊省"条。

列传》记载:"会稽东冶县人有入海行遭风,流移至澶州者。"① 东冶,即为今福州;澶洲,系菲律宾群岛的古称。中国人定居东南亚始于唐代,自唐宋起福建沿海民间人口与印尼诸群岛之间因商贸与婚育"落藩"② 定居当地后成为印尼第一代华人的习俗史料记载,见于晋江人蔡永兼撰《西山杂志》:

> 唐开元八年(公元720年),(晋江)东石林知祥之子林銮,字安东,曾祖林知惠航海群蛮,熟知海路,林銮试舟到渤泥(文莱),往来有利,沿海畲族家人,俱从之去,引来番舟。蛮人喜彩绣,武陵多女红,故以香料易彩衣,晋海商人竞相率航海。③

洪迈的《夷坚志》卷七记载:"泉州僧本称说,其表兄为海贾,欲往三佛齐(印尼苏门答腊的巨港)……落焦土,一舟尽溺,此人独得一木,浮水二日,漂至一岛。""其停滞岛上七八年,娶番妇生三子。""一日纵步至海际,适有舟抵岸,亦泉人以风误至者,乃旧相识。"

(二)选择性继承祖籍地民间信仰习俗发展形成跨国非物质文化遗产类型

现在东南亚过新年的习俗,是华人对祖籍地传统习俗有选择性地继承与发展的结果。2013年马来西亚柔佛新山会馆将具有143年历史的"古庙众神出游"申请成为代表马来西亚的世界非物质文化遗产,成为被世遗公约所保护的民俗文化资源类型,以"合境平安"的华人民间文化呈现人类福祉诉求。民间文化作为一种生活方式,体现在东南亚华人语言、饮食、服饰、居住、婚姻、丧葬、节庆、娱乐等约定性模式中。如厦门翔安、彰化和印尼峇眼亚比三地信众,都会在农历五月十五日纪府王爷诞辰虔诚举办送王祭典,当地人说船上的纪府王爷显灵,每晚都会在夜空中点一盏神

---

① 福建省地方志编纂委员会:《福建省志·华侨志》,福建人民出版社,1992,第2页。
② 古代航海贸易需要利用季风,如错过季风或因贸易原因留居海外者,称为"住藩"。朱彧:"北人过海外,是岁不还者,谓之住蕃。"见朱彧《萍洲可谈》卷6,《四库全书》,台湾商务印书馆刊本。
③ 在唐代,福建晋江民间有小海商、水手定居在东南亚的婆罗洲,聚居久之,竟成陈厝、戴厝村落的记录,详见蔡永兼《西山杂志》"林蛮宫"条,泉州海交馆藏本。

灯，引导船队前行。印尼苏门答腊岛渔村"王船出巡"与厦门翔安下后滨村祭祀纪王爷的"送王船"习俗十分相似，田野调查下后滨村发现，在洪氏祠堂墙上碑刻流芳牌榜有如下字样："世代子孙繁衍昌茂，有十七世乔迁台湾，居彰化；廿世远渡重洋，垦印尼之眼亚比。"据此推断印尼苏门答腊省眼亚比送王船习俗为洪氏后裔华人社群传承。马来西亚马六甲勇全殿是马来西亚非物质文化遗产"王舡巡境"传习单位，祖庙是厦门马巷供奉池府王爷的元威殿，"王舡巡境"正是传自厦门的"送王船"，马六甲青云亭等十六个宫庙也有送王船习俗。马六甲勇全殿至今保留19世纪末20世纪初几次送王船的文物、文字记录甚至照片，十分珍贵。[1] 2019年4月，中马送王船联合申遗文本正式提交联合国教科文组织。

### （三）华人通过文化自觉在东南亚民间行动创造共同生活的发展模式

从文化形成角度，探讨东南亚华人民间文化在当地社会的生成与发展。华人移民一方面孜孜不倦地从中华文化特别是儒家文化中汲取塑造自我的文化营养，从而使自己融入中华文化整体共同圈；另一方面，文化自我表现心理又驱动其不知不觉地把当地民间习俗融入中华文化之中同时又主动显露张扬自我文化差异性。以闽南文化为例，它是一种区域文化，由于面临大海，闽南文化在长期的传承演变历程中不断向东南海洋地带传播，中国大陆浙江省温州沿海、广东省南部沿海、海南省沿海，以及台湾沿海深受闽南文化影响，还有亚洲沿岸的东南亚、南亚沿海地区或国家当地文化演进中受到闽南方言社会与乡族社会影响，产生一些相互变异的成分，就整体而言，经过长期磨合积淀的华人社会民间文化，其核心部分依然是中华传统文化。闽南区域文化促进中华文化向外传播与民间交流。历史上华人主动将东南亚当地社会主流文化和本土文化互相吸收融合，获得个体生存与发展机会、认同觉醒，要求确立群体社会地位，以及主动推动全球公民自我意识，自愿为当地社会发展做出贡献。东南亚华人社会虽然处于中华文化的边缘地带，从被动地接受殖民地或租界的体制统治，到主动与异国文化相互通融，再到推动自我文化的全球公民意识，东南亚华人

---

① 陈耕、蔡亚约编著《中马联合申遗的远景与行动：海丝送王船》，鹭江出版社，2019，第11~12页。

与社会其他成员建造着共同生活模式。

东南亚华人将祖籍地民间习俗在异国传承的做法，从历史与文化形成实际过程来看，体现了东南亚华人自觉扮演社会实践行动者的角色，参与到当地社会变迁进程中，并且发展成为一种文化趋势。根据劳伦·泰弗诺的涉入理论，以行动能力视角研究社会事件中个人态度等问题，强调社会共同生活时的个体的行动能力，因该理论不仅关注行动者的行为，也关注环境对行动者的回应以及行动者对环境的回应。

## 三 采用涉入理论对东南亚华人民间文化异地传承能力的文化分析

涉入理论，在研究社会事件中个人态度等问题时，强调人们在共同生活时的行动能力，该理论使用"涉入"作为其理论的关键词，解释行动者与环境之间的紧密嵌合与动态调适的关系模式，即行动者对持续变化世界的创造性调适，含有行动者的一种道德的承担之意涵。涉入理论指出要实现共同生活，需要社会实践者具有道德的承担，并对持续变化世界做出创造性调适。东南亚华人以传承传统中华文化习俗方式在东南亚各国的当地社会进行生活情境适应性调适，从成家立业到新生代华人人口繁衍。如马六甲海峡华人中间社会人群"Nyonya 娘惹（女性）"和"Baba 峇峇（男性）"，菲律宾的华人中间社会（Mestizos），以及印尼爪哇 Peranakans，作为东南亚土生华人社群，既与当地世居民族不同，又与第一代华侨差异极大，但在行动上自觉保持对中华民间文化的内在认同感。东南亚华人成为东南亚各国多元化族群中组成部分，从民俗学视角来看，得益于民俗文化迁移与保护凸显中华文化的族群优势。涉入理论不仅关注行动者的行为，也关注环境对行动者的回应以及行动者对环境的回应。下面采用涉入理论对东南亚华人民间文化实践加以分析。

（一）华人民俗强调行动者的道德能力，彰显中华文化伦理共生性特征

中华民间文化具有伦理共生的文化属性，尽管东南亚华人传统文化已经脱离其母体（中华文化的诞生地）以及中华文化赖以产生的经济基础

（中国社会经济基础），在华人居住地的社会环境持续存在血缘、亲缘、俗缘紧密联系性。历史上东南亚各国体制不同，经济发展进程有先后，自宋元时期，移民将祖籍地农业生产经验、技能和民间信仰、节庆、禁忌习俗等传播至东南亚各国，促进当地经济、社会与文化发展，是毋庸置疑的客观事实。如端午节，越南人用芭蕉叶包粽子，有"圆"和"方"两种样式，以圆代表天、方代表地，取天地合一、大吉大利之中华文化传统寓意。粽子也以糯米为主，辅料用绿豆、猪肉和胡椒粉调味。四方粽子中间用横竖两根竹篾扎起来，很像耕地，表达了期盼来年五谷丰登的愿望，在当地"猪肉"代表出入兴旺。如印尼为伊斯兰教国家，大多数居民信仰伊斯兰教，伊斯兰教是印尼社会的主流文化，在印尼的华族在语言习惯、婚俗以及民间信仰等传承上倍受压力。然而印尼 Han（韩）氏宗祠民间活动从未停止过。韩姓，在泗水的开基祖，韩裳公（1727～1798），清乾隆戊子年从福建漳州天宝路边村出海到南洋至印尼泗水（苏腊巴亚，Karet St. Surabaya），与当地妇女结婚，育有五子和几个女儿。从事新闻报纸业发家，1876 年被授予 captain（甲必丹）。死后葬于 Kampung Baba ganlasem。现在 Karet St. Surabaya 建有宗祠，建筑外形为闽南民间传统燕尾式大厝，内部门窗采用大量穆斯林式，祠堂保留有韩氏族谱，每年在春节、清明和中元节要举行三次祭祖活动，完全保留闽南民间祭祀祖先的传统仪式和风俗①。闽侨民俗与印尼主流文化的亲疏关系与其被接纳和心理认可程度有关②。从日常生活方式看，华人能够在所在国社会、文化和主流民族的大环境中获得生存与发展机会，融入所在国主流社会，接受当地文化，但没有改变自己本民族的民俗文化习惯。

（二）华人民俗强调行动者与社会环境互为作用，凸显中华文化再生能力

传统上，东南亚华人以建立帮会或同乡会等社团组织方式，在当地社

---

① 2015 年 10 月 13 日，由在厦门大学作学术访问的谢菊花教授提供资料。谢菊花，祖籍福建安溪，第四代印尼华人，彼得拉基督教大学印华研究中心教授（CCIS Pusat StudiIndonesia Tionghoa UniversitasKristen Petra，Centerfor Chinese Indonesia Study）。

② 王付兵：《清代福建人向海峡殖民地的移民》，《南洋问题研究》2009 年第 2 期，第 73 页。

会自然传承民间商贸、生产与生活习俗。民间文化从适应到再生，20 世纪 50 年代之前移民到东南亚地区的华人极少关注个人需要，以改变国内家庭的经济条件为目的，华人想方设法避免异域落地生根，最终目的是挟巨资归国，衣锦还乡。明、清两代政府将弃家而外出游海、过冬不归的人视为弃民，是"共所不耻"之人，福建民间把出国谋生视为"背祖庐墓"、数典忘祖的不齿行为。因此，东南亚华人即便是穷困潦倒，贫病交加，客死异邦，最后愿望也要求将其遗骸殓送回国入土为安。东南亚华人处于中华文化的边缘地带，以殖民地或租界的体制接受外国的统治，在获得与异国文化相互通融积累而成的华人生存经验后，开始关注个人发展需要，他们规划在移民之地安家立业，繁衍后代，开始积极争取在当地社会的定居权利，进而申请加入当地国籍，成为所在国公民。华人社区民间文化的意识形态中，厚养薄葬、灵魂回归祖宗，还被当作华人最终归宿，即生时享受物质最大化，死后灵魂归宗，因此兴建祠堂、家庙和祖庙的做法从未间断。东南亚华人社区为了子孙后代不忘祖宗，每年端午节"包粽子""划龙舟"；农历新年"送祝福""发红包"；"菩萨圣诞本境巡游（赛神）"等代代相传。每个民俗节日他们都要邀请当地居民一起参与，因为传统节庆以图"热闹"为目的。根据 1791 年王大海著《海岛逸志》所描述，18 世纪 80 年代，在爪哇一带有定居的闽南人，他们几代人已不再回中国，讲马来话、吃印尼菜、信仰伊斯兰教不吃猪肉、穿印尼人的服装，尽管如此，却还保留祖籍地风俗习惯，如家里挂对联，过传统民俗节日如春节、端午节、中秋节、冬至节等。过节时要舞龙舞狮、祭拜祖先等，他们自称"唐人"。华人作为中华文化的社会行动者，以民俗实践成为社会文化的一部分，在新加坡过年时，闽侨以本土菜肴与多种自制糕饼组合，邀请居家周围的不同民族邻居共同饮食。为了讨吉利和祈求好运到来，新加坡福建人过年习俗一定要吃"捞鱼生"，"鱼生"指生鱼片，以生鱼条为主要食材，配上各色蔬菜丝和水果丝，预摆在大圆盘内，食用时再撒上白芝麻、碎花生、五香粉和胡椒粉等，寓意中国节俗的"年年有余"；每年农历正月初七俗称"人日"，与福建传统习俗一样，即指人类的共同生日，家人亲友在一起吃饭，最重要的节目是"捞鱼生"。当下东南亚"一个华侨子弟读的语言起码有四种：国语（中文）、闽南语、英语、土语（他加禄语或其他土著语言）"的现象普遍存在。

（三）华人民俗强调在多元化情境中的行动力，展现中华文化共荣
共生的特质

陈衍德在《论当代东南亚华人文化与当地主流文化的双向互动》（2001）
中提出华人在东南亚当地社会生存具有双向互动作用，一方面，因华人深
远的中华文化背景而长期保留其民族文化特征，但因长期以来与当地民族
杂居、混血繁衍，其原文化正日益接纳当地成分，从而形成传统性与当地
化交融并存的局面。另一方面，东南亚文化也经历着接受与涵化华人文化
的过程。因福建人有商贸习惯、种植甘蔗经验以及制糖技术，1710 年福建
华人基本掌控印尼当地的制糖业和零售业，成为社会利益的主导者，因
此，印尼荷兰殖民政府承认华人的经济地位。如今在印尼雅加达等地的唐
人街，原本是印尼荷兰殖民政府推行"政经分离"政策隔离管理华人，华
人只能集中居住在城市的指定区的历史政治产物，由于在这些区域华人民
间活动按照农历周期常态化、习惯化地运行，使这些指定区域发展成为在
当地具有国际化特点的唐人街区。

回溯印尼荷兰政府"政经分离"的黑暗操作，不容忘却在东南亚发生
的华人被驱逐、骨肉分离、经济产业被焚烧殆尽的"排华""反华"血泪
历史。将华人与其他族群相互隔离的社会治理手段，使族群间相互忌惮、
怀疑和摩擦，引发当地民众对华人的敌对化情绪，爆发"排华""反华"
社会动乱的历史事实，提示人类社会需要始终保持警醒，如果人类要追求
有生命力的生存方式并将其作为福祉，那么社会治理就要避免摩擦和排
斥，以民民相亲互为团结的方式创造共同生活之环境。

事实上，民间文化历来都是民间智慧与政治、社会思想的综合话语权
利表达方式。现在在泰国、新加坡、马来西亚、印度尼西亚等国家，中国
主要传统民俗节庆日如春节、清明节、端午节、中秋节、中元节，被当地
政府确立为全国公共性节假日。每年农历五月初五端午节，在马来西亚大
街小巷中，可以看到许多卖粽子的摊位，政府和社团按照传统中国习俗，
在端节期间举办包粽子、赛龙舟活动，马来人、印尼人、中国人同场竞
技，不分彼此。民间文化与国家政治常被认为是两个不同范畴，虽然民间

民俗指下层民众民俗文化，但华人在东南亚通过民间文化社会实践，实现了中华民间文化同当地主流观念共荣共生的社会价值。

（四）华人民俗强调文化创造的再生能力，生产习俗实现了对社会经济的贡献

全球化时代，东南亚华人在居住国社会财富和人文关系的积累，形成了东南亚"唐人文化"现象，华人历史民俗文化也与居住国家其他民族的民俗文化有了交流、融合的平台，便形成如今"一带一路"历史进程中人类命运共同体的国际村状态。因农耕生产自然条件恶化，民间改行做商贸，形成华人海商。海外经商，究其原因，以福建人为例，因"七闽地狭人稠，为生艰难，非他处可比"。历经五代、两宋，中原动荡，战争未息，闽漳、泉边民渐走台湾、涉东南亚。尽管东南亚华人传统文化已经脱离其母体（中华文化的诞生地）以及中华文化赖以产生的经济基础（中国社会经济基础），但华人主要以农耕劳作、收购贩售农贸商品或摆摊移动经营或开铺经营来获得在移民地的生存机会。东南亚（包括印尼）地区中国人一般通过将祖籍地生产经验和技术传承到移民地，同乡联络个人成为当地的生产劳动者。如移居印尼沿海的闽侨，形成村落之后，在稳定的生活新环境下，发展出农耕渔捞生产模式。受海洋性气候影响，大多数村落农耕分为"宅仔内"①与"园"两种方式。"宅仔内"，指菜园，一般位于住宅外围或聚落的四周，为了给蔬菜与农作物避风，在耕地周围要建筑防风围墙。通常菜园紧邻居住屋舍，屋旁要挖水井，用于食用和农耕浇灌，菜园以当季的蔬菜为主。"园"指距离聚落较远的山上（通常是聚落周围的坡地与台地），种植农作物除考虑季风风向外，亦考虑到耕地的地形走向，夏天雨季时耕种，主要栽种花生、番薯、菜豆与高粱等旱作。大陆出海口地区，民间受政府朝贡贸易政策影响，百姓盛行弃农经商，冒死也要赚钱，"敢拼才会赢"之风盛行，只要有利可图甚至买通海盗硬闯沿路官卡；出海商船上一般要供奉妈祖，保佑航路通畅交易顺利。宋元时期中国沿海已有众多小商人，元初政府承袭宋代海上贸易制度，中国与东南亚各国海

_____

① "宅仔内"，闽南语发音，意为居住房屋周围空间。

上贸易继续扩大。元代中国对海洋贸易能力，体现在拥有世界上最先进的造船和航海技术，在亚洲海域拓展大规模交易商品基地，在港口发展商贸城市。如闽地沿海商人把"土珠、玛瑙、金珠、粗碗、处州瓷器之属"运到台湾中转交易，带回台湾产的"沙金、黄豆、黍子、硫黄、黄蜡、鹿、豹、麂皮"等。明末被称为"海盗"的曾一本、林凤、林道乾、袁进、李忠、杨禄等人以台湾为转贩地，与大陆沿海渔舟"往来通贩以为常"。如民国漳州《东山县志》载：清康熙三十七年（1698），山后村朱旋官居户部主事，荣归故里，以皇赐白银万两，奏请买地建圩场于西埔村妈祖庙地，称西埔圩。初创建的西埔圩，沿西埔溪建有两条街，以提供地皮和减免缴纳地租等优惠条件，联络潮州、汕头及本地富户来投建商店。为谋圩场秩序之稳定，保障客商之安全，立碑于西埔圩桥仔头（现福德祠左后方），碑刻有两句对子，要求乡人谨记，流传至今："主欺客，死赤赤；客欺主，住不久。"①东南亚华人与闽地商人搭建中国到东南亚沿海经济贸易网络，到了16世纪，印度尼西亚一些"香料群岛"的食物已经完全依赖进口。华人秉承传统商贸习俗，为当地社会做出诸多贡献，因此，华人公民身份被当地社会所认同。

从华人在东南亚社会发展历史过程来看，华人民间传统习俗异地传承，经历了从民间无意识的生存行动，到华人自身文化被唤醒，再到华人群体的文化自觉行动的传承和保护民间文化的过程。在人类生活世界当中，从民间文化异地传承发展的现实能够发现很多以前从来不会意识到的崭新的历史研究课题。而且在生活世界当中，也可以产生出很多新的历史解释，华人民间文化行动必然需要与移居国家政治、社会、经济、人文等环境进行嵌合与动态调适，正如习近平总书记指出的，"各国之间的联系从来没有像今天这样紧密，世界人民对美好生活的向往从来没有像今天这样强烈，人类战胜困难的手段从来没有像今天这样丰富"②。华人在东南亚民间文化实践的历史过程，证明了人类命运同体理念为当今世界经济均衡发展注入了新动力。

---

① 福建省东山县地方志编纂委员会整理《东山县志》，1987。
② 《"一带一路"国际合作高峰论坛重要文辑》，人民出版社，2017，第4页。

## 四 华人民间文化异地传承的历史实现人类命运共同体构建路径

全球化时代,东南亚华人在居住国既满足了社会财富积累的需要,也建构出新人文关系,形成东南亚"唐人文化"现象。审视东南亚华人民间文化发展过程,发现在语言、饮食、服饰、居住、婚姻、丧葬、节庆、娱乐等方面大致经历了社会适应、文化认同到文化再生之后重新约定发展模式,实现人类共同生活路径,这是在中国其他地区所没有的文化特性。从海洋看世界,是跨越国界的,一国一地的历史文化不应被孤立地看待。亚洲海域有自己的历史文化,也是跨文化交流与融合的文化历史。在马六甲海峡彼岸的印度尼西亚的峇眼亚庇市至今保留一年一度的烧王船活动,当地洪姓是第一大姓,其次为黄、许、陈等姓氏,峇眼亚庇市开埠至今已有127年历史,最早先民是在1862~1874年,来自中国福建同安县翔凤十三都,现在厦门市翔安区新店镇后滨村(即前文提到的下后滨村)的洪文凭、洪允祥、洪思返等18名出海捕鱼渔民,先抵达槟威的大山脚,再到苏门答腊岛的利巴威、双安南等地方,因渔船上的人水土不服无法定居,最终在峇眼亚庇落户,渔船上带有下后滨村祭祀的纪府王爷,1862年建永福宫奉祀。因为当时地势变化海潮逐减,当地渔民要到爪哇、印尼南部海域捕鱼,渔船设备简陋经常发生海难,当地居民开始学着闽南人风俗举办烧王船活动安抚海上游魂,庇佑众生平安,祈愿渔民出海捕鱼海产丰登。其间烧王船活动被瓦希德政府下令禁止过,但1966年当地居民悄悄地以小规模方式举办;到2000年,政府解除烧王船禁令时,当年农历五月十六日和十七日,民间就轰轰烈烈举办送王船活动,约有10万名来自棉兰、柏干峇鲁、巨鹿、爪哇岛及雅加达和泗水的信众,甚至还有从香港、澳门和台湾宫庙前去参拜的。所建造王船,船身长8米、宽2米多,用藤条、竹子扎捆成船形后再糊上彩纸制作而成,船首以龙头为装饰,船上插满红、黄、紫、蓝以及金色诸色旗帜,采用福建传统纸扎王船工艺技术。在当地因福建下后滨村先辈落户峇眼亚庇之前登陆四角芭和大芭的时间分别在农历四月十八日和五月十五日,因此,这两地以此时间作为烧王船祭典时间,烧王船的规模较小。

通过送王船民俗调查发现,目前在东南亚沿海岛屿、渔村的华人社区举行王船祭典和王船巡境活动时，王船普遍采用纸扎船工艺技术，这种工艺目前在台湾地区的台南、金门、澎湖还零星有几位家族传承人，正处于后继无人的濒危境地。与此同时，在华人祖籍地福建沿海传统渔村这种技术几乎绝迹。华人民间传统技艺在异地传承但在祖籍地却面临濒危或绝迹的情况，在传统小吃制作、传统工具（用具）制作、剃头刮脸、服装制作等行业同样存在。如在马六甲华人家庭，仍然保留祭祖时要制作祭祀用品等传统小吃习惯，结婚时母亲要为新嫁娘缝制一套嫁衣习俗。可以说，华人民间文化的异地传承是一部中国传统手工技艺的交流史，是中华文化顽强的再生能力的有力证明。

南亚与东南亚是中国与印度之间的海上通路，是有关经济整合和大量人口迁移的一个历史空间。数个世纪以来军队、商人、奴隶和工人借由所掌握的自然季风经验和航海技术，驾驶舟船航行于这片海域。自15世纪末，欧洲各帝国和武装的特许公司将势力伸向亚洲水域，葡萄牙、荷兰和英国势力先后进入，再到18世纪，英国东印度公司、荷兰东印度公司和法国东印度公司管辖此域，推行分而治之，"政经分离"的治理方式，一方面限制华人农民迁移，另一方面，因为契约或债务迁移有产业的华人工商业者。从整体看华人在东南亚的历史，既有背井离乡，又有被限制迁移生存的过程。准确地说，华人民间文化在东南亚传承历史是通过劳动和苦难塑造出来的，本身就是一部文化接触和交融史。

（一）人类共同命运是一个多元集纳、集合人类优秀成果的社会实践过程，要实现人类共同生活，就要研究社会中人的行动能力

从东南亚华人的民间文化社会实践经验看，人类命运共同体以共同生活为基础，人类共同命运是一个多元集纳、集合人类优秀成果的社会实践过程，要实现人类共同生活，就要研究社会中人的行动能力。民俗功能应是生态的、中道的（适度的、平衡的）、平等的新文化，它既不是"全盘西化"也不是"全盘东化"，应该是全球范围内所达成的共同培育的一种新文化环境。

（二）"天下观"、"和而不同"和"和为贵"是实现人类共同生活的准则和目标的驱动力

从东南亚民间文化的发展历程，可管窥国家治理理念"让世界各国共享中国经验，让中国发展成为世界的机遇"在亚洲海洋社会的表现。中华传统文化理念"天下观"与"和而不同、和为贵"是实现人类共同生活的准则和目标的驱动力。利益共同体是构建人类命运共同体的前提和基础，责任共同体和行动共同体是构建人类命运共同体的要求和手段。[①] 建设人类命运共同体就是要建立平等相处、互商互谅的伙伴关系，营造公道正义、共建共享的安全格局；以海洋视角谋求开放创新、包容互惠的发展；促进和而不同、兼收并蓄的亚洲文明交流；构筑崇尚自然、绿色发展的生态体系。

（三）海洋亚洲以民民相亲方式，搭建出利益共同体、责任共同体和行动共同体实现人类命运建设路径

东南亚华人民间文化实践，在西式化殖民政治和独立国家的社会治理的多重转型的历史条件下发生，东南亚华人通过民间生产习俗在当地创造出极大的经济贡献，获得民俗认同、文化认同乃至身份认同的过程，证明了中华文化具有伦理共生性和民间文化共荣共生属性。因此，做好东南亚华人历史文化资源调查与研究成为当务之急。

从民俗学视角，对民间民俗实践研究要呼应整体人类文明进步。海洋亚洲成为华人民俗文化交流融合的平台，亚洲海域内的东南亚已形成人类命运共同体的国际村状态。

从政治角度理解，人类命运共同体理念可激发东亚合作潜力，而合作的基础是对处于不同发展阶段的共同体的理念认同。海洋亚洲将中国与东南亚紧密连接成一个利益共同体、责任共同体和行动共同体。东南亚华人民间文化已成为居住国民族文化的重要组成部分，其中闽南文化在东南亚

---

① 王存刚：《人类命运共同体理念引领人类文明进步方向》，人民网，http://theory.people. com.cn/n1/2017/0727/c40531-29430933.html，2017年7月27日。

华人历史民俗文化中处于主导地位。因此，东南亚华人民间文化行动能力，对探索人类命运共同体之路十分重要，中华文化具有伦理共生性和民间文化共荣共生属性，可促进我国与东南亚各国全面合作，起到事半功倍的效果。

# 汉代祭祖仪式变迁及意义探析

## ——兼论儒生群体对礼学经典的解读与建构

田家溧　王超燕*

**内容提要**　汉代社会祭祖仪式经历了从宗庙祭祀到墓上祭祀转变与定型的过程，虽然儒生群体曾力图挽救宗庙祭祀的颓势，但他们最终接受了墓祭取代庙祭的事实，积极地融入汉代社会墓上祭祀的风潮中并发挥了导向性作用。虽然礼学经典预设的祭祖仪式在实际社会生活中发生了转变，但其背后的伦理教化仍能发挥积极作用，儒生群体能在守住礼学经典本意的基础上对经典作出新的解读与建构。

**关键词**　汉代　祭祖　庙祭　墓祭　儒生群体

《左传·成公十三年》有言："国之大事，在祀与戎。"祭祀在上古社会政治生活中有着举足轻重的地位。《礼记·祭统》篇也强调："凡治人之道，莫急于礼。礼有五经，莫重于祭。"① 祭祀的类目繁多，简要可分为祭祀天神、地祇、人鬼三大类。在儒家的理想设计中，"伦理功能（夫妇之别、亲疏之杀）、社会整合功能（长幼之序、上下之际）、政治功能（爵赏之施、政事之均）都贯彻在对祖先的祭祀中"②。学界对汉代祭祖问题的研究已有相当丰硕的成果，马新《试论汉代的墓祀制度》指出汉代墓祀已成

---

＊　［作者简介］田家溧，女，1988 年生，河南漯河人。郑州大学历史学院讲师。王超燕，1995 年生，河南鹤壁人。郑州大学历史文献学专业硕士研究生。

①　杨天宇：《礼记译注》，上海古籍出版社，2004，第 631 页。

②　杨英：《祈望和谐——周秦两汉王朝祭礼的演进及其规律》，商务印书馆，2009，第 144 页。

为祭祖的主要方式，并重点介绍了汉代墓祀的基本程式及社会意义①；巫鸿《中国古代艺术与建筑中的"纪念碑性"》也对中国古代祭祖场所由宗庙到墓地的转变有深入分析，并强调汉代墓地祠堂及墓碑背后所隐含的社会属性②。汉代墓祀主要分墓上祭祀和墓内祭祀两种形式，信立祥《汉代画像石综合研究》侧重探究汉代墓上祠堂这种祭祖形式出现的背景及原因，并对祠堂画像进行分析与解构③；胡雪竹《汉代墓内祭祀空间及祭祀图像的研究》④、刘尊志《汉代墓内祭祀设施浅论》⑤ 则对汉代墓内祭祀的空间、陈设用具及祭品类别进行分析研究。

综上，随着社会的变迁以及思想观念的变化，汉代社会的祭祖仪式经历了从庙祭到墓祀转变与定型的过程，在新的政治社会背景下，礼学经典所预设的具有重要功能的祭祖仪式是否还能在新帝国中继续发挥效用，儒生群体在这种仪式变化中又做了怎样的努力，将是本文探讨的重点。

## 一 汉代墓上祭祀的兴起及其存在的问题

学界曾有过关于汉代以前是否存在墓祭的争论，早期以杨宽、信立祥、黄晓芬为代表的学者支持"古无墓祭"说，认为先秦时期祭祀祖先的活动都在都邑中的宗庙里进行，墓祭用的墓上祠堂在墓祭盛行的汉代才出现⑥。杨鸿勋先生根据考古发掘资料，提出"古有墓祭"说，认为墓祭在殷商时代便已出现，并与杨宽先生进行观点商榷互动⑦；董坤玉先生指出先秦时期墓、冢有别，贵族冢葬之上存在祭祀行为已得到充分考古材料证明，而庶民墓葬无封土堆故葬礼过后一般都在家中祭祀，总体来说古人崇尚宗庙祭祀与家祭但并不排除墓祭⑧。近年来学界基本认可了"先秦时期，

① 马新：《试论汉代的墓祀制度》，《山东大学学报》2014年第1期。
② 〔美〕巫鸿：《中国古代艺术与建筑中的"纪念碑性"》，李清泉、郑岩译，上海人民出版社，2009。
③ 信立祥：《汉代画像石综合研究》，文物出版社，2000。
④ 胡雪竹：《汉代墓内祭祀空间及祭祀图像的研究》，西安美术学院硕士学位论文，2017。
⑤ 刘尊志：《汉代墓内祭祀设施浅论》，《中原文化研究》2019年第1期。
⑥ 信立祥：《汉代画像石综合研究》，文物出版社，2000，第66页。
⑦ 杨鸿勋：《关于秦代以前墓上建筑问题》，《考古》1982年第4期；《〈关于秦代以前墓上建筑问题〉要点的重申——答杨宽先生》，《考古》1983年第8期。
⑧ 董坤玉：《先秦墓祭制度再研究》，《考古》2010年第7期。

墓祭应已存在并获得相应发展"①的看法，并对墓祀的定义基本达成共识：
"墓祀即在坟墓前进行的祭祀祖先的活动，它包括两大基本内容：一是墓
前祭祀，即洒扫、祭酹、植树、筑祠、立碑等活动；二是墓内祭祀，即墓内
祭祀空间的开拓和祭奠。这是一种盛行于汉代的独具特色的祭祖形式。"②

但在汉代流传的《礼》经及大、小戴《礼记》之中，涉及祭祖之礼的
篇幅讲的都是宗庙祭祀的仪式，基本没有墓上祭祀的相关记载。对于汉代
儒生来说宗庙的地位重要非常，在西汉中后期政局中儒生群体发起了轰轰
烈烈的宗庙改革，很可惜他们对宗庙改革的执着努力最终也没有扭转宗庙
祭祀的颓势，到了东汉转而以墓祀为主③。汉代墓祀建筑中最有代表性的
是祠堂和碑刻，大量产生于东汉时期，"祠堂是死者接受祭品的地方，被
看作是他的'魂'的居所。在大多数情况下，墓葬和祠堂由家庭建置，或
由死者本人在生前购置，或由他的后人建筑。与此不同，墓碑则多由前来
瞻仰的人们树立"④。

两种建筑都是死者的亲属、朋友以及同死者有着各种社会关系的人为
死者所立，寄托着对死者的追思，这种纪念方式成为一种社会性现象。汉
人注重修建墓上祠堂等建筑的风气其实从西汉中期便已经开始⑤，至西汉
末期，大儒龚胜临终遗言：

> 衣周于身，棺周于衣。勿随俗动吾冢，种柏、作祠堂。⑥

① 董坤玉：《先秦墓祭制度再研究》，《考古》2010年第7期。
② 马新：《试论汉代的墓祀制度》，《山东大学学报》2014年第1期。
③ 西汉晚期至东汉一代，墓地祭祀设施中的单开间小祠堂及墓上或墓前砖砌祭祀设施的墓
葬数量增多，而墓内祭祀中简单设施或少量器物的墓葬也有相当数量，这些墓葬的等级
与规格普遍较低，在等级上体现出平民化墓葬祭祀设施的发展和普及。详见刘尊志：《汉
代墓内祭祀设施浅论》，《中原文化研究》2019年第1期。
④ 〔美〕巫鸿：《中国古代艺术与建筑中的"纪念碑性"》，李清泉、郑岩译，上海人民出版
社，2009，第251页。
⑤ 《盐铁论·散不足篇》云："古者不封不树，反虞祭于寝，无坛宇之居，庙堂之位。及其
后，则封之，庶人之坟半仞，其高可隐。今富者积土成山，列树成林，台榭连阁，集观
增楼。中者祠堂屏阁，垣阙罘罳。"桓宽著，王利器校注《盐铁论校注》，中华书局，
1992，第353页。
⑥ 班固：《汉书·龚舍传》，中华书局，1962，第3085页。

"随俗"二字，足以体现出墓上树封、建祠堂早已成为一种风俗。虽然其间也有不少儒生如张安世、赵咨、张酺等人欲厉行节俭之风，选择不立祠堂。但效果不是很明显，到了东汉末，王符仍然认为墓上祭祀建筑过于奢侈和形式化：

> 今京师贵戚，郡县豪家，生不极养，死乃崇丧。或至金缕玉匣，楠梓楩楠，多埋珍宝偶人车马，造起大冢，广种松柏，庐舍祠堂，务崇华侈。案鄙毕之陵，南城之冢，周公非不忠，曾子非不孝，以为褒君爱父，不在于聚财，扬名显亲，无取于车马。①

汉代墓上祠堂反映了时人攀比炫富的心理，不管是普通人家还是有着儒学背景的家族，都有建造墓上建筑的行为，其花费从少者三千到多者十五万钱不等②。且碑文也存在虚浮夸名的问题：

> 明年春，（郭太）卒于家，时年四十二。四方之士千余人，皆来会葬。同志者乃共刻石立碑，蔡邕为其文，既而谓涿郡卢植曰："吾为碑铭多矣，皆有惭德，唯郭有道无愧色耳。"③

东汉士林相互作碑文抬举的现象比较普遍，连大儒蔡邕亦不能免俗，为此而觉得有"惭德"。

虽然墓上祭祀存在种种问题，但是其中的忠孝精神确是传承下来了：

> 《谢承书》曰："建宁五年正月，车驾上原陵，蔡邕为司徒掾，从

---

① 范晔：《后汉书·王符传》，中华书局，2007，第 1637 页。
② 《张文思为父造石阙题记》："建初八年八月成，孝子张文思哭父而礼石直三千，王次作勿败□"，第 144 页。《徐州铜山元和三年画像石题记》："元和三年三月七日三十子侯世子豪行三年如礼治冢石室直万五千"，第 154 页。《武梁祠石阙铭》："建和元年，大岁在丁亥三月庚戌朔四日癸丑，孝子武始公弟绥宗景兴开明使石工孟季季弟卯造此阙，直钱十五万，绥宗作师子直四万，开明子宣张仕济阴年廿五曹府君察举孝廉除敦煌长史被病天殁苗秀不遂鸣呼哀哉士女痛伤"，第 568 页。徐玉立主编《汉碑全集》，河南美术出版社，2006。
③ 范晔：《后汉书·郭太传》，中华书局，2007，第 2227 页。

公行，到陵，见其仪，忾然谓同坐者曰：'闻古不墓祭。朝廷有上陵之礼，始谓可损。今见其仪，察其本意，乃知孝明皇帝至孝恻隐，不可易旧。'或曰：'本意云何？''昔京师在长安时，其礼不可尽得闻也。光武即世，始葬于此。明帝嗣位逾年，群臣朝正，感先帝不复闻见此礼，乃帅公卿百僚，就园陵而创焉。尚书阶西祭设神坐，天子事亡如事存之意。苟先帝有瓜葛之属，男女毕会，王、侯、大夫、郡国计吏，各向神坐而言，庶几先帝神魂闻之。今者日月久远，后生非时，人但见其礼，不知其哀。以明帝圣孝之心，亲服三年，久在园陵，初兴此仪，仰察几筵，下顾群臣，悲切之心，必不可堪。'"①

　　蔡邕初始认为墓祭不合古礼，但当他参与了汉灵帝上陵礼的全过程后，认为汉明帝倡导的上陵礼可以非常好地展现孝思，这一点是"不可易旧"的。虽然祭祀形式发生了改变，但是在祭祀精神内核上还是传承了庙祭的精髓，所以蔡邕对上陵礼的态度转变为肯定，这种态度应该可以代表当时大部分儒生。儒生群体确实有机地融入了东汉社会墓上祭祀的风潮中，并在其中发挥了积极的导向性作用。

## 二　儒生群体对民间墓上祭祀的引导

　　我们不能只看到汉代（尤其是东汉）社会墓祭存在的问题，而忽略掉其积极意义。虽然儒家思想经过西汉一朝的铺垫，进入东汉便开始在朝堂上代替方术士、法家取得了主导性话语权，但这并不代表儒家对待祭祀的理性态度也一样获得了压倒性的胜利。民间社会祭祀思想的丰富性远超朝堂，民间祭祀往往含有很重的功利性因素，王充对民间祭祀心态的分析很贴切：

　　　　世信祭祀，以为祭祀者必有福，不祭祀者必有祸。是以病作卜祟，祟得修祀，祀毕意解，意解病已，执意以为祭祀之助，勉奉不绝。谓死人有知，鬼神饮食，犹相宾客，宾客悦喜，报主人恩矣。其

---

① 范晔：《后汉书·礼仪志》，中华书局，2007，第3103页。

脩祭祀，是也；信其享之，非也。①

正是在这种"相信鬼神能影响人间各种行事的成败祸福"，并且"人可以左右鬼神"②的思想背景下，民间的禁忌信仰、巫术、道教都同祭祀有着千丝万缕的联系③，人们相信通过献祭、避免禁忌、巫术等的方式便可趋吉避害。应劭《风俗通义》中对城阳景王祠的记叙，很能体现民间和儒生关于祭祀态度的不同：

> 城阳今莒县是也。自琅琊、青州六郡及渤海郡邑乡亭聚落，皆为立祠，造饰五二千石车，商人次第为之，立服带绶，备置官属，烹杀讴歌，纷籍连日，转相诳曜，言有神明，其谴问祸福立应，历载弥久，莫之匡纠，唯乐安太守陈藩、济南相曹操，一切禁绝，肃然政清。陈曹之后，稍复如故，安有鬼神，能为病者哉？予为营陵令，以为章本封朱虚，并食此县，春秋国语曰："以劳定国，能御大灾。"……于是乃移书曰："到闻此俗，旧多淫祀，糜财妨农，长乱积惑，其侈可忿，其愚可愍……城阳景王，县甚尊之。惟王弱冠，内侍帷幄，吕氏恣睢，将危汉室，独先见识，权发酒令，抑邪扶正，忠义洪毅，其歆禋祀，礼亦宜之；于驾乘烹杀，倡优男女杂错，是何谓也？三边纷挐，师老器弊，朝廷盱食，百姓嚣然。礼兴在有，年饥则损。自今听岁再祀，备物而已，不得杀牛，远近他倡，赋会宗落，造设纷华，方廉察之，明为身计，而复僭失，罚与上同。明除见处，勿后中觉。"④

---

① 黄晖：《论衡校释》，中华书局，1990，第1047页。
② 林富士：《汉代的巫者》，稻乡出版社，2000，第130页。
③ 林富士先生在其著作《汉代的巫者》一书中也指出："汉代巫者的社会影响力，在平时，通常是隐而不显，只是因缘于各地崇信鬼神的风俗，以特有的知识和技能，指导民众一般生活行事的进行事宜（如丧葬、治宅、疗病、祭祀等），从而产生一种规范作用。"稻香出版社，1999，第183页。刘增贵先生的文章《禁忌——秦汉信仰的一个侧面》也指出，汉代民间丧事中有许多的禁忌，上冢也有相应的禁忌。《新史学》2007年第18卷第4期，第38～41页。
④ 应劭撰，王利器校注《风俗通义》，中华书局，2011，第394～395页。

可见就算是对死去故人的祭祀，民间的出发点同儒生官吏也是不同的。民间更多的是希望通过祭祀获得福报，消除疾病。而儒生官吏的祭祀，则是依照经典希望社会大众能够记住朱虚侯刘章所立的功业，所以应劭下令按照经书重新整改对刘章的祭祀。

儒生群体对祭祀有着冷静理性的态度，相比于前面提到的一小部分儒生行节俭不立墓上建筑，大部分儒生则是融入了东汉墓上祭祀的风俗中，他们将儒家有关宗庙祭祀的伦理教化有机地融入墓上祭祀中。

（一）祠堂：孝思的表达

汉代祠堂内部多有画像石的装饰。"汉代石结构祠堂画像内容的选择和配置，是严格地按照当时人们的宇宙观念进行的。在汉代人的观念中，建在墓地的祠堂不仅是子孙后代祭祖之处，而且被想象成一个完整无缺的宇宙世界。"① 其中复原比较完整且较具代表性的当属武梁祠，前辈学者们已经做过相当多有关武梁祠画像石的研究。巫鸿先生通过系统考察，指出了武梁祠画像石中所体现的儒家思想以及其社会意义：

> 武梁祠画像是由武梁生前本人所设计，武梁是一位隐退的儒士，通过精心挑选的历史模范人物画像，宣扬隐退的价值和儒家政治理想，同时教导他的遗孀、儿孙、亲戚和仆人们按照正确的儒家规范行事。东汉祠堂处于一个复杂的社会网络之中，它既是私人的又是公众的。武梁祠是武梁和家中活着的人进行交流的媒介，是他和社会公众交流的媒介，也是他的家人和公众进行交流的媒介。在举行葬礼仪式期间和仪式之后，祠堂对家族成员和公众都是开放的，因此可以继续发挥它的社会作用。②

信立祥先生也有相似的看法，并认为"两汉时期，像武梁祠堂这样用

---

① 信立祥：《汉代画像石综合研究》，文物出版社，2000，第183页。
② 〔美〕巫鸿：《武梁祠——中国古代画像艺术的思想性》，柳杨、岑河译，生活·读书·新知三联书店，2006，第241~246页。

历史故事画像来表达自己志向、抱负和理想的决不只武梁一个人"①。

总的来说，汉代祠堂画像石中所反映的，有人们对死后世界的想象与构筑，也有人们想法与抱负的表达，是一种综合的状态。其中既有儒家历史故事，又有仙人世界的幻想，还有现实生活的场景。所反映的祭祀场面也很生动，不再像礼书中所记载的那样严肃庄重。在融会了多种思想倾向的世俗社会祭祀中，儒家思想只是其中可选择的一种。但是类似武梁祠这样的存在，就是一个生动的儒家祭祀忠孝思想的播散地，对其所处的民间地方社会有着实实在在的影响。

汉代民间社会确实有许多为表达孝思而建的祠堂，如《徽山桓菶食堂画像石题记》所显示：

　　永和四年四月丙申朔廿七日壬戌、桓菶终亡、二弟文山、□山悲哀治此食堂、到六年正月廿五日毕成、自念悲（右侧）
　　痛、不受天祐少终、有一子男伯志、年三岁、却到五年四月三日终、俱归皇泉、何时复会、慎勿相忘、传后子孙、令知之、（左侧）②

该祠堂建于东汉永和六年正月，出土于山东省徽山县两城镇③。从所显示内容来看，作此题记的是死者桓菶的两位弟弟，文词中丧失亲人的伤痛深刻，毫无虚夸炫耀的成分。而且从文中毫无职官记叙来看，这应该是一个普通的平民家族。

又如《芗他君石祠堂石柱题记》：

　　主吏蚤失贤子、无患奉宗、克念父母之恩、思念忉怛悲楚之情、兄弟暴露在冢、不辟晨夏、负土成墓、列种松柏、起立石祠堂、冀二

---

① 信立祥先生在《汉代画像石综合研究》一书中也认为："汉代墓地祠堂中历史故事画像的选择和配置，除了风俗习惯上的原因，还应与祠主的性格、理想和政治倾向有着直接的关系，甚至有可能其具体的题材内容是祠主生前就选定好的。由于祠主的个人性格和志向不同，每座祠堂内历史故事画像的有无、多寡和具体内容也会有所不同，因而这类画像属于汉代墓地祠堂画像中的可变内容。"详见第 128 页。
② 永田英正编《汉代石刻集成》（释文篇），同朋舍出版社，1994，第 84 页。
③ 同上。

亲魂零有所依止、岁膡拜贺、子孙欢喜、堂虽小、俚日甚久、取石南山、更逾二年、逗今成已、使师操豪、山阳蝦丘荣保、画师高平代盛、邵强生等十余人、段钱二万五千、朝莫侍师、不敢失欢心、天恩不谢、父母恩不报、兄弟共居、甚于亲在、财立小堂、示有子道、差于路食、唯观者诸君愿勿贩伤寿得万年家富昌、①

该碑于 1934 年在山东省东阿县出土，刻于东汉永兴二年。题记追述东郡厥县东阿西乡昌吉里的芧他君和妻子及长子伯南患病身亡的情况，还记述了请人造墓的过程和花费。但是题记中最明显的乃是表达追思父母之情，因为不敢"父母恩不报"。这同儒家所强调宗庙祭祀中的"报本反始"的孝亲思想不谋而合。虽然汉代民间建立墓上祠堂有着诸如炫耀、求福等功利性的理由，也有着希冀升仙的美好愿望，但其必定包含的理由则是表达对逝去亲人的孝思与追念。

（二）碑刻：教化的传递

汉代悼念死者的碑刻内容相对单纯，大部分碑刻中都会书写立碑的目的是纪念死者，表达生者永志不忘之情以及孝思：

《幽州书佐秦君石阙》："盖欲章明孔子葬母四尺之裔行上德、比承前圣岁少、以降昭皆、永为德俭、人且记入于礼、秦仙爰敢宣情、征之斯石、示有表仪、孝弟之至、通于神明、子孙奉祠、欣肃慎焉、②
《王孝渊碑》："爰示后世、台台勿忘、子子孙孙、秉承久长、"③
《敦煌长史武斑碑》："旌表金石、令问不忘、"④
《为父通作封记刻石》："昔武王遭疾、赖有周公、为王残命、复得延年、荄有穷记、□□若丧、由斯言之、命有短长、追念父恩、不可称陈、将作□封、因叙祖先、道□祈祠、蒸尝魂灵、富贵无恙、传

---

① 永田英正编《汉代石刻集成》（释文篇），同朋舍出版社，1994，第 118 页。因篇幅所限，只节选部分重要的内容，并不是完整的题记。
② 同上书，第 40 页。
③ 同上书，第 70 页。
④ 同上书，第 100 页。

于子孙、□之无竟、"①

《执金吾丞武荣碑》："盖观德于始、述行于终、于是刊石勒铭、垂示无穷、"②

虽然汉代碑刻存在前述虚浮夸名的现象，但碑刻在其所在地方社会群体内所产生的积极性影响，是不能够被忽视的。以《北海相景君碑》为例，此碑建于汉安二年。碑主为东汉益州太守，死于汉安二年仲秋。该碑的正面镌刻了立碑初衷、景君的为官生平及为景君作的颂词，同一般完整体例的碑刻格式大体相似，不再引述列举。这里要强调的是该碑的碑阴，铭刻了参与立碑的门生故吏的名字，以及在末尾附了一段文句：

竖建□□、惟故臣吏、慎终追远、谅闇沈思、守卫坟园、仁网礼备、陵成宇立、树列既就、圣典有制、三载［已究、当离］墓侧、永怀靡既、□不可胜、以义割志、乃著遗辞、以明厥意、魂灵瑕显、降垂嘉祐、③

碑右下方还着重强调了行三年丧服的人数，凡八十七人。对已故人的祭祀，汉代扩大到了族外，门生故吏也会是祭祀中的一员，参与树碑、立传、行服的活动。这段文辞古朴流畅，应是众人守三年丧服期满之后所作，传达了祭祀中慎终追远的本意。将一个人优异的履历生平以及后人对他的追思镌刻在不会朽烂的石碑上，对于当地每一个能够看到此碑的人来说，本就是一种激励性的教化。④ 在北海当地，有如此众多门生参与的葬礼，又加之不少人守三年丧，后又在墓园立碑，整个一连串的事件，不会对北海当地民众没有影响与触动。这种社会性的群体祭祀追念事件本身就

---

① 永田英正编《汉代石刻集成》（释文篇），同朋舍出版社，1994，第144页。
② 同上书，第160页。
③ 同上书，第88页。
④ 在读博期间上张忠炜老师的课程时，张老师提及去四川当地实地考察汉碑的经历，当地的汉碑树立的地点正是在一个村口的必经之地，凡是要入村的人都能看得到此碑，可想而知一块碑刻在当地所能产生的影响。正是张老师所谈及的这段经历以及相关思考，才让我在写汉碑这部分的时候注意到汉碑的社会性意义及其影响。

有着很强的社会教化功能：向它所能辐射到的周边社会群体传递着儒家祭祀慎终追远、忠孝仁义的概念。

我们不能忽略汉代民间社会中一个小范围群体内口口相传所产生的连锁反应的力量。应劭在《风俗通义》卷九《怪神》篇中记叙了鲍君神、李君神、石贤士神三个类似的小故事，都是因为误传，某样原本普通的物件瞬时在当地社会产生了巨大的影响力，方圆数十里民众纷纷效仿参拜，甚至部尉也会去参拜。口口相传的影响力在这三个故事中显现无疑，就像应劭所评论的那样："言人共奖成之耳"①。

所以生活在当地的普通民众，哪怕不识字，或是因为学识有限看不懂碑刻上古朴文雅的颂词。但他们一定知道这树立碑刻的本身代表了家族亲朋对逝者的追思，一定知道树碑的本身代表着逝者身后的荣耀。在当地，还很有可能传颂着碑主的各种故事。如此的连锁反应与地望的累积，对于普遍求名自重的汉代人来讲，是莫大的荣耀，也是一种社会性的追求。而《北海相景君碑》中所体现的景君同其门生故吏之间的关系，正是东汉官场的一个缩影，存在于东汉帝国广泛的地域阶层中②。

儒生群体这种对祭祀理性态度的传播，对于民间社会来说充满了意义。虽然与此同时禁忌、巫术、道教等思想信仰仍旧存在，虽然民间依然有许多神祠与神碑。但类似武梁祠以及景君碑这样的地方祠堂与碑刻，广泛地存在于帝国的各个地区，向它所能辐射到的周边社会群体传递着儒家祭祀慎终追远、忠孝仁义的概念。如果没有儒家所倡导的理性祭祖思想的存在，便不会有如今仍旧重视家族亲情的中国传统文化符号。

## 三 汉代祭祖仪式变迁的意义

杨英先生认为东汉时期朝政中对于礼仪事物的需要仅仅是装点门面而

---

① 详见应劭撰、王利器校注：《风俗通义》，中华书局，2011，第403~408页。

② 类似的碑还有：《司徒袁安碑》，《太尉杨震碑》，《王孝渊碑》，《甘陵相尚博残碑》，《敦煌长史武斑碑》，云南昭通县的《孟孝琚碑》，《郎中郑固碑》，《雁门太守鲜于璜碑》，《执金吾丞武荣碑》，《沛相杨统碑》，《高阳令杨著碑》，《竹邑候相张寿残碑》，《卫尉卿衡方碑》，《淳于长夏承碑》，《博陵太守孔彪碑》，《胸忍令景君碑》，《司隶校尉忠惠父鲁峻碑》，《武都太守耿勳碑》，《豫州从事尹宙碑》，《郃阳令曹全碑》，《荡阴令张迁碑》，《酸枣令刘熊碑》，等等。这些有着儒学背景的地方官员，执政的地域遍及全国范围。

已，因为律令的制定已足以保障行政事务效率，礼仪的制定难以在这一领域显示出它的约束力①。尽管礼学经典中预设的仪式在实际社会生活中发生了转变，但其背后的伦理教化仍能在社会生活中发挥积极作用，通过考察汉代祖先祭祀仪式的变迁以及儒生群体在这个变迁过程中所做的努力，便能很好地展现这一点。

从西周经历秦朝到两汉，原本以宗族组织为基础的分封制王国逐渐转变为以官僚组织为基础的集权制帝国。汉代社会的祭祖仪式经历了从"庙祭"到"墓祭"的转变与定型的过程，原本以"引导人们寻觅自己宗族的本源"②为主要目的的宗庙祭祀，在新帝国中已经不再是主要的需求。儒生对宗庙改革的执着努力最终也没有扭转宗庙祭祀的颓势，到了东汉明帝时期上陵礼的确立，墓祭一跃而替代庙祭成为帝国核心的祭祖方式。虽然祭祀形式发生了改变，但是其中的忠孝精神仍旧没有改变。

与此同时，儒生群体有机地融入了东汉社会墓上祭祀的风潮中，并在其中发挥了积极的导向性作用。虽然民间依然有许多神祠与神碑，且禁忌、巫术、道教等思想信仰仍旧存在，但类似武梁祠以及景君碑这样有着明显儒家思想倾向的地方祠堂与碑刻，广泛地存在于帝国的各个地区，向它所能辐射到的周边社会群体传递着儒家祭祀慎终追远、忠孝仁义的概念。不能否认汉代墓上祠堂有攀比炫富的心理，且碑文也存有虚浮夸名的现象。但是儒生群体这种对祭祀理性态度的传播，对于民间社会来说很有意义，脱离了世系宗族负重的墓上祭祀，在新的帝国发展得更自然而生动。

综上，我们可以来回答文章开头所提出的问题：汉代从庙祭到墓祭仪式转型的过程中，在新的政治社会背景下，礼学经典所预设的具有重要功能的祭祖仪式在新帝国中继续发挥效用。尽管汉代儒生们曾力图挽救宗庙祭祀的颓势，但是他们最终也接受了墓祭取代庙祭的事实。儒生并非固守

---

① 杨英：《祈望和谐——周秦两汉王朝祭礼的演进及其规律》，商务印书馆，2009，第570页。先生认为周公所制定的礼乐是"治出于一"格局下，政治、征伐、伦理、教化一切均从"礼"出的产物，礼乐中蕴涵的数度等级差别起着非常现实的、跟秦汉制定的律令一样有效的约束力。详见第550页。

② 〔美〕巫鸿：《中国古代艺术与建筑中的"纪念碑性"》，李清泉、郑岩译，上海人民出版社，2009，第99页。

旧说不肯改变，而是积极地修改自己的理论融入墓上祭祀，并运用它表达自己的理念和施政教化。最重要的是，无论祭祀形式发生了怎样的变化，对祖先追思的孝心是没有变化的。

《礼记·祭义》：

> 子曰："立爱自亲始，教民睦也；立教自长始，教民顺也。教以慈睦，而民贵有亲；教以敬长，而民贵用命。孝以事亲，顺以听命，错诸天下，无所不行。"①

这段文字是汉代孝政的一种解释与表达，"稳固的家族制度是社会安定、国家发展的重要基础。而家族制度的维系，孝道精神的贯彻是其中的关键所在"②。汉代儒生群体正是深谙这其中的意义，所以才不遗余力地积极传承、推广祭祖礼仪及其"忠、孝"精神内核。虽然礼学有"一成不变"的经典，却不代表儒生群体是固守旧说不知变通的。儒生群体能够在守住经典本意的基础上对经典有新的解读与建构，这是儒生群体的魅力，也是儒家经典本身的魅力。

① 杨天宇：《礼记译注》，上海古籍出版社，2004，第 614 页。
② 林素英：《古代生命礼仪中的生死观——以〈礼记〉为主的现代诠释》，文津出版社，1997，第 215 页。

古代哲学研究

# 墨子是武圣论<sup>*</sup>

## 孙君恒　韩兆笛<sup>**</sup>

**内容提要**　墨子是武圣。墨家学派是学术、军事一体化的组织，墨家军声势浩大，却为人们所忽视。墨子领导的墨家军是有和平主张的正义之师，也是有士气、有规模、有武器、有战斗力的威武之师。墨家军的弟子兵属于敢死队，在巨子统率下组成由弟子、信徒和从众构成的军队，配备有先进的防御工具强弩（连弩车等）、技机（转射机等）、奇器（藉车、木鸢、云梯等），践行墨家非攻主张。

**关键词**　墨子　武圣　巨子　弟子兵

墨子是当之无愧的武圣、伟大的和平使者、杰出的军事家。墨子领导的墨家学团、军团（墨家军），是中国第一个带有秘密性质的民间组织。冯友兰先生指出："实则依其在历史中之地位，孔子固可为后世之文圣人而无愧；但关、岳在历史中之地位，则远非孔子之比。故以关岳为武圣人，与孔子抗衡，实为不类。与孔子抗衡之武圣人之称，实则惟墨子足以当之。"①

---

　＊　［基金项目］湖北省教育厅哲学社会科学重大项目：儒、墨、道、法的当代价值审视（编号：18Z017）。

＊＊　［作者简介］孙君恒，1963 年生，河南邓州人。哲学博士，武汉科技大学马克思主义学院教授，国学研究中心主任。研究方向：伦理文化研究。韩兆笛，1995 年生，河南内乡人。武汉科技大学马克思主义学院硕士研究生。研究方向：伦理文化研究。

①　冯友兰：《中国哲学史》（下），商务印书馆，2011，第 534 页。

## 一　正本清源：墨子武圣，当之无愧

墨子是军事首领巨子，立意高远，武艺高超，军事技术先进、精湛。墨子具有高超的军事战略、指挥、组织、技术才能。墨家军团，与墨家学派（学团）往往互为一体，相辅相成，墨门下的弟子、信徒、从众，充满天下，雷厉风行，实现墨子兼爱非攻主张。美国学者牟复礼认为："墨子是中国古代少有的哲学和宗教领袖，而且开创了一种融学术、宗教和军事于一体的生活社团。"①

### （一）墨家军是正义之师

墨子追求和平之道与术的有机结合。墨子作为军事家，率领的军团具有智慧理念、正义观念、勇敢精神、节俭美德，完全符合柏拉图所说的"四主德"。墨子并不擅自用兵、出兵，他主张非攻的和平之道，主要进行防御，担任和平使者，进行游说（例如止楚攻宋）。墨家军在兼爱灵魂指引下，是与学团合一的社团松散组织，但不是乌合之众，不是随意打仗的炮灰、雇佣军，而是积极、有为、主动的和平之师、正义之师、威武之师。钱穆先生高度赞扬墨子兼爱、和平、奉献的精神，是止楚攻宋成功的关键："这是何等的精神！何等的气度！又是何等的技能！楚王、公输子，只为墨子这一种的精神气度和他惊人的绝艺降服了。恐怕还不是'非攻'理论的成效。"②冯友兰先生撰写了《墨家论兵》一文，具体探讨了墨家军事的独到："在先秦诸子中，儒家论兵，偏重于组织，墨家论兵，注重武器。墨家非攻，所谓非攻，就是现在所谓反侵略，他们虽反侵略，但并不是主张不抵抗主义底和平论者。"③

正义之师在于帮助弱者、小国，解救民众于危难之中、生命危险的关头。古希腊哲学家亚里士多德认为正义应该是平等对待平等、不平等地对待不平等，后者属于矫正正义，类似于中国的说法"要想公道，打个颠

① 〔美〕牟复礼：《中国思想之渊源》，王立刚译，北京大学出版社，2009，第85页。
② 钱穆：《墨子惠施公孙龙》，九州出版社，2011，第36页。
③ 冯友兰：《三松堂学术文集》，北京大学出版社，1984，第605页。

倒",对弱者的扶助,才能抑制强者的欺凌和霸道。美国哈佛大学教授罗尔斯在《正义论》中指出,正义就是要求达到一方面一切平等(人格和法律方面),另一方面对于不平等要特殊对待,应该倾向于照顾、保障弱者。罗尔斯的正义论遵循的正义,需要讲究差别原则:"所有社会基本善——自由和机会、收入和财富及自尊的基础——都应被平等地分配,除非对这些或所有社会基本善的一种不平等分配有利于最不利者。"①如果纯粹地、一味地强调平等,有钱有势的人的保障就更大了,弱者丧失的就更多了,会造成更加严重的不平等。正义的天平,向弱者倾斜,才是实现正义、道义的关键所在,才是脱离、超越了弱肉强食的生物进化规律的人类社会道德。按照这样的理念,墨家军的行为,完全是正义的。任继愈先生称赞墨子的和平理想是正义的活动:"墨子为了实现他的理想,不惜克服一般人所不能忍受的困难,甚至冒着个人生命的危险去扑灭快要燃起的侵略战争的火焰。""墨子的理想,几千年来形成了中国人民爱好和平的共同信念。如果用一句话来概括墨子哲学的全部精华,那就是他的热爱和平、反抗侵略的思想。"②

墨子是正义的执着追求者,为理想和主义奋斗,充满利天下的侠义精神,矢志不渝,属于任侠,这是他不同于一般侠客的地方。康有为说,"游侠亦墨学","侠即墨也,孔、墨则举姓,儒、侠则举教名,其实一也"。③梁启超论道:"先秦书多儒墨对举,汉人亦以儒侠对举,史记所谓'儒以文乱法,而侠以武犯禁'是也。墨氏之教,'损己而益所为''为身之所恶以成人之所急'。"④谭嗣同在《仁学》中也提出,侠产生于墨家之中,"墨有两派:一曰'任侠',吾所谓仁也"⑤;另一派"格致",即是他所说的"学"。晚清学者陈澧提出:"墨子之学,以死为能,战国时侠烈之风,盖出于此。"⑥龚鹏程强调:"墨家为侠客集团,侠是为国为民、掌握人

---

① 〔美〕约翰·罗尔斯:《正义论》,何怀宏译,中国社会科学出版社,1988,第292页。
② 任继愈:《墨子》,上海人民出版社,1956,第1、26页。
③ 康有为:《儒墨最盛行并称考》,中华书局,1958,第78页。
④ 梁启超:《梁启超论诸子百家》,商务印书馆,2012,第229页。
⑤ 谭嗣同:《仁学》,中华书局,1958,第2页。
⑥ 陈澧:《东塾读书记》(卷十二诸子),商务印书馆,1930,第10页。

间正义、反抗专制暴力的英雄等等。"①

维护弱者生命、小国正当利益的正义之战，需要善于备战防御。墨子强调忧患意识和行动，以历史事实说明高瞻远瞩，备战、备荒、有备无患的道理："仓无备粟，不可以待人极；库无备兵，虽有义不能征无义；城郭不备全，不可以自守；心无备虑，不可以应卒……夫桀无待汤之备，故放；纣无待武之备，故杀。桀、纣贵为天子，富有天下，然而皆亡于百里之君者，何也？有富贵而不为备也，故备者国之重也。"（《墨子·七患》）有备有患则国安，无备有患则国危，所以备战、备荒为国之重大要务。据此，墨子未雨绸缪，极端重视备战，深究备御之法，防止被敌人偷袭、暗算。保家卫国的正义事业，在墨子那里胸有成竹，安排妥当。

（二）墨家军是威武之师

墨子领导下的墨家军团，以弟子兵为主，有敢死队、嫡系部队，特别能战斗，在勇敢、数量、纪律、效率、技能等方面特别出色。墨家军视死如归，精神饱满，斗志昂扬，组织严密，强劲有力，战之能胜，是名副其实的威武之师。《汉书·艺文志》的兵家类中，《墨子》被列为"兵技巧"类，班固对"兵技巧"的定义是："技巧者，习手足，便器械，积极关，以立攻守之胜者也。"不仅有"兵技巧"，墨子还具有"兵权谋""大形势""兵阴阳"其他三家的特征。"《墨子》一书的兵法部分确实具有兵家四家的综合性特征，换句话说，它是先秦兵家智慧的综合性体现。此外，墨子兵技巧还有一个重要的特征就是它的实用性或者说是实战性。"②

表1 墨家巨子传承

| 巨子 | 任期 |
| --- | --- |
| 墨子 | 第一任 |
| 禽滑釐 | 第二任 |

① 龚鹏程：《侠的精神文化史论》，山东画报出版社，2008，第18页。
② 秦彦士：《墨子的军事智慧与和平思想》，载李守信、邵长婕《墨子公开课》，商务印书馆，2018，第158页。

续表

| 巨子 | 任期 |
|------|------|
| 孟胜 | 第三任 |
| 田襄子 | 第四任 |
| 腹䕫 | 第五任 |

### （三）墨家军非常勇敢

墨家军武装精良，真心信奉兼爱学说，内心信仰坚定，充满正义感，气势高昂，愿意无私奉献一切，矢志不渝追求非攻理想。《新语》指出："墨子之门多勇士。"《淮南子·泰族训》说："墨子服役者八十人，皆可使赴火蹈刃，死不旋踵。"军团内有敢死之士——"死士"、勇猛如虎的"贲士"、专门负责射击的"射御之士"、水兵"材士"。蒋智由在为梁启超《中国之武士道》写的序言里认为："墨家者流，欲以任侠敢死，变厉国风，而以此为救天下之一道也……此真侠之至大，纯而无私，公而不偏，而可为千古任侠者之楷模焉。"①

表2 墨家军部分武士类型

| 类型 | 作用 | 资料来源 |
|------|------|----------|
| 死士 | 敢死队成员 | 《墨子·备梯》《墨子·旗帜》《墨子·备蚁附》《墨子·杂守》 |
| 贲士 | 勇猛如虎，善于奔走 | 《墨子·备梯》《墨子·备蚁附》 |
| 材士 | 技能精湛者、水兵 | 《墨子·备水》 |
| 吏士 | 负责的小头目 | 《墨子·备城门》 |
| 劲士 | 强劲士卒 | 《墨子·旗帜》 |
| 勇士 | 英勇斗士 | 《墨子·备蚁附》《墨子·杂守》 |
| 谋士 | 出谋划策者 | 《墨子·杂守》 |
| 巧士 | 手巧机灵者 | 《墨子·杂守》 |
| 射御之士 | 专门负责射击者 | 《墨子·尚贤》 |
| 爪牙之士 | 勇猛的亲兵 | 《墨子·天志》《墨子·非攻》 |

---

① 蒋智由：《序言》，载梁启超《中国之武士道》，吉林出版集团有限责任公司，2008，第3页。

（四）墨家军数量可观

墨家军有亲兵与外围组织。军团有一心一意、武艺精湛的弟子兵、核心嫡系部队，也有一般士兵、追随者、外围组织，形成了兵精将强、群众基础好、参与人员多的军团与学团。墨子赴楚，使禽子诸弟子三百人守宋，就是弟子兵、敢死队。"臣之弟子禽滑釐等三百人，已持臣守圉之器，在宋城上而待楚寇矣。"① "服役者百八十人，皆可使赴火蹈刃，死不还踵，化之所致也。"②这里只是直系弟子、核心力量，显示的人数，是大概的、不确切的数量，外围人数、墨家的信徒、从众、支持参战的人员数量应该起码是这里的几十倍。历史上没有统计，但是根据势均力敌的孔墨均为显学，孔子的弟子三千、七十二贤的说法，我们可以推测，墨子的直系、嫡系弟子数量起码也有三千人，这仅仅是精英人士，追随者更是大有人在，达到其十倍的三万人、一百倍的三十万人完全有可能。钱穆先生认为墨子的弟子超过了孔子的弟子，"在数量上讲来，已较孔子的七十七弟子，增加到一倍以上"③。

墨子的弟子众多，有三大派别即从事派、谈辩派、说书派（《墨子·耕柱》；叶翰：《墨经诂义·墨子大谊考》），有相里氏之墨，有相夫氏之墨，有邓陵氏之墨（《韩非子·显学》），墨家后学分东方之墨、南方之墨（《庄子·天下》）和西方之墨。墨家（第一代巨子）弟子以及支流，包括第二代巨子禽滑釐、第三代巨子孟胜、第四代巨子田襄子、第五代巨子腹䵍（后续巨子无考）。梁启超考证见诸记载的有三十七人。④

历史上有记载的墨子弟子与再传弟子（含存疑），有五十五人之多。我们综合近代以来的研究考证成果，在原典上加以查找，对不同说法进行比较，最后对墨家军弟子兵列举如下（总数55人）：

---

① 《墨子·公输》。
② 刘安：《淮南子》，《诸子集成》（七），上海书店出版社，1996，第357页。
③ 钱穆：《墨子惠施公孙龙》，九州出版社，2011，第38页。
④ 梁启超：《梁启超论诸子百家》，商务印书馆，2012，第306页。

表3　墨家军弟子兵骨干成员（战国）

| 分类 | 墨者 |
| --- | --- |
| 从事派（游仕派）：从政、从军、实干 | 禽滑釐等三百人（学于禽滑釐，文盲多、无名英雄者多，缺少姓名记载）、孟胜（随从弟子百八十人，也是无名英雄）、田襄子、腹䵍（秦之墨者）、耕柱子、高石子、胜绰、公尚过、徐弱、相里勤、五侯子、索庐参、许行（许犯）、田系、宋钘、尹文、桓团、黄缭、骆滑氂 |
| 谈辩派（辩论派） | 程繁、曹公、魏越、管黔敖、高孙子、相夫氏、惠施、公孙龙、魏牟 |
| 说书派 | 治徒娱（娱）、县子硕（县子石）、我子、隋巢子、胡非子、屈将子 |
| 南方墨者（楚墨，游侠派） | 苦获、己齿、邓陵子 |
| 东方墨者（齐墨） | 谢子、高何 |
| 西方墨者（秦墨） | 腹䵍、唐姑果（唐姑梁，唐姑）、缠子 |
| 相里氏之墨 | 相里勤、五侯 |
| 相夫氏之墨 |  |
| 邓陵氏之墨 | 邓陵子 |
| 其他弟子 | 公上过、跌鼻、屈将子、田俅（田鸠）、史定、夷之、陈仲 |
| 存疑弟子 | 弦唐子、彭轻生子、孟山誉、夷之、聂政、荆轲、田光、高渐离 |

从孟胜这里推算墨家军团的总人数在一万以上。孟胜主动要死于楚国阳城君之难，墨子的再传弟子（孟胜的弟子）从死者百八十人。他在生前就早有安排，把巨子之位传给田襄子，让墨家薪火相传，后继有人。孟胜的弟子、经常随从、中坚力量百八十人，可以想见其外围追随者10倍应是1800人、100倍应是18000人。按照孟胜的情况推算，若墨子有十个嫡系弟子，则应当有敢死队、中坚力量1800人，外围追随者10倍应是18000人、100倍应是180000人；若以墨子有72个嫡系弟子（类似孔子的72贤人），则应当有中坚力量12960人，外围追随者10倍应是129600人、100倍应是1296000人。

墨家是民间社团、平民组织，有非常好的群众基础，是军民一体、老百姓欢迎的军团。墨家当年兴旺发达的情景，可以从以下史料上反映出来。韩非子说："世之显学，儒墨也。"（《韩非子·显学》）表明当时最大的两大学派为儒家和墨家。墨家的实力，已经威胁、挑战了儒家权威，以至于儒家才不敢懈怠，群起而攻之，希望收复人心和地盘。孟子认为："杨朱墨翟之言盈天下，天下之言不归杨，则归墨。"（《孟子·滕文公》）这说明墨家学说信奉、追捧者的阵容非常强大。《吕氏春秋》的描述更是显示了墨家阵营熙熙攘攘，兴旺发达，人气旺盛，影响巨大，可以想象孔墨"从属弥众，弟子弥丰，充满天下"，"孔墨之后学显荣于天下者众矣，不可胜数"。①

墨家军团嫡系部队估算起码有2万人之多。战国时期人口的总数量，史籍没有准确的记载，当今的推测也多种多样，我们选择三个说法：范文澜和杨宽先生都推测秦统一以前，七国人口数量合计为2000万左右；②梁启超估计战国时的人口为3000万左右；③葛剑雄论证公元前221年秦朝统一时人口至少有4000万，以此为基础推测战国时期人口的峰值应略高于秦统一时的人口数，估计在4500万之内。④若按照总人口1/3比例计算信奉与追随儒墨学派的人口（1/3无信仰，1/3不信仰），依据范文澜和杨宽估计的当时人口数量最保守的说法2000万左右，那么这两个学派则总数有700万人左右，每个学派则有350万人左右，即使再打五折，去掉隐学（道家学派等），则儒墨两个显学总人数为175万，每个学派追随者各自就有87.5万人，由此推测、估算当时墨家军团最大规模有百万雄师。战国诸侯国为了保全自己，不得不全民皆兵，"连妇女和儿童，也要拿着枪刀，在夏天的烈日下，或者在冬天深宵寒风中，守卫城郭。他们不愿意战争，但又不得不被驱使去作战"⑤。若扣除老弱病残不能参军的和官方士兵外，按照范文澜和杨宽估计的战国2000万左右总人口的1%计算，墨家军团则有20万人；按照范文澜和杨宽估计的战国2000万左右总人口的0.1%计算，墨家军团推测有2万人。

战国时期大国应有百万重兵。战国征战频繁，诸侯国纷纷扩军，军事

① 吕不韦：《吕氏春秋》，高诱注，毕沅校，徐小蛮标点，上海古籍出版社，2014，第40页。
② 范文澜：《中国通史简编》，河北教育出版社，2000，第71~72页；杨宽《战国史》，上海人民出版社，1980，第96页。
③ 梁启超：《中国历史上人口之统计》，《饮冰室合集》第二册之十，中华书局，1989，第40页。
④ 葛剑雄：《中国人口史》，复旦大学出版社，2002，第299~300页。
⑤ 任继愈：《墨子》，上海人民出版社，1956，第23页。

力量迅速增长。我们查遍统计资料，尚未查找到可靠的战国兵力数量情况，现有的数量说明也仅仅是估计。例如，"战争中的兵力常在十万以上，甚至达到百万之众。"① 又如，"春秋时期，作战以车战为主……通常出兵，只说车多少乘，不说人数。因为战车的人员配置是固定的。按《司马法》所说：'车一乘有甲士三人，步卒七十二人，叫徒兵。'……据此推算，'车千乘'当有甲士、步卒 75000 人。至春秋中晚期楚国的兵车达五千乘之多。算来，仅其车兵的军队建制，就在 375000 人以上。"② 但是这样的计算，并没有计算骑兵（胡服骑射）、工程兵、守城兵等。再如，那时的军队阵容强大，一次大战一方就出动四十万大军，著名的秦国和赵国之间的长平之战，"赵师大败，卒四十万人皆降"③。赵国投入大量兵力，若占其国家 70% 的军事实力由此丧失，看来赵国大约 60 万士兵。楚国、秦国这些强大的国家，拥有百万军队，完全有可能。

根据以上估算，墨家军团、学团合一出现，彰显出了比较强大的实战力、影响力、综合实力，在某些方面已经超过了纯粹进行说教、实施礼乐的儒家学派。但是，墨家军团作为民间组织，其敢死队大约 2000 人、嫡系部队人数在 2 万人左右、外围追随者 10 倍才是 20 万人，但是散居在各个诸侯国（例如巨子孟胜在楚国，巨子腹䵍在秦国），没有集中整合，和各个诸侯国百万人数的军队比较起来，仍然显得势单力薄。

表 4　战国人口数量推测

| 不同说法 | 范文澜和杨宽 | 梁启超 | 葛剑雄 |
| --- | --- | --- | --- |
| 人口数量 | 2000 万左右 | 3000 万左右 | 4500 万之内 |
| 来源 | 范文澜《中国通史简编》，杨宽《战国史》 | 梁启超《中国历史上人口之统计》 | 葛剑雄《中国人口史》 |

（五）墨家军纪律严明

墨子以身作则，严于律己，带头节俭，甚至到了超过苦行僧、清教徒

① 杜文玉：《中国古代历史三百题》，商务印书馆，2017，第 133 页。
② 卢兵：《荆楚武术与竞技》，武汉出版社，2014，第 289 页。
③ 《图解资治通鉴》，中国华侨出版社，2018，第 24 页。

的地步。墨子注重吃苦耐劳、禁欲的磨炼，成为集团学习的楷模，墨子的弟子禽滑釐侍奉墨子三年，"手足胼胝，面目黧黑，役身给使，不敢问欲"（《墨子·备梯》）。孟子钦佩墨子的无私奉献行为，"摩顶放踵，利天下为之"（《孟子·告子下》）。庄子记载道："墨子独生不歌，死不服，桐棺三寸而无椁，以为法式。"（《庄子·天下》）庄子高度评价墨子的自律与自我牺牲精神，《庄子·天下》中说："墨者多以裘褐为衣，以跂蹻为服，日夜不休，以自苦为极。"

墨家军、学团一体化的组织，纪律严明（杀人者刑，法不容情），名不虚传，即使巨子本人也不例外。腹䵍杀子，不讲私情，传为佳话。《吕氏春秋·去私篇》记："墨者巨子腹䵍，居秦，其子杀人。惠王曰：'先生年长矣，非有他子也，寡人已令吏勿诛矣。'腹䵍对曰：'墨者之法，杀人者死，伤人者刑，王虽为赐，腹䵍不可不行墨者之法。'"梁启超说墨家的巨子"其制度与基督教之罗马法王相类"，"又颇似禅宗之传衣钵也"。[1]

墨家军经济有保证（每个成员或者会员都需要主动按照自己的收入比例交纳会费，支持组织），有着严格的赏罚标准。冯友兰先生指出："墨者组成一个能够进行军事行动的团体，纪律极为严格。这个团体的首领称为'巨子'，对于所有成员具有决定生死的权威。墨子就是这个团体的第一任巨子。"[2]巨子作为军事领袖、学派领军人物，带头严格执行军法（墨者之法），按照规则进行管理，一丝不苟，甚是严苛，墨家军、墨者团队，井井有条，"墨子创立的墨家学派，有严密的组织，形成为政治性的团体。它以'巨子'为圣人，巨子发出的号令，墨者们须绝对服从。他们有共同遵守的信条，巨子带头恪守，不容稍有差池。他们严守家法，内部团结"[3]。墨家军由学团到军团的转变，从松散型到军事化的飞跃，是逐步形成的，郑杰文先生认为墨家集团"内部的维系手段经过了榜样力量、'准宗教信仰'到严明法纪的三阶段变化"[4]。

① 梁启超：《先秦政治思想史》，江西教育出版社，2018，第139页。
② 冯友兰：《中国哲学简史》，北京大学出版社，1980，第44页。
③ 张舜徽主编《中国古代学者百人传》，中国青年出版社，1986，第15页。
④ 郑杰文：《中国墨学通史》，人民出版社，2006，第62页。

（六）墨家军高效运行

墨家军和平救急行为，显示了高效率、高水平。高效来自墨家军分工明确，各司其职，团结合作。指挥系统内，都要听从长官的号令，由其统一部署，从将帅、尉官、什长、伍长直到最下层士卒之间，步调一致，必须严格遵守上下级的服从关系，严格遵守上级下达的各种作战指令，认真执行作战任务。同时在传达作战命令时要配合以固定的指令形式，如鼓号、旗帜等直观简明的信息传递、通信手段，说到做到，令行禁止，最大限度地发挥军队的战斗力以抵御敌人进攻。墨家军团雷厉风行，同心同德，已经不是一般意义上的学团（学派），进行"之乎者也"的说教，而是求真务实的实干能手，"儒家的师徒关系与墨家的师徒关系有所不同：前者主要表现在学术和道德的继承上；后者不仅表现于学术和道德上，而且表现在组织上的严密性和服从性。墨家的私学学风不像儒家的自由松散。它的特点是体现了集体主义的组织性纪律性，为春秋战国其他学派所莫能及"①。

表5　守城兵力配备表

| 兵种情况 | 士兵人数 | 分工 | 武器装备 | 素质与要求 | 资料来源 |
|---|---|---|---|---|---|
| 船队水兵 | 一船30人 | 20人擅有方，10人擅矛 | 船舶配备20个 | 大力士、善于射箭、训练有素、技术精湛 | 《墨子·备水》 |
| 城墙上的兵民 | 50步40人 | 男丁10人、女丁20人、老小10人；每十人有一什长，管十卒 | 渠谵、藉车、行栈、行楼、剉、颉皋、连梃、长斧、长椎、长兹、距、飞冲、县口、批屈 | 步步为营；另备：沙、灶、铁鐕、瓦石、瓦木罂 | 《墨子·备城门》 |
| 城墙下的兵民 | 20步20人 | 一步一人，20步20人 | 收集盆瓮，百步一积，积五百 | 步步为营；审知卑城浅池 | 《墨子·备城门》 |

墨家军办事效率的典型事例，就是十天十夜从鲁国步行到楚国都城郢。这可以在历史记载中找到，一是《墨子》记载的："子墨子闻之，起

---

①　丁华民、志敏主编《中外教育名家》，吉林文史出版社，2006，第48页。

于鲁，行十日十夜而至于郢。"① 另一个是《吕氏春秋》记载的："裂裳裹足，日夜不休，十日十夜而至于郢。"②我们于 2020 年 3 月 23 日在百度地图上搜索鲁国都城（今山东曲阜）到楚国都城（今湖北荆州）的路线，最近距离在 871.2 公里。墨子 10 天内步行近 1000 公里（那时没有直线的高速公路），每天需要走 100 公里，并且是没有停顿休息、连续行进，坚持 10 天。这样的速度、持久，令人敬佩。

我们搜索了自古以来急行军的记录，只有解放军的步行速度和墨子可以相提并论。解放战争时期，"陈毅穷追汤恩伯……解放军急行军一天走 130 华里"③。通过对比，我们可以发现在春秋战国兵荒马乱、条件简陋的情况下，墨子行走速度惊人，并且是持续了十天急行军，令人刮目相看。蔡尚思先生指出，"墨子独能以十日十夜，裂裳裹足从北方的鲁国跑到南方的楚都，这是何等的吃苦而伟大的精神……同二万五千里长征与延安精神有点相近"，"这正是墨子特别伟大的地方。有如二万五千里长征，有史以来，只有中国红军能做到，真是最了不起"④。

墨子还劝阻鲁阳文君伐郑。《墨子·鲁问》记："鲁阳文君将攻郑，墨子闻而止之。"

（七）墨家军技术先进（包括武器）

墨子领导的墨家军团，重视科技，制造先进武器强弩（连弩车等）、技机（转射机等）、奇器（藉车、云梯），并且能够因陋就简、因地制宜，充分利用水（水浇、水渠）、火（火烫）、土（灰、沙、石）、气（烟熏），节俭办事，克敌制胜，以兵制兵、以战制战、以术制术、以器制器，赫赫有名。这些，堪称当时的高科技。墨子不但在理论上重视备战，深究备御之法，而且在战技上注重备战，研究守城的技巧。《墨子》中的防御对策，细致入微，包括《备城门》《备高临》《备梯》《备水》《备突》《备穴》《备蛾傅》《迎敌祠》《旗帜》《号令》《杂守》等十一篇，其中运用力学、

---

① 《墨子·公输》。

② 《吕氏春秋·爱类》。

③ 吴昌华：《黄埔风云》（下），大众文艺出版社，2009，第 670 页。

④ 蔡尚思主编《十家论墨》，上海人民出版社，2004，第 346、363 页。

光学、数学、形学等原理，具体说明和规定了守城的方法、技巧，于中可见其对军事科学技术的灵活应用。在"安国之道，道任地始，地得其任则功成，不得其任则劳而无功。人亦如此，备不先具者，无以安主"（《墨子·号令》）的原则指导下，对如何守城、备战，以及守城的技术、技巧，都作了详细具体的规定和说明。从而显现了墨子的自然科学知识和军事技术、技巧，以及二者的密切结合、联系，表现了其御敌于国门之外的高超智慧。①

表6　墨子射击对策举例

| 序号 | 方式 |
|------|------|
| 1 | 强弩射 |
| 2 | 夹而射 |
| 3 | 重而射 |
| 4 | 行临射 |
| 5 | 技机掷 |
| 6 | 奇器投 |
| 7 | 桔槔冲 |

墨子守城成功的案例，是燕国防守齐国长达一年之久。《战国策·齐六》篇记载："今燕王方寒心独立，大臣不足恃，国蔽祸多，民心无所归。今公又以弊聊之民距全齐之兵，期年不解，是墨翟之守也。"《墨子》是一部独具特色的军事防御专著，与研究进攻规律的《孙子兵法》交相辉映，成为我国古代军事史上的"双子星座"，同是中华民族优秀军事文化瑰宝，千古流芳。

表7　墨家军守城武器系统简介

| 武器类型 | 墨家军武器展示 | 备注 |
|----------|----------------|------|
| 原始简易材料 | 土、沙、灰、石、水、火、灶、炉、炭、糠、门、版、木、梃、柴、艾、烟 | 就地取材，土法上马，直接见效 |

---

① 姜国柱：《墨子的军事思想》，载孙其海主编《孙子兵学年鉴（2006）》，泰山出版社，2007，第415页。

| 武器类型 | 墨家军武器展示 | 备注 |
|---|---|---|
| 常规运用武器 | 剑、矛、戟、甲、盾、弩、箭、囊、钩、筐、绳、轮、弩、锥、船、井、辘轳、铁索、轩车<br>行栈、行楼、颉皋、连梃、长斧、长椎、长兹、飞冲、县口、批屈 | 守城必备武器；<br>囊似风箱、鼓风机，可作"毒烟喷射器" |
| 先进大型武器 | 强弩（连弩车等）<br>技机（转射机等）<br>奇器（云梯、藉车、木鸢等） | 《墨子·备梯》：云梯者，重器也；<br>《韩非子·外储说左上》记载墨子三年做木鸢（飞鸢），可在天上飞一天，似"无人机"；<br>《墨子·备城门》：藉车能投射炭火，似"燃烧弹" |

墨家军善于打保密战。他们在技术和武器制造方面十分注意保密，不外传、不记载。有关守城防御的武器和对策，尽管《墨子》里面有所披露，但是墨子有代表性、典型性的先进技术、防御武器种类、名称、制作方法、工艺流程，属于军事机密，不为外人道也。《墨子·公输》是家喻户晓的名篇，论辩说理，动之以情，晓以利害，比喻丰富，演示比武，非常清楚，打动人心，令人惊讶。但是仔细查看《墨子·公输》这一防御的名篇，大谈计谋，唇枪舌剑，但是涉及技术、武器的具体细节，心照不宣，绝口不提，即使只言片语都没有，双方保密不是一般的好，而是非常好，至今仍然是历史之谜。墨子守城要求在交战期间，严守军事机密，泄露者斩首无疑。可见保密战是墨子重要的战略与战术。

### 表8　火战方式举例

| 序号 | 火战方式 | 来源 |
|---|---|---|
| 1 | 悬火、悬火次之 | 《墨子·备梯》<br>《墨子·备蚁附》 |
| 2 | 熏火烧门 | 《墨子·备梯》<br>《墨子·备蚁附》 |
| 3 | 五步一灶 | 《墨子·备梯》<br>《墨子·备蚁附》 |
| 4 | 火投 | 《墨子·备蚁附》 |
| 5 | 传烫 | 《墨子·备蚁附》 |

墨子写的一系列军事防御技术篇章,家喻户晓。从《非攻》《备城门》《备高临》《备梯》《备水》《备突》《备穴》《备蚁附》等篇,可见一斑。墨家军擅长守城技术,堪称当时的高科技运用。墨子及其门徒学以致用,关键时刻挺身而出,出兵打仗,赴汤蹈火,利天下而为之。历史上有名的墨子止楚攻宋的故事,就充分说明了这一点。著名学者岑仲勉先生指出:"《墨子》这几篇书(即《备城门》为首的城守诸篇),我以为在军事学中,应该与《孙子兵法》同当作重要资料,两者不可偏废的。"① 正是墨子的军事才能,使他率领的墨家军赫赫有名。

## 二 历史地位:孔墨显学,一文一武

### (一)孔墨并称显学,一文一武,各领风骚

墨子能够与文圣人孔子相提并论,相媲美。墨子乃武乃文,特点是作为武士、侠士存在,有墨家军,与孔子纯粹的学团、学派不同。孔学、儒学为同义词,"侠士与儒士对称也……所谓侠士,可直以武士称之。"②墨家学派是名副其实的侠士、武士。孔与墨,都是学派创始人,自成一家,旗鼓相当,一文一武,对比鲜明,并称为圣人,比较妥当。

### (二)墨子不是一般的武士,而是追求和平之道的高人、任侠

韩非子指出:"儒以文乱法,侠以武犯禁。"(《韩非子·五蠹》)墨子就是行侠仗义的武士。墨侠与普通的侠士又有区别,其高瞻远瞩,高屋建瓴,冯友兰认为有三点:第一,侠士是帮人打仗的专家,而墨家是有主义的帮人打仗的专家。墨子非攻,专门替受侵略的弱小国家打仗。第二,墨子不仅是有主义的帮人打仗的专家,而且是会宣传治国之道的专家。第三,侠士群体自有其道德,而墨子不但实行其道德,而且把这些道德系统化、理论化、普遍化,使其成为社会的公共道德。③

---

① 岑仲勉:《墨子城守各篇简注·自序》,中华书局,1958,第2页。
② 冯友兰:《中国哲学史》(下),商务印书馆,2011,第532页。
③ 冯友兰:《中国哲学史》(下),商务印书馆,2011,第519~520页。

（三）关公和岳飞称为武圣，与孔子并列，值得商榷

主要存在这样几点疑惑：（1）有违伦常传统，有造成辈分混乱的嫌疑。关公和岳飞更多的是运用儒家思想，作为儒将，他们是孔子的信奉者、执行者、徒子徒孙，从伦常辈分上也远低于孔子，是孔子的学生辈，不能与师表（老师）孔子相提并论。（2）时代的严重不同步。关公和岳飞远离战国时代，一个在东汉、一个在南宋，在时间上和文圣生活的时代跨度比较大，不好接续与并提，使文圣与武圣并存不同步。墨子所处的时代，稍晚于孔子，与孟子大致相同。关岳作为武圣，与孔子间隔时间太长，断代现象突出，容易让人产生文明断层的疑问，对中国文化传承认识发生危机，影响文化自信。（3）影响上不能等量齐观。关公和岳飞生前都是将军身份，欠缺学说、理论的原创性贡献，生后虽然有追认的荣誉帝王待遇（关公是关帝、岳飞是岳王），但是都为儒将，是儒学传承、执行的历史系列人物之一、之二，是孔子儒学大旗下的干将、孔门再再传弟子，他们和孔子这样的文圣、儒家学派的创始人的历史地位、对世界的普遍影响，都是不能比拟的。把文圣（孔子）与武圣（关岳）并列，并不对称，更不平衡。

墨子有高超的军事哲学智慧、高瞻远瞩的战略，也有高超的军事技术，墨子作为武圣并且是中国第一武圣，名副其实，当之无愧。近人尹桐阳称赞他是"实古兵家之巨擘"①。历史上似乎没有记载墨子直接指挥、参与战争的突出战功、战绩，也没有百战百胜的故事，只是说他止楚攻宋谋略成功。但是墨子无愧于一个伟大的军事家，其文韬武略，胸中有百万大军驰骋，运筹帷幄，机动灵活，出奇制胜。

## 三　武圣桂冠，失之交臂

墨子没有成为被社会广泛认同的武圣，与墨学中绝有很大的关联性。

---

① 尹桐阳：《墨子新释》，载任继愈主编《墨子大全》第 2 编第 22 册，北京图书馆出版社，2003。

（一）墨子是民间草莽英雄、无名英雄，不见经传

司马迁这位秉笔直书、主张正义的历史学家，在《史记》中没有为墨子立传，在《史记·孟荀列传》中，寥寥数语谈及墨子。墨子能够指挥千军万马，跨越文武，但不是正规军、非行伍专业人士，一介工匠、底层百姓出身，一生没有显赫地位，即使所谓的第一任巨子的称呼也没有明确记载，是他死后被研究墨家的学者追认的（可查的、正式的第一任巨子是禽滑釐）。相比之下，孙子来自显赫的门第，为祖传的兵学之家，孙子、关公、岳飞都是正规军将军。墨子在幕后发挥高级参谋、智囊作用，出谋划策，没有直接发号施令，只是和平使者，奔走呼号，与强者谈判（楚国），指使弟子参政，更没有直接参战进攻、决胜沙场（起码从史料记载上来说如此）。墨子是平民，专门做底层百姓的鄙人、匠人、农人之事，在贵族看来低三下四，军事行动多为兼职工作，军事上不少行动秘密进行，速战速决，神不知鬼不觉，不能记载、难以记录。没有名正言顺、堂堂正正记录，所以墨子不入大雅之堂（墨子也不屑夸耀张扬，他本来就不为个人名利，而是追求天下大利）。论武，墨子不属于正规行伍，只是在野的、民间的维护和平者、调解者，弟子、信徒、部属、人马飘忽不定，似乌合之众，招之不一定来，挥之不一定去。墨家军属于民间自发力量、业余兼职者、隐姓埋名的武士、行侠仗义的侠客，不是科班出身、名正言顺的武将、兵士。相比之下，孙子是军事世家，孙子、关公、岳飞领导、指挥的都是正规军，有官方的强力支持。在战国时代文武分工明确的时候，墨子谈不上专门的文，是"下里巴人"，也算不上专门的、训练有素的武，不好归类于文官武将。墨子的职业、身份和角色作用，能文能武，兼而有之，可是从某些方面来说又显得不文不武、不伦不类，文难以企及孔子的优雅，武难以和科班出身的孙子、关羽、岳飞相提并论。墨子的职业、身份的真实情况和处境，使后人对于他的定位很难处理，排除于武圣之外事出有因。

（二）政治上官方不认可

墨子所处时代长期流行的是儒家正统思想，墨子是草根平民，没有官

职，在长期封建社会官本位的背景下没有地位，自然就不能将他拔高为武圣了。相比之下，孙子、关公、岳飞都地位显赫，孙子是吴国的大将军，关公是蜀国战将，岳飞是南宋时期的将军，这些身份，墨子都没有。若从后来的追封名誉上来说，墨子更是相形见绌：孙子成为名正言顺的兵圣；关公成为武圣，成为关帝、财神爷，全国各地建立关帝庙崇拜；岳飞成为家喻户晓的英雄，中国建立了不少岳王庙或者关岳庙（对关公、岳飞都加以祭祀）。官本位的思想，不仅在官场盛行，而且在民间、老百姓中间也习以为常。没有官位，难以得到社会的认可，更无法获得称赞，肯定就会无缘人们崇拜的"武圣"之名。墨子是官方、统治阶级的"异己"力量。墨家是民间社会的代表，为统治阶级所忌讳、排斥和打压。墨子行侠仗义，急公好义，打抱不平，摩顶放踵利于天下，是民间的非官方非政府组织、侠客集团、学术团体、军事力量，完全可以挑战、抗衡当局，为专制制度所不容。因此，统治阶级忌讳、痛恨、"围剿"的墨子、墨家，是无论如何也不能登堂入室的，更不可能被顶礼膜拜、奉为武圣。

（三）学术上儒墨死较量，墨家遭围攻

墨家无疑是儒家最大的论敌、竞争者。这方面学术界论述比较多，在此不赘。

（四）墨家内部问题，特别是后期军团组织涣散、各自为战和学术上自相矛盾

墨家军毕竟是民间结社的松散组织，与学派（学团）搅和在一起，主要是弟子、信徒追随。冯友兰先生认为："'墨者'团体，可能是照着当时手工业行会的习惯组织成的。他的学生相当于手工业行会中的徒弟，'巨子'相当于老师傅或手工业主。"[1]墨家巨子领导下的军团，后期组织涣散、分崩离析，有目共睹。诸侯国各路墨家弟子维护自己所在国的利益，希望个人得到重用，淡忘、忘却了墨家兼爱、非攻信念，孜孜以求于尚贤、尚

---

① 冯友兰：《冯友兰文集》（第8卷，《中国哲学史新编》第1册），长春出版社，2017，第143页。

同。秦国墨者巨子腹䵍、唐姑果、缠子等，成为秦惠王欣赏的得力助手，成为秦国称霸的高参，秦惠王还破例赦免腹䵍之子杀人偿命之罪，给予腹䵍非常大的特权，足见腹䵍得到非同凡响的赏识。那时的秦墨之徒，说严重的话则有可能是秦国对外疯狂征战厮杀的"帮凶"，已经非常明显背离了墨家扶持小国的正义宗旨，完全不得墨家内部成员和信徒人心，不免在墨家造成观念的极度混乱，让人失去对墨家军团的信心。方授楚先生认为腹䵍的做法有"拥秦之嫌疑"，"实有媚秦之痕迹"。①各地墨者（东方、西方、南方之墨），争相为当政者献计献策，墨家一盘散沙，四分五裂，争权夺利，互不买账，巨子的感召作用已经很有限了，以至于腹䵍之后没有推选出巨子，完全是形势所迫而各为其主、争名夺利，造成墨家成员内部矛盾重重，事实上也不可能再继续选任巨子了。例如，齐国的东方墨者谢子，希望能够到秦国施展才能，被西方墨者唐姑果所嫉妒，不了了之。对此，《吕氏春秋·去宥》专门有所记载。墨家的理想观念超前，军团、学团对弟子、信徒要求苛刻，自苦至极，自绳其墨，使内部意志不坚定者打退堂鼓，世人也对此望而却步，退避三舍。墨子学说脱离实际，为小国、弱者考虑，与大一统的社会需要和进步不一致，主张的平等、尚贤观念与专制的、尚同观念自相矛盾，难以自圆其说，加剧了组织信仰体系的崩溃，对社会公众的感召力量减弱。

总之，墨子历史上没有被尊奉为武圣，是历史的误会，但是墨子是地地道道、名副其实的武圣，是不争的事实，应该正本清源，拨乱反正。

① 方授楚：《方授楚论墨子》，载蔡尚思主编《十家论墨》，上海人民出版社，2004，第152页。

古代文学研究

# 虚构与真实的悲剧

## ——梁泉考论

荀铁军[*]

**内容提要** 虚构的《儒林外史》，从文学角度，概括、形象地表现了更为贴近历史本质的"历史真实"。而清代广东顺德县的梁泉就是一个真实的范进式悲剧人物。本文考证了范进式悲剧人物梁泉悲剧的一生，并把真实的人物梁泉与虚构的人物范进作了对比，探讨文学的虚构与真实的意义，分析了明清科举制背后的社会悲剧的原因。

**关键词** 梁泉 《儒林外史》 科举 悲剧

吴敬梓（1701～1754）《儒林外史》中的人物范进，是塑造得非常成功的明清士人的典型代表人物形象。吴敬梓没有去过广东，却把《儒林外史》中的许多故事置于广东的区域背景之中。笔者估计，一是出于吴敬梓有意避开自己的成长地安徽和生活地江苏，避免无谓的影射之说给自己带来麻烦，正如小说假托发生在明朝一样；二是吴敬梓结交的朋友圈有许多人曾经在广东做官、讲学或者游历[①]，广东的风俗和士人状况，作者比较了解，这些或许是吴敬梓将《儒林外史》的场景置于广东的因素。当然，《儒林外史》中所叙故事或许全国各地都有类似的例子，但是其中对话及语言特点，就几乎没有广东方言的特征了。

---

[*] ［作者简介］荀铁军，1967 年生，江西金溪人。历史学博士，广州城市职业学院城市文化研究所所长。研究方向：明清史。

① 详见叶楚炎《张宾鹤与〈红楼梦〉〈儒林外史〉关系考论》，《红楼梦学刊》2018 年第 6 期。

《儒林外史》代表着中国古代讽刺小说的高峰，尤其是对范进等人物的刻画非常传神，且极具当时社会的代表性；如果按照加拿大后现代主义文学理论家琳达哈琴在《后现代主义诗学》一书中提出的观点，《儒林外史》亦应属于"编史元小说"一类；编史元小说具有反讽式的戏仿、自我指涉性、互文性和矛盾性等典型特征，是"闻名遐迩的流行小说，它们具有很强的自我指涉性，而且矛盾的是，它们同时包含有历史事件和历史人物"①。因此，作为虚构的《儒林外史》，实际上具有强大的"历史真实"。有学者认为，"历史真实是指历史的主体真实或历史的本质真实；真实历史是指历史的初型真实或历史的本原真实。历史真实包含了审美的基因，它的内核已经闪动着美学的火花；而真实历史是简约的记载，它尽管也存在着历史原生质的美，但尚未融入美学。这是两者最显著的区别"②。也可以说，《儒林外史》从文学角度，概括、形象地表现了更为贴近历史本质的"历史真实"。

而清代广东顺德县的梁泉就是一个真实的范进式悲剧人物，为《儒林外史》的"历史真实"提供了一个极好的解剖案例。梁泉是乾隆三十年中举，而《儒林外史》约脱稿于雍正十三年③，所以梁泉不可能是范进的原型人物，但是梁泉的人生经历却与《儒林外史》中的范进有许多暗合之处，而且结局更为悲剧。

一

梁泉（1718～1772）④，字崇简，又字佩韦，老号栀蜡道人，又称敬亭先生，广东顺德伦教人。梁泉自小跟随从兄梁善长（后中进士，建宁府同

---

① 林琳：《历史存在与文学虚构的统一——〈河湾〉的史学性元小说解读》，《语言教育》2015 年第 2 期。
② 薛若琳：《历史剧的意涵与构建》，《文艺研究》2003 年第 6 期。
③ 李海观年谱有"雍正十三年，绿园年二十九；吴敬梓客金陵所著《儒林外史》已脱稿"。见栾星《歧路灯研究资料》，中州书画社，1982，第 128 页。
④ 梁廷枬为梁泉所作《家传》有"乙酉以第一名举于乡，年且四十又八矣"，乾隆乙酉为乾隆三十年（1765），年龄 48 以虚岁计算，故梁泉生于 1718 年；《家传》言梁泉病故于壬辰年，即乾隆三十七年（1772）；见梁廷枬《家传》，梁泉《敬亭遗文》，《广州大典》第 446 册，广州出版社，2015，第 831～832 页。

知）读书，"泉于先生为从弟，少受业里中，深相期许"①；"髫龄即锐志向，学师善长，期以伟器。泉亦愈刻厉，十六补博士弟子，历试连第一，文誉噪岭海。"②梁泉 16 岁就补博士弟子，成为生员，可谓少年得志。据左松涛的考证，清代顺治、康熙、雍正及乾隆四朝，士子考得生员的平均年龄为 18.94 岁，而且 16～25 岁考上生员者最为常见，占总数的八成之多，26 岁以上才取得生员功名者为数甚少，还不到 10%。③ 可见，梁泉进学生员的年龄比平均年龄早了近 3 年。由于"历试连第一"，估计当时的书商，汇集府州县学生员的优秀文章，刊刻以获利。所以，梁泉"文誉噪岭海"，其实，不仅仅是在岭南，甚至传播到岭外的江浙地区。"乾隆丙寅丁卯之岁，夏醴谷先生之蓉来督学试，日吏唱名至先生，为之起立曰，君尚困青衿耶，读君文久矣，幸不作第二人想也。"④即贵为广东学政的夏之蓉早就读过梁泉的文章，只是觉得奇怪，文章如此好的梁泉竟然还是生员，未能中举。又据咸丰《顺德县志》："仁和吴鸿以少年鼎甲，校广州发落。语泉谓，君文传岭外久，予集而摩挲之，得力既多，君正未必知之也。"⑤ 吴鸿年纪轻轻就考得浙江乾隆十二年（1747）的解元，后在乾隆十六年（1751）再中状元，其文也得到梁泉文章的启发"得力既多"。当然，吴鸿连获解元、状元之后，其文章更是"士无远近，无有不诵其文者"⑥，成为新的科举文范本。

而《儒林外史》中的范进 54 岁仍然未考取生员，一出场的模样：

> 落后点进一个童生来，面黄肌瘦，花白胡须，头上戴一顶破毡帽。广东虽是地气温暖，这时已是十二月上旬，那童生还穿着麻布直裰，冻得乞乞缩缩，接了卷子，下来归号。……学道道："你今年多少年纪了？"范进道："童生册上写的是三十岁，童生实年五十四岁。"

① 梁泉：《奉政大夫建宁府同知燮菴先生行实》，《敬亭遗文》，《广州大典》第 446 册，广州出版社，2015，第 856 页。
② 咸丰《顺德县志》卷 26，《广州大典》第 283 册，广州出版社，2015，第 675 页。
③ 左松涛：《清代生员的进学年龄》，《史学月刊》2010 年第 1 期。
④ 梁廷枏：《家传》，梁泉：《敬亭遗文》，《广州大典》第 446 册，广州出版社，2015，第 831 页。
⑤ 咸丰《顺德县志》卷 26，《广州大典》第 283 册，广州出版社，2015，第 675 页。
⑥ 龚笃清：《中国八股文史·清代卷》，岳麓书社，2017，第 541～542 页。

学道道："你考过多少回数了？"范进道："童生二十岁应考，到今考过二十余次。"①

虽然，梁泉比小说中的范进要早慧得多，但是，可堪一比的是，范进被周学道题了生员第一名之后，当年恰逢乡试之年，就顺利中了举人；而梁泉在 16 岁获得生员之后，直到 48 岁才中举，并获得第一名，成为乾隆三十年（1765）的广东解元。梁泉与范进一样 50 岁左右才成为举人。

范进中举后，被人从集市上寻回：

　　范进三两步走进屋里来，见中间报帖已经升挂起来，上写道："捷报贵府老爷范讳进高中广东乡试第七名亚元。京报连登黄甲。"范进不看便罢，看了一遍，又念一遍，自己把两手拍了一下，笑了一声道："噫！好了！我中了！"说着，往后一跤跌倒，牙关咬紧，不省人事。老太太慌了，慌将几口开水灌了过来。他爬将起来，又拍着手大笑道："噫！好！我中了！"笑着，不由分说，就往门外飞跑，把报录人和邻居都吓了一跳。走出大门不多路，一脚踹在塘里，挣起来，头发都跌散了，两手黄泥，淋淋漓漓一身的水，众人拉他不住，拍着笑着，一直走到集上去了。众人大眼望小眼，一齐道："原来新贵人欢喜疯了。"②

而梁泉的狂病，却是广东学政夏之蓉来督学试之后，由于夏之蓉有"读君文久矣，幸不作第二人想也"之言，"（梁泉）闱中颇自负，而两主试争先生名次，不相下，并置之"。③也许是由于夏之蓉的话"君尚困青衿耶，读君文久矣，幸不作第二人想也"，也许是由于"闱中颇自负"，思虑过重，"比榜发，心惘惘若有所失，寻病痰壅状若狂，医药久不效"④。此

---

① 吴敬梓：《卧闲草堂评本·儒林外史》，岳麓书社，2008，第 20 页。
② 同上书，第 22 页。
③ 梁廷枏：《家传》，梁泉：《敬亭遗文》，《广州大典》第 446 册，广州出版社，2015，第 831 页。
④ 梁廷枏：《家传》，梁泉：《敬亭遗文》，《广州大典》第 446 册，广州出版社，2015，第 831 页；咸丰《顺德县志》卷 26 的记载稍有不同："寻以夜读发疾，心惘惘若有所失。"由于梁廷枏为梁泉同族晚辈，其《家传》可信度更高；见咸丰《顺德县志》卷 26，《广州大典》第 283 册，广州出版社，2015，第 675 页。

症状与范进的疯症类同，都是中医所谓"痰壅"之症：

> 那人道："范老爷平日可有最怕的人？他只因欢喜狠了，痰涌上来，迷了心窍。如今只消他怕的这个人来打他一个嘴巴，说：'这报录的话都是哄你，你并不曾中。'他吃这一吓，把痰吐了出来，就明白了。"①

范进被胡屠夫一巴掌治好了疯症；但是其母却喜极而悲：

> 话说老太太见这些家伙什物都是自己的，不觉欢喜，痰迷心窍，昏厥于地。家人、媳妇和丫鬟、娘子都慌了，快请老爷进来。范举人三步作一步走来看时，连叫母亲不应，忙将老太太抬放床上，请了医生来。医生说："老太太这病是中了脏，不可治了。"连请了几个医生，都是如此说，范举人越发慌了。夫妻两个，守着哭泣，一面制备后事；挨到黄昏时分，老太太奄奄一息，归天去了。合家忙了一夜。②

梁泉就没有这样幸运，疯症刚愈，就遇其父去世，则又旧病复发："甫愈，旋丁外艰，哀毁过礼，病又间作，试常失期。"③这一耽误，就是十多年。"既抑塞不得其志，家又中落，不善治生，岁资馆谷为养。"只好做塾师以维持生计。大部分生员的长处在于读书，故所从事的职业大多同文字书写有关，其中从事塾师乃是生员最普遍的职业。梁泉作为塾师的名气还很不错，"既除服就试不遇，远近争从之游"④。所以，连州知州专门请梁泉到州学主讲，"闻者恒千里负笈踵，至舍不能容。其教人务主博通，不拘一格。……回翔馆阁，蔚为时髦，而泉犹未得一第也"。投于梁泉门下的学生摩肩接踵，而且学生中比他还早中举人者比比皆是，成为"时髦"。梁泉门下学生，载入顺德县志的就有：周家良（字介峯）、何孔山、

---

① 吴敬梓：《卧闲草堂评本·儒林外史》，岳麓书社，2008，第23页。
② 同上，第27页。
③ 咸丰《顺德县志》卷26，《广州大典》第283册，广州出版社，2015，第675页。
④ 梁廷枏：《家传》，梁泉：《敬亭遗文》，《广州大典》第446册，广州出版社，2015，第831页。

黄诞嘉（字会贞）、温闻源（字华石）、翁张宪（字允斌）、冯锡章（字于
长）、陈鹤年、梁怀谦，等等。①

范进在考取生员之前，因为"文字荒谬"，所以屡考屡败，好在遇到
了曾有类似经历的周进，耐下心来：

> 周学道将范进卷子用心用意看了一遍，心里不喜道："这样的文
> 字，都说的是些甚么话！怪不得不进学！"丢过一边不看了。又坐了
> 一会，还不见一个人来交卷，心里又想道："何不把范进的卷子再看
> 一遍？倘有一线之明，也可怜他苦志。"从头至尾，又看了一遍，觉
> 得有些意思。……又取过范进卷子来看，看罢，不觉叹息道："这样
> 文字，连我看一两遍也不能解，直到三遍之后，才晓得是天地间之至
> 文！真乃一字一珠！可见世上糊涂试官，不知屈煞了多少英才！"忙
> 取笔细细圈点，卷面上加了三圈，即填了第一名。②

可见，范进的文章走的不是正道而是偏锋，以致历年的考官与周学道
第一遍看的结果一样，斥为荒谬；连周学道都要认认真真看了三遍，方才
觉得是"天地间之至文！"当然，小说中的周学道学问似乎一般，他所说
的"至文"其实难副。

而梁泉的文章，似乎有类似的问题。因此，一方面由于疯病"试常失
期"，另一方面由于文章的独特视角和观点，"生平磊落卓荦之气，往往发
泄于文。原本史记汉书，出入韩柳之间，而取材诸子百家以为波澜。每阅
一书，丹黄辄三四下出己意，别为评骘，辨正皆通贯精密"。③导致其为生
员三十多年未能中举。乾隆三十年（1765）乡试，被考官郑天锦力争为第
一，成为解元；第二名是南海县的学者劳潼。据道光《广东通志》："（郑
天锦）乙酉乡试分校得顺德梁泉卷，与主司争之力而得解。……又尝适他
同考房，得一落卷，与同官争而质之主司，主司得卷许为杰作，榜发则南

① 咸丰《顺德县志》卷26，《广州大典》第283册，广州出版社，2015，第676页。
② 吴敬梓：《卧闲草堂评本·儒林外史》，岳麓书社，2008，第20页。
③ 咸丰《顺德县志》卷26，《广州大典》第283册，广州出版社，2015，第675页。

海劳潼也。"① 如此说来，乾隆三十年的广东乡试第一名和第二名都是郑天锦争取而来的。咸丰《顺德县志》称"潼素自负，闻报怫甚，知首泉乃叹服焉。"②梁廷枏《家传》亦言"劳素工制艺，意无出其右者。闻报诧甚，知首先生乃叹服。"③ 又据梁章钜《楹联丛话全编》，此则故事，成为文坛一段佳话：

> 南海劳莪野孝廉潼素工时文。乾隆乙酉科出闱后，自负不肯作第二人想。及揭晓，泥金到门，乃报中亚魁也。劳曰："吾文当第一，何以第二！然则解元为谁？"对曰："顺德梁泉也。"劳始不语。至簪花日，其门署一联云："险些儿做了五经魁首；好汉子让他一个头名。"④

正如范进遇到周进一样，梁泉在 48 岁的时候，终于遇到郑天锦这个伯乐，成为解元；但是前述其文章的问题，到后来差点酿成牢狱之灾。

## 二

梁泉于乾隆三十年中了解元之后，参加了乾隆三十四年（己丑，1769）的会试，并获得进士第二十名。主考官是刘纶，副考官是德保，同考官有张曾敞（字垲似）等。张曾敞及其曾祖父张英（1637～1708）、祖父张廷璐（1675～1745）、父亲张若需（1710～1753）四代皆为翰林；张曾敞"年二十一中乾隆十六年进士，改庶吉士，授翰林检讨"；"年最少，材器通美，究识古今事宜国家典故，而持己清峻"。可见其家学渊源，少年得志，并"四迁至詹事府少詹事兼侍读学士"，故此"君疾士大夫骫骳随俗，节概不立，欲以身正之见于辞色，众颇惮焉"，颇为清高自得，引人忌惮。其学识颇得刘纶所赏识。己丑科会试，刘纶对张曾敞颇为信赖，

---

① 道光《广东通志》卷334，《宦绩录三十》。
② 咸丰《顺德县志》卷26，《广州大典》第283册，广州出版社，2015，第675页。
③ 梁廷枏《家传》，梁泉：《敬亭遗文》，《广州大典》第446册，广州出版社，2015，第831页。
④ 梁章钜：《楹联丛话全编》，北京出版社，1996，第316页。

因此张曾敞房中推荐的卷子所中的数量较其他房多至数倍；而且张又表现出"以岌然独立稍自喜也"，故此引起同事侧目嫉妒。① 榜发之后，同事中有人将张曾敞房中的梁泉卷子查看，指出"泉闱文嶙峋，逾越绳墨，隶事又过僻，逐遭磨勘"②。

据《清实录》：

> （乾隆三十四年。己丑夏。四月。癸丑朔。）○丁卯。谕。据陆宗楷等覆勘会试中式朱墨卷进呈，内中式第二十名梁泉一卷。经磨勘官王显曾签出疵谬之处，多至四十余签。请旨罚停殿试二科等语。磨勘停科，原指寻常疵累而言。今阅梁泉卷，疵谬之处层见叠出，而文亦不佳，本不应中此而滥中，则佳文致遗落者反多。如此衡文校士，谁则不能？梁泉着革去进士，仍作为举人。所有阅荐之同考官张曾敞，着交部严加议处。其正副考官刘纶、德保，俱着交都察院议处。御史王显曾，悉心磨勘，据实指出，尚属认真，着交部议叙。③

梁泉因为"磨勘"，"下刑部提问者，验无私状，得旨复举人"④。而张曾敞"虽释罪而竟废矣"，之后遇恩恢复五品顶戴，任晋阳、江汉、大梁三书院之院长，为诗"多愤慨深郁之词"，卒于乾隆四十二年，年仅47岁。⑤

梁泉经此人生波澜，归家之后"居常恂谨自爱，及是经事，几蹈不测，深自凛惕，归则闭门讽诵，弥月足不出户"⑥，"惟三二朋辈谈笑觞咏夜分不辍，兴至伸纸作书或小画为乐"⑦。

---

① 姚莹：《原任少詹事张君权厝铭并序》，《惜抱轩诗文集》卷12，清嘉庆十二年刻本，第11b页。
② 咸丰《顺德县志》卷26，《广州大典》第283册，广州出版社，2015，第675页。
③ 《清实录》，又见，《钦定大清会典事例》卷358，"贡举解卷磨勘处分"。
④ 咸丰《顺德县志》卷26，《广州大典》第283册，广州出版社，2015，第675页。
⑤ 姚莹：《原任少詹事张君权厝铭并序》，《惜抱轩诗文集》卷12，清嘉庆十二年刻本，第11b页。
⑥ 咸丰《顺德县志》卷26，《广州大典》第283册，广州出版社，2015，第675页。
⑦ 梁廷枬：《家传》，梁泉：《敬亭遗文》，《广州大典》第446册，广州出版社，2015，第831页。

乾隆三十四年会试的副考官德保，即索绰络·德保（1719~1789），字仲容，一字润亭，号定圃，索绰络氏，满洲正白旗人，为乾隆二年进士。历任翰林院检讨、山西学政、山东学政、工部侍郎、翰林院掌院学士，乾隆三十四年会试之后即出任广东巡抚，乾隆三十六年署两广总督。乾隆四十一年代理福建巡抚、漕运总督，次年兼署江南河道总督。乾隆四十三年署闽浙总督，同年任礼部尚书。卒谥文庄。

德保为梁泉磨勘事件之亲历者之一，甫任巡抚就以书召见梁泉。梁泉拜见德保一两次后再去，守门的小吏因索贿不成不予通报，梁泉遂于德保出巡途中拜见。次日守门的小吏即被革职。小吏于是购买了全套史籍去拜见梁泉，乞为求情。梁泉如实将原委告之德保，小吏才被复职。①

梁泉毕竟还是有真才实学，德保曾委任梁泉为粤秀书院的监院。按照院规，监院的才学要求颇高，书院的生员要"以经史疑义条质于师，以次答之，而别举古义，还令条对。备书诸册曰质疑，并在月课外，监院者汇集而季呈巡抚，覆核以验学，识稽勤惰非通才，莫敢为役"。梁泉还经常"嫌无可引，于是为博考，旁证论议，恒出意表，终文庄任士皆知"。②

而《儒林外史》中做了学道的范进，竟然连苏轼都不知：

> 内中一个少年幕客蘧景玉说道："老先生，这件事倒合了一件故事。数年前，有一位老先生点了四川学差，在何景明先生寓处吃酒，景明先生醉后大声道：'四川如苏轼的文章，是该考六等的了。'这位老先生记在心里，到后典了三年学差回来，再会见何老先生，说：'学生在四川三年，到处细查，并不见苏轼来考，想是临场规避了。'"说罢，将袖子掩了口笑；又道："不知这荀玫是贵老师怎么样向老先生说的？"范学道是个老实人，也不晓得他说的是笑话，只愁着眉道："苏轼既文章不好，查不着也罢了，这荀玫是老师要提拔的人，查不着，不好意思的。"③

① 梁廷枏：《家传》，梁泉：《敬亭遗文》，《广州大典》第446册，广州出版社，2015，第832页。
② 咸丰《顺德县志》卷26，《广州大典》第283册，广州出版社，2015，第675页。
③ 吴敬梓：《卧闲草堂评本·儒林外史》，岳麓书社，2008，第51页。

乾隆三十六年（1771），邻村有富人之沙田久讼不决，希望梁泉在德保面前代为说情；适逢此年开考恩榜，梁泉拟北上应考，但是缺少盘缠行李之费，富人致千金以请，被梁泉婉拒；德保知道后，越发敬重，并馈赠银两使之成行。① 此次恩榜会试，卷入学士朱筠（1729～1781）闱房，朱筠"叹赏持示他房，谓必泉也，取次第五，而广东中额仅四，又见遗"。这样，梁泉再次未中进士。由于乾隆三十六年是开考恩榜，次年又轮常考；考虑到广东到北京单趟就要三个多月，往返就要半年多，为节省费用，梁泉遂滞留北京以待来年的会试。但是，乾隆三十七年（1772），梁泉第三次会试落第。

落第之后，梁泉与南海县的霍时茂结伴南归，返至运河南旺闸途中，遭遇暑病；"先数日酌同舟南海霍时茂曰，我必不起矣；君义士当能归我骨，无所憾；自计此生谬膺虚誉，着撰积巾箱，时复点窜，不及订梓，手质名流，斯耿耿耳。言已歔欷泣下随卒。"② 梁泉去世后，霍时茂"为扶柩归葬之先茔，道费不责偿。取吏所遗史以去"③。霍时茂，字濯庵④，号谏果，南海县深村堡人，乾隆乙酉举人，与顺德梁泉为忘年交，携柩归之后，为梁泉整理遗稿并为之作序，嘱咐梁泉之孙刊刻。⑤

约十馀年后，梁泉仲孙梁高梧（字章声、汝贤）将遗稿"携之宝安遇风舟覆，遂落洪涛浩淼间。家中旧椟鲜半纸存者，盖文字之厄至斯极也"⑥。又据县志载，其门下学生何镇江曾校订了梁泉的古今体诗、骈散文等著作，由梁泉之孙梁高梧，携以索序出，但是沉舟于祥冋，所携著作皆沉没，且都没有抄录副本。⑦ 又据梁廷枏《家传》："（梁泉）孙，高梧，字章声，好读书，能世其业，蚤死。"⑧不知道梁高梧是否死于此次沉舟事

① 咸丰《顺德县志》卷26，《广州大典》第283册，广州出版社，2015，第675页。
② 咸丰《顺德县志》卷26，《广州大典》第283册，广州出版社，2015，第675～676页。
③ 梁廷枏：《家传》，梁泉：《敬亭遗文》，《广州大典》第446册，广州出版社，2015，第832页。
④ 民国《来宾县志》"附记"，民国25年铅印本。
⑤ 光绪《广州府志》卷128《列传十七》，台北成文出版社，1966，第278页。
⑥ 梁廷枏：《后跋》，梁泉：《敬亭遗文》，《广州大典》第446册，广州出版社，2015，第880页。
⑦ 咸丰《顺德县志》卷26，《广州大典》第283册，广州出版社，2015，第676页。
⑧ 梁廷枏：《家传》，梁泉：《敬亭遗文》，《广州大典》第446册，广州出版社，2015，第832页。

故。除沉落洪涛的诗和骈散文外，梁泉还著有《读史偶评》十卷、《周易集证》六卷、《笔记》四卷、《四书文》等，皆散佚。

嘉庆十八年（1813）"国史馆奉纂儒林文苑传，征取遗书，下郡县寻求不获。子姓访辑十一刻，为敬亭遗文四卷"①。此中的"子姓"即指梁廷枏（1796~1861），当时梁廷枏方23岁，"迩者岁星次癸酉，县尹王公炜以制府蒋砺堂先生意，索所遗书，无以应。廷枏年尚少心窃恨焉。比来一意蒐罗收复诗文共若干篇，为编类检校，一过分四卷而锓诸板，虽十不逮其七八，而於先生友生戚故，无虑坏箧蠹简迹，寻殆无馀力矣"②。五年后，到嘉庆二十三年（1818），梁廷枏方才搜集到《敬亭遗文》四卷，并进行了刊刻，可惜现在已找不到此刻版本。

由于当时"送备著录板庋坊间逾年，遇灾毁"③。再过了十年，到了道光八年（戊子，1828），梁廷枏重萌刻念，据其言，在刻前梁廷枏梦到梁泉说"若果留意予文，胡不痛为删除也"，"越日取原刻翻阅，辄汰存其十之五，补入温舍人汝能诗海□、司马兰芝岭南风雅所收者复付剞劂，犹□自病所存之过多，则有感於先生之言"。④ 即现在可见的道光八年《敬亭遗文》，又比嘉庆二十三年的版本少了近一半内容。在此仅存的《敬亭遗文》中，由于梁泉家贫"碑版志述多使属草，且家贫繁食指，授书不给，籍润笔济之，故集中代倩之作为较多"⑤。这些代倩之作，明显价值不是太高。然而，实际上梁泉除科举文少年即有名外，其散文诗作皆有可观，"闻绪论称先生散文根据史汉，出入於唐宋诸家，而参以己法，骈体喜驱使成语，不自以谐律为工，诗不多作，作则务达其情，无所规仿，今日证以所见，益信此言匪谬也"⑥。

梁泉不仅人生坎坷，而死于科举，其著作亦如梁廷枏所说"文字之厄至斯极也"，令人扼腕叹息。

① 咸丰《顺德县志》卷26，《广州大典》第283册，广州出版社，2015，第676页。
② 梁廷枏：《后跋》，梁泉：《敬亭遗文》，《广州大典》第446册，广州出版社，2015，第880页。
③ 同上。
④ 同上。
⑤ 同上。
⑥ 同上。

# 三

　　许多学者分析了《儒林外史》蕴含的悲剧意识①。有学者认为，历史小说中的主要悲剧冲突有四类：一是历史的必然性与个体历史活动的主观愿望的冲突；二是历史与伦理的冲突；三是情感与理性的冲突；四是有限与无限的冲突。② 而《儒林外史》至少包含了前三种。一般认为，《儒林外史》深入细致地"控诉"了明清科举制度残害人性的弊端。这从表面看来是不错的，但是，科举制度之所以存在有着其深厚的社会经济和政治基础，是专制皇权社会的整体产物，具有"历史的必然性"；明代以来，儒家思想被统治者定为一尊，所谓"齐家治国平天下"都须臾不能离，而专制皇权社会的治理又需要一套官僚系统，科举保证了选拔符合皇权社会要求的一批人才。正如张仲礼所言："凡是需要一个行政单位的地方，总是需要一个绅士团体来协助处理地方事务。一般说来，这些绅士总是与政府合作的，因为这样做符合他们自己的利益，也因为他们头脑里充塞的是官方思想，这主要是科举制度的结果。这个有特权和势力的集团对于国家治理来说是不可少的、有用的，但是维持这一集团对人民是个负担，它的力量对中央政府的权力始终是个潜在的威胁。出于这些原因，清朝统治者审慎地控制绅士的总人数以及他们在各地的分布。"③ 因此，残害人性的实质原因是科举背后的整体的专制皇权社会。而同样是考试制度比如现代的高考，虽然也常常被人诟病，但为什么没有造成如此严重的后果？主要是明清科举的录取比例太低。据雍正十一年进士番禺的韩海所言："粤才首广州，阖属十八州县，士之应童子科者常三万馀，岁校补博士弟子员，综计

---

① 如，早期有鲁迅等大家，当代有陈美林、李汉秋、傅继馥、宁宗一、刘士林、吴广义、胡益民、周月亮、田萱、张国风、高蕊、杜薇、贾学清、杨罗生、鲍鹏山、张蕾蕾，等等。

② 韩元：《悲剧性的历史与历史的悲剧——新时期历史小说的悲剧审美内涵》，《文学评论》2006 年第 3 期。

③ 张仲礼：《中国的绅士——关于其在 19 世纪中国社会中作用的研究》，上海社会科学院出版社，1991，第 78 页。

文武仅四百馀耳。积学抱文，青一衿若朱紫之匪易，有白首困童子场中者。"① 即作为广东读书人最多的广州府，文武生员的录取率仅为 1.3% 左右；又据张仲礼、霍红伟的研究，全国生员之中能够考中举人者，尚不足百分之一。② 而其中能中进士者更是万里挑一。虽然如此，但对于布衣百姓来说，科举提供了一个狭窄的社会阶层向上流动的渠道。周进、范进之类是其中的幸运儿，吴敬梓、梁泉等更多的芸芸士人则成为不同阶段和层次的社会悲剧角色。

与梁泉类似，吴敬梓年纪不大即补学官弟子员，而且"袭父祖业，有二万余金。素不习治生，性复豪爽，遇贫即施，偕文士辈往还，饮酒歌呼穷日夜，不数年而产尽矣。安徽巡抚赵公国麟闻其名，招之试，才之，以博学鸿词荐，竟不赴廷试，亦自此不应乡举，而家益以贫"③。

与梁泉汲汲于功名至死方休不同的是，吴敬梓作为有才之人，被荐博学鸿词，竟然连乡试都不参加，可谓士人中特立独行的异类，其放浪形骸颇似魏晋风度。此方面亦有广东顺德的苏珥（1699~1767，平时率性而为，不修边幅，不慕浮名，惟嗜学，老而不倦；诗有别趣，而不轻作，为文长于序记，与书法皆名重一时）可比。有学者认为，吴敬梓不赴博学鸿词荐，是其"人格独立的见证"，而在笔者看来，吴敬梓不应乡举，反映了其特立独行的性格，而不赴博学鸿词荐，倒也未必。就笔者所知，乾隆元年（1736）开博学鸿词科，广东有所谓"惠门四子"何梦瑶、苏珥、罗天尺、劳孝舆等人皆被荐博学鸿词，而仅有劳孝舆赴京廷试。被荐博学鸿词是个人学术获得社会肯定的很高的荣誉，但为什么大部分被推荐的人不赴京廷试呢？一则博学鸿词的廷试录取率非常低，二则进京的往返路费是个极大的负担。因此，"以书易米""笔砚都无""近闻典衣尽""灶突无

---

① 韩海：《诸生为惠宗师建旗杆碑记》，《东皋草堂文集》，《广州大典》第 445 册，广州出版社，2015，第 255 页。

② 分别见张仲礼《中国的绅士——关于其在 19 世纪中国社会中作用的研究》，上海社会科学院出版社，1991；霍红伟《"君子不器"：清代生员的职业选择》，《史林》2014 年第 6 期。

③ 程晋芳：《文木先生传》，李汉秋编撰《儒林外史研究资料集成》，上海古籍出版社，2017，第 10 页。

烟青"①的穷困潦倒的吴敬梓更不可能去应廷试了。

　　然而，不论是汲汲于功名的梁泉，还是遗世独立，"醉辄诵樊川人生只合扬州死"的吴敬梓，他们对"理想的执着追求和这种理想在现实条件下不可能实现，就会产生悲剧意识，理想的失落而失落者对理想又有着永恒的怀念和执着，也会产生悲剧意识"②。他们的悲剧不独为个别现象，都代表了千千万万的明清士人理想幻灭的悲剧，代表了专制皇权社会的悲剧。

---

① 程晋芳：《寄怀严东有》，李汉秋编撰《儒林外史研究资料集成》，上海古籍出版社，2017，第 9 页。
② 张法：《中国文化与悲剧意识》，中国人民大学出版社，1989，第 13 页。

古代艺术研究

# 中国古代对联的伦理内涵及其实现方式

## ——以四川省威远县越溪镇的八副奇联为个案*

邹建军**

**内容提要** 对联是中国传统文学中重要的文体之一，也是中国传统思想的重要载体，在世界上其他文化中，也许没有与此相同的文体存在。对联是与中国百姓日常生活密切相关，同时也和中国大地上所有的文化景观直接相联的一种文体。因此，中国对联的产生、内容构成与形式发展，都与中国伦理社会的历史和现实直接相关。对联的伦理内涵是与生俱来的，同时也以其丰富复杂而感染每一位读者。伦理思想来源于传统文化特别是本土的宗教观念，而伦理思想的实现方式则是多姿多彩的艺术传达。

**关键词** 中国对联 伦理内涵 越溪文化

对联是中国传统文化的瑰宝，是汉语文学中一种独有的文体，往往承载了中国传统思想的精髓，体现了古人以人伦为核心的社会理想。即使是在比较偏远的地方，也同样是如此。越是离中心城市远的地方，其中国古代的人伦理想在对联中的保存也越完整。本文拟提出并具体深入地讨论这个问题。

四川省威远县越溪镇，处于成都以南广阔的丘陵地区，本名查家场，

---

\* ［基金项目］国家社科基金重大项目：中国新诗传播接受文献集成、研究及数据库建设（16ZDA240）。

\*\* ［作者简介］邹建军，1963年生，四川威远人。文学博士，华中师范大学文学院教授、诗歌研究中心研究员，博士生导师。研究方向：比较文学、民间文学、文学伦理学和文学地理学。

民国时代才改称越溪乡，20世纪末才改名越溪镇。成都以南的许多地名，以前都基本上以场为名，如越溪镇以南就有新场，以东就有连界场，以北就有汪家场，以西北就有回龙场，以西就有墨林场等。越溪是四川盆地中一个比较古老的场镇，也有许多对联为证。本文只是就本人的所见，从伦理的角度讲解几副有名的对联。这些对联都是古人所写，因为已经没有了作者的名字，我们也无法考证它们所创作的具体年代，估计都是在近代以前，所以我们无从知道它们的来历，唯一可以确定的就是它们的空间，越溪镇及其周边地区。那么，我们就有了讨论的对象和判断的信心，空间往往比时间更为重要。

虽然我们看到的许多对联没有留下写作年代，然而有一副对联却是可以确定的，就是我老屋所在的黄荆屋基附近王永强坟墓前面的碑上，有一副远近闻名的对联，标明是清光绪年间的。然而它只是说这个碑是光绪年间所立，还是说王永强的坟墓是光绪年间所修？我想当是前者，因为王永强是湖广填四川的第三代，从五公里开外的凤凰寨上面搬下来的。而他们为什么搬下来，有一个有名的传说：说有一天王家的一位祖先，经过凤凰寨下面的关马沟，大概是黄昏的时候，他隐隐约约地发现岩洞里在放光，他奇怪地走近一看，原来是一个比较大的金观音，于是捡回了家，后来他们拿到上海去卖了一大笔钱，就买了多双土地到石板庙宇的一大片土地。既然是湖广填川的第三代，就不可能是到了光绪年间才去世。所以据此判断，这副对联是到了光绪年间立碑的时候，才刻在墓碑的双门上的。其他的几副对联，则没有标明时间，当然更没有标明作者。中国古代有一个历史相当悠长的人伦社会，以儒家为主体的思想贯穿中国封建社会的始终，对历史上许多重要的作家和几乎所有的文学作品产生了影响，并且这种影响相当显著与深远。这种情况也在各地的对联中体现了出来。以下分别做出一些具体的分析。

一

你求名利，他卜吉凶，可怜吾全无心肝，怎出得什么主意。
殿遍烟云，堂列钟鼎，堪笑汝供此泥木，空费了多少钱财。

第一副对联是在我老屋后山上，在翻过一个山垭之下的玉林寺门上所发现的："你求名利，他卜吉凶，可怜吾全无心肝，怎出得什么主意；殿遏烟云，堂列钟鼎，堪笑汝供此泥木，空费了多少钱财。"① 这是一副很有意思的对联，居然是以所供菩萨的身份来讲话，更为奇怪的是叙事者居然反过来劝世人不要相信自己，就构思和立意而言，就已经出乎意料，让人颇感意外。此联的作者和写作年代，似乎已不可考。在方圆二十公里之内如此重要的寺庙，却列出这样的门联，实在是让人不可思议。不过，从对联的语言艺术角度而言，却是相当有水平的。首先是这副对联全用口语，几乎没有文言之意味，也少有典雅之词语，之乎者也之类的表达，也是不存在的。其次，对偶相当工整，"你"对"殿"，"他"对"堂"，"可怜吾"对"堪笑汝"，"怎得出"对"空费了"，对得还是很恰切的。只有"全无心肝"对"供此泥木"可能有一点不太工整，但也还是算对得上，其他都没有任何问题。最可圈可点的当然还是它的精神，读起来有一点道家济公的味道，叙事者只是向所有的来者讲出真心话，叙事者本身没有一点虚伪之处，没有一点掩饰之意。据说在古时，玉林寺的香火是相当旺盛的，人们根本没有受到这副对联的影响，虽然让他们不要相信自己，照样还是有许多人前来烧香礼佛。我的父亲在1930年出生在那里，长到十岁左右，才到了黄荆屋基对面的桐子堡居住。在这副对联中，菩萨是以一种善意嘲笑的口吻来讲话，这是让许多人惊悚不已的地方。菩萨居然开口说话，并且所说的内容，又是劝人们不要相信自己，这样的事件发生在此地，具有重要的伦理意义。一般而言，本地人是有信仰的，不论道教还是佛教，许多人心中都有菩萨；当然也有人不肯相信菩萨。也许正因为如此，就造成了本副对联作者的逆向思维，以菩萨的方式嘲笑自己存在的合理性，并向人们表明自己的意图：真正的菩萨是没有的，自己只是一根泥木，没有心肝也没有主意。这样的构思立意与思想表达，在中国文化史上是少有的现象。人与人之间的关系似乎没有涉及，人与神之间的关系却被自己所拆解，本来是人对神的绝对服从的结构关系，却让菩萨自己来说破真相，好在似乎没有人相信他所说的话，人们的理解可能是菩萨说笑话，

---

① 威远县老年书画研究会、内江市诗词楹联学会威远分会编《威远县古今对联辑》，《清溪浪花》第8期，华夏出版社，2011，第41页。

本意并非如此，是不可相信的。礼佛者花费很多的心思，广结善缘，终于修建了如此庞大的玉林寺，却在门联上题写了一副对菩萨自己不利的对联，成了一个远近闻名的天下奇观。

## 二

只有一文钱，你也求他也求，叫吾给谁为好。

不做半点事，朝亦拜晚亦拜，亏汝空费钱财。

第二副对联是在离此不是太远的罗汉寺大门上。罗汉寺在黄荆屋基的左方，从双土地过去经过上关马沟，再上去大概两里路的距离，恰好爷爷那一代人曾经在那里住过，只有十年左右的时间。罗汉寺在当地很有名气，当年的田产也不少，据说清末举人王松武曾经题写"罗汉寺"几个大字，现已不存。"只有一文钱，你也求他也求，叫吾给谁为好；不做半点事，朝亦拜晚亦拜，亏汝空费钱财。"[1] 与上一联是同样的口语，也是以菩萨的身份说话，同样是一脸无奈的样子，同样是以善意嘲笑的语气，面对的当然也是所有前来朝觐的信众。玉林寺和罗汉寺是不是为同一时期所修，现在已经无从查考；不过从这两副对联的内容和形式而言，应当是前后不久。它们两者都叫寺，而不叫庙，也许是一个证据。并且也有相似的格局，在罗汉寺后山之外，有金花庙，而玉林寺之后面三百米，有玉皇庙。现在我们无法确知这两个庙之间的关联，估计也具有同构性。"你也求他也求"对"朝亦拜晚亦拜"，不仅很有意思，并且与前一副对联之间，具有异曲同工之妙也。从伦理的角度而言，这副对联的伦理意义与上一联也很相似，然而我认为没有上一联的深刻，因为它只是劝人们要靠自己的努力，不能把希望全部寄托在菩萨身上。菩萨作为叙事者，可怜地说自己只有一文钱，叫我给谁为好呢？我没有为你们做半点事，你们却老是向我朝贡，所以就很不好意思。与上一联相比，相同的是以菩萨的语气讲话，不同的是叙事者没有否认自己是真的菩萨。一种谦逊的品德和大度的胸

---

① 威远县老年书画研究会、内江市诗词楹联学会威远分会编《威远县古今对联辑》，《清溪浪花》第 8 期，华夏出版社，2011，第 31 页。

怀，一种讲真诚与厚道的伦理观念，在此被叙事者生动地表现出来。如果说前一副对联有一些作践自己而让信者觉得可怜的话，此副对联只是让对方觉得自己很难为情。不过，从伦理的角度而言，以真现身、以趣现形的真君子，仁厚宽怀、不得不义之财的胸襟，实在令人感动不已！可见，此两副对联的作者是参透了人间的现象与本质，并且以自我的胆识破解了宗教的本质，体现了一种以人为本、以己为真的高贵品格。

## 三

吾若真灵，也不致手脚渐渐残，皮肉点点落。

汝当顿悟，须知道勤俭般般有，懒惰样样无。

我老屋的后山之下面，就是有名的徐家沟。徐家沟对面山下有一个倒向的骑龙庙，其大门上有一副对联，风格与前两副相比，有诸多相近之处："吾若真灵，也不致手脚渐渐残，皮肉点点落；汝当顿悟，须知道勤俭般般有，懒惰样样无。"① 从人生态度和写作风格而言，以上三联似乎出自同一手笔，当为一人所作。既然为一人所作，当属于同一年代之作品。然而我们并没有证据，只是凭作品本身的构成与独有的风格而言。可以肯定的是，在这三副对联中，这一联是最为生动有趣的，不仅形象逼真，情感毕现，以菩萨的口气把自我真相暴露在光天化日之下，让天下所有的人都可以认识到自己并不是什么神仙，也不是什么了不得的菩萨，而只是人们塑造出来的一个形体而已；同时，还将前来朝觐的信众的形象与心态，也进行了直接的、确切的揭示。菩萨居然要他们不要再相信什么神，而是要讲究勤俭与节约，如果做得到的话，那就什么东西都会有；相反如果懒惰的话，则可能什么东西都不会有。上联与下联是一体化的存在，两者合起来就表达了一个完整的思想：要相信自己而不要相信神仙，世界上真正的神仙是不存在的，因此也是不可靠的，只有自己的勤奋才是财富的来源，懒惰是人生的问题之所在。菩萨在此劝勤而恨懒，表现的是对于世俗

---

① 威远县老年书画研究会、内江市诗词楹联学会威远分会编《威远县古今对联辑》，《清溪浪花》第 8 期，华夏出版社，2011，第 41 页。

信仰的一种否定。在一个地方拥有三副这样的对联，显得很是特别。当地的民间风俗和民间信仰，在宗教的场所而不信宗教，在有信仰的时候而不要信仰，由此可见一斑。因为我们并不知道这三副对联的作者，所以无从联系作家本人的人生经历进行讨论，然而作品却是认识作家最大的根据，作品如此，当地通行的民俗与信仰，自然就更是如此。在这一副对联中，自己否定自己的真身，以趋于极致的嘲笑的口气述说自己的无奈，说你们这样对待我，如此对我好也让我受不了，求我保佑不如你们自己的勤劳重要。菩萨以自己的身份说话，劝人们不要相信自己是真的灵验，而要求人们相信每一个人经过自己的劳动，就可以拥有想得到的一切。这样的认识就故意颠倒了人与神的关系，将神灵降到了与人同等的地位，可以与每一个前来的人进行平等对话，从而造成了一种特别的效果。由高高在上的神下降到大地之上的神，神和人的关系变成了人与人的关系，众生平等、以俗为雅的伦理观念，也因此而得到了生动而鲜明的呈现。

## 四

浮灯且照牛眠吉地，种玉应得马鬃佳城；

鸡冠戴梅万年奕叶，磨盘引马千里良居。

第四副对联是离骑龙庙不远处的梅子坝，不知哪个年代幸坤彩墓门上的，也很有意思。联曰："浮灯且照牛眠吉地，种玉应得马鬃佳城；鸡冠戴梅万年奕叶，磨盘引马千里良居。"[1]体现了人与自然山水相生相依，前世、今生与后世是密切相关的伦理观念。这副墓联在当地算是比较长的，每一句八个字，每一联十六个字，所以上联和下联都排了两行。第一句是指左前方的地形似灯，估计是碑坡方向，"牛眠吉地"是指墓主自己的所在。第二句是说这是一位生前积德之人，所以才可以得到这样的地方。所谓"马鬃"，应当是指墓主前方对面的马鞍山，双峰并起成为此地的文峰。第三句，是说右前方五梅花和鸡冠石所形成之格局；"万年奕叶"，是说墓

---

① 威远县老年书画研究会、内江市诗词楹联学会威远分会编《威远县古今对联辑》，《清溪浪花》第 8 期，华夏出版社，2011，第 27 页。

主右手的山形水势繁茂无比。最后一句是写三星桥方向的山形，"磨子山"是引马前来的磨盘；这里的"马"，应当指马鞍山的山形与三星桥之间所形成的结构关系。由此可见这是一副相当复杂的对联，四个方向所有的山形，都已经关照到。如果说此联有什么不足，就是在联语之中没有写到水势。就梅子坝而言，右有长水而来，并且是两河之水，合流之后往左，继续去往西方；前有何家沟之溪水，由对面高山之林间，而注入玉林之河也。这样的水形在对联中没有一点反映。就对联本身而言，对所有山形的写照还是很有气势的，用语古朴大方，典雅而有文气，我认为这副对联为当地所少有，十分难得。虽然对联的主体是对自然山水的写照，然而同时也说明主人也有应得的福气，所以说是"佳城"，会福荫后代。儒家在中国传统文化史上占据主体地位，蜀地对儒家思想也是传播甚广，于此可见一斑。金榜题名、洞房花烛、衣锦还乡的思想观念，通过具体的山水意象被表现得如此深厚，然而并不像前面的三副对联，没有以菩萨自我的身份讲话，而只是以一种客观的语气，对眼前的山水进行描写，但是祖先积德、后人享福的理想，却也是全面而深刻的。如果要说伦理内涵的丰富，这副对联善有善报、前世今生的思想最为显著，读了这样的对联，就会让我们沉醉于儒家的伦理思想之中，而难以有所超越。

# 五

　　　　山环水绕牛眠地，鹤膝蜂腰马鬃封。

　　第五副对联是我老屋所在的青龙嘴下，王永强先生大墓前面的碑联："山环水绕牛眠地，鹤膝蜂腰马鬃封。"[1] 这一副对联和前面所述的这一副墓联，有一些相似之处，如山水意象和用词叙事，不过更加简洁与准确；前者比较复杂，后者比较简要。这一副对联在当地名气很大，不仅是因为它的主人公王永强是湖广填川的王家第三代，也是因为这副对联的内容很符合当地的山形与水势。上联说"山环水绕"，根据我少年时代的印象，无论从左山而右，还是从右山而左，的确全都是山环的；同时，无论从左

――――――――――

① 本联为本人 2019 年 9 月 19 日采集。

面而言，还是就右面而言，也都是水绕的。特别是正前方的青龙水，原来正面前往右往左进了碾子沟，然后再出来到了正前，再往右边出去了，说是"水绕"就一点也没有夸张。至于说"牛眠地"，远不是一个"佳城"就可以理解的。在坟墓的后山之上，原来有一个很大的石头，就是一头大大的卧牛形。我小时候曾经多次见到，并且多次在其上睡眠良久。所以这里的"牛眠地"是特有所指，并不是一种想象。我们再来看下联"鹤膝蜂腰马鬃封"，是说青龙嘴上下周围的山形，有的地方像仙鹤的膝盖，有的地方像蜜蜂的腰，有的地方像马儿的鬃毛，并且当地人都可以明确其每一项之所指。从总体上来看，这副对联不仅很有创意，而且相当工整，是当地一副难得的佳联。由此可以看出，当地人对于山水的信仰是相当普遍的存在，此联已经表明这是一个显著的风水宝地，只不过限于篇幅作者并没有直接揭示出它的伦理意义。可是，人与自然之间的关系、前人与后人之间的关系，其言自现、其义自明，是不需要多说的。由此我们可以看出，伦理在中国古代几乎是无处不在、无时不有的，然而在正式的文学作品中，却并不是每时每刻都要挂在嘴边，落在字面。对联简洁而准确，不像上面所述的梅子坝那一副有那么长，并且比较复杂，然而表现力却也是同样的强大，一个山环水绕的好地方，一个前后古今的大气场，一下就呈现在了我们的眼前，并且让我们过目不忘。

# 六

　　　　山青人丁旺，水秀耀祖人。

　　第六副是在青龙嘴左前方的肩膀岩上，有一个当地人叫开口岩的龙穴，邹登贵先祖的墓上有这样一副对联："山青人丁旺，水秀耀祖人。"[①]显然，它的作者绝对不是前几副对联的作者，并且年代也许更加古老。虽然比较简略，但气势仍然宏阔。此地面向开阔，从左到右，几乎所有的山脉都可以见到，并且左边远及笔架岩，右边远及鸡冠石，这种阔大广远的气象，在整个地区也是少有的。前面与对面所有的山坡上都是水田，虽然

---

　　① 本联为本人 2020 年 4 月 5 日采集。

并不见河流，说水秀也是没有问题的。用一个"山青"，概括了所有的山形；用一个"水秀"，概括了所有的水势。可见此联的作者古文功底还是相当深厚的。不过，从语言的运用和艺术的技巧而言，"耀祖人"和"人丁旺"，显然是对不上的。如果改为"旺人丁"，虽然是可以对上，却似乎又没有了气势。可见，这是一副相当特别的联语。上下联合起来就是一句话，这样理解也许就没有问题了。就邹氏族人今天的发展而言，的确是水秀人旺；而在山青之后，人才辈出而让祖先得到了格外荣耀。此联的内容也主要是传统儒家思想的体现，一个是向前看"山青人丁旺"，一个是向后看"水秀耀祖人"，成为儒家光宗耀祖、金榜题名思想的集中体现。和前面王永强坟前的对联相比，这一副对联显然更加简洁，更加精神，由七言变成了五言，由"山环""水绕"变成了"山青""水秀"。然而，其对于儒家前人和后代之间相互印证思想的表达则更为鲜明，也更加古朴典雅，这是一幅少见的上上之联。

## 七

蓬门始为君开，看中庭银烛双辉，千杯竹叶千杯月。

松径都缘客扫，喜今日琼箫一曲，万树梅花万树春。

第七副对联是俩母山下中华嘴附近举人吴绍游的花厅联："蓬门始为君开，看中庭银烛双辉，千杯竹叶千杯月；松径都缘客扫，喜今日琼箫一曲，万树梅花万树春。"① 据信为吴绍游本人所作，由于新修的院子落成，作者此时此地喜不自胜之情，在对联中溢于言表，得到了完整、立体的表达。吴绍游为清末举人，其生平经历与文化事迹，在其《吴氏族谱》中有比较详细的记载。"蓬门始为君开"，说自己的厅堂已经修成，是专门为你而开的，所以我们都要感到格外的高兴；"看中庭银烛双辉"，说院落的中庭里点有一对银白色的灯盏，它们相互照耀，隐喻人间好事成双之意。"千杯竹叶千杯月"，一是说晚上在此喝茶，里面都是竹叶，同时在茶杯之

---

① 威远县老年书画研究会、内江市诗词楹联学会威远分会编《威远县古今对联辑》，《清溪浪花》第8期，华夏出版社，2011，第35页。

中也有千杯的月色；一是说人们在喝酒之时，门外的竹林映在了杯中，所以才成就了千杯竹叶千杯月色。"松径都缘客扫"，是说屋外竹林之间的小径，也是为你而修的，并且也是为了你而打扫的，所以说我们都是有缘之人。"喜今日琼箫一曲"，是说在这样的美景中，大家一起来欣赏乐曲，人生是何等的快意呀。"万树梅花万树春"，是说华庭的左边山外，就是当地有名的风水宝地五梅花，它是不是有梅花万树我们不得而知，多半是诗人的想象，表现了一种少有的风雅之兴与古朴之象。诗人只是根据古老的地名，就以想象的方式创造了如此繁盛的春天景象，实在是了不得。不得不说这是一副相当漂亮的对联，其内容不仅符合当地的山形水势，而且全联充满了诗人的个性，诸多的故事与新颖的意象，阔大的境界和高远的情怀，令我们感动不已。这副对联中所表达的情感，是中国传统的儒家和道家思想，并且是二者的有机统一。一方面是诗人所向往的隐居生活，一方面却是对于大红大紫的向往。由此可见清末举人吴绍游的文字功底和艺术修养、道德品行和精神境界。从伦理内涵而言，儒家的伦理观念和道家的伦理观念是兼具的，人世的享乐思想和隐逸出世的思想是共生的。吴绍游是那个时代典型的知识分子，从他的对联和诗文中可以看出其思想的复杂性，其修养的超越性，其境界的高远性，这副对联正是其思想情怀与人生志趣的生动表征。

# 八

德地冠群峰，四面云山，归来眼底，凭栏远眺，喜茫茫，兴趣无边，待老夫，轻裘缓带，与诸公春游夏赏，秋咏冬吟，逸养林中，消磨岁月。

抚躬思众寨，万家忧乐，注到心头，把酒临风，欣酿酿，少长咸集，叫儿辈，佩剑枕戈，偕多士东荡西除，南征北剿，效忠壶外，整顿乾坤。

最后一副对联是当地名医孙静阳所作，据说被镌刻在高顶寨住宅的大门上，只是早已不存。据信这是他自己所撰的长联："德地冠群峰，四面云山，归来眼底，凭栏远眺，喜茫茫，兴趣无边，待老夫，轻裘缓带，与诸公春游夏赏，秋咏冬吟，逸养林中，消磨岁月；抚躬思众寨，万家忧乐，注到心头，把酒临风，欣酿酿，少长咸集，叫儿辈，佩剑枕戈，偕多士东荡西除，南征北剿，效忠壶外，整顿乾坤。"① 如果算不上四川第一长联，也是内江第一长联。显然这是一副精心构思、反复推敲之作。民间传说孙静阳是清代皇室名医，但其生平经历已经不可确考。有人说他是越溪新桥村人，时常外出行医，因了不得的民间医术被请入皇宫做了御医。他一生中发生了许多奇事，在中国南北各地流传，名气就越来越大。年纪大了以后，回到老家附近的高顶寨筑屋定居。当地流传着他的许多传奇故事，从中可以看出他是清末的民间医生，为当地老百姓医治怪病，颇有名声。我所见这副长联已经有标点，当然有的还可以合并，如果断句太短，则会过于零碎。可以有如下调整："德地冠群峰，四面云山归来眼底，凭栏远眺，喜茫茫，兴趣无边，待老夫轻裘缓带，与诸公春游夏赏秋咏冬吟，逸养林中消磨岁月；抚躬思众寨，万家忧乐注到心头，把酒临风，欣酿酿，少长咸集，叫儿辈佩剑枕戈，偕多士东荡西除南征北剿，效忠壶外整顿乾坤。"所谓"德地"，当然是指高顶寨之高处，也就是他所隐居的地方；而为何称为"德地"，也许是自我期许吧。所谓"儿辈"，说明他云游外地多年，儿孙满堂，因年老才回到了家乡隐居。"逸养林中"，就是他此生的兴趣之所在也。根据我的实地考察，高顶寨山高林密，但顶上平整，宽数千亩。孙静阳的大屋，面向盘家沟方向；屋前有一水池，呈长方形，比较阔大。所谓"众寨"，是指高顶寨之周边，还有向家寨、雷家寨、凤凰寨、人寨、石牛寨之类的，共有数十座之多。据说这些高大的古寨在抗击蒙古军队的战争中，曾经发挥了重要作用。所谓"壶外"，是指太行山口之外，表达自己愿意为了国家的存亡而出征关外，救民于水火的宏大志向。《左传》哀公四年（前491年），齐"国夏伐晋，取壶口"，所谓"壶口"，亦即此关，在今山西黎城县东北太行山口。这副对联，内涵丰富深厚，容量可观，相当于一首完整的诗词。自称"老夫"的孙静阳先生，他是在什么背景之下移居高顶寨，现在已经不得而知；他之所以要居住此地，显然是经过周密考虑的。可能一方面是为了隐居，另一方面是不忘责

---

① 威远县老年书画研究会、内江市诗词楹联学会威远分会编《威远县古今对联辑》，《清溪浪花》第8期，华夏出版社，2011，第35页。

任，有报效国家和人民之志。这副对联真实地反映了他作为知识分子的心性，全面地反映了一位名医人到老年而不忘家国的心境。对联的思想情感，与苏轼在山东密州时的心境有相通之处。在他的思想中，既有儒家的观念，也有道家的情怀，一位名医在人生的晚年所具有的全部心态，全部的情怀，全部的志向，全部的情操，都于此得到了表达。一方面有从小开始的家国之志，另一方面又不得不隐居高山；一方面是自我人生的实现，另一方面又只有把希望寄托在儿孙身上。可见孙静阳的思想情感是丰富与复杂的，本质上还是一个古代的知识分子，一个受传统思想影响的地方文人。所以在他的身上，儒家和道家的情怀兼具，现在与未来的思想都有，伦理思想是一种复杂的存在，并且达到了很高的境界。

# 九

越溪及其周边的八副对联，是越溪地区地方文化的重要载体，是当地人文心性的艺术表现，也是中国传统文化的重要组成部分。首先，越溪是处于成都以南一百公里左右的俩母山区之乡镇，古称铁山，早在古蜀国时期就是重要的盐铁出产地。先秦时期，秦政权已经在这一带设立完整的地方政府，行使有效的管辖权力。因此，相信这一地区已经有比较发达的古蜀文化存在，只是没有完整地保存下来。然而，成都以北的三星堆遗址和成都市郊的金沙遗址，也可以间接地证明其古文化的存在。此地离成都以南的古华阳国，大约也只有七十公里的距离。其次，大概产生于元代以后各个时代的这些对联，在思想和艺术上都很有特点，与中原地区的民间文化是完全一致和基本相通的，几乎没有少数民族文化的特点。不过，与中原地区民间文化相比，无论是其中反映的思想观念，还是其采用的艺术形式，都是一种独立的创构。在伦理思想与伦理观念上，还是以儒家为主、道家为辅，佛家也有一些重要的影响。因此，这些对联所表现的伦理还具有鲜明的杂糅性，体现了中国西南地区文化交融与文化共生的特点。最后，这些对联所代表的还是当地的民间文化，许多对联都没有留下作者的名字，即使如孙静阳和吴绍游，是有名有姓的当地诗人，然而他们所处的依然是民间环境，没有进入中国文化的主流。所以他们的作品与那些无名无姓的对联作品一样，所表现的依然是当地民间的伦理观念和伦理思想。

可以看出，这一地区的民间对联达到了比较高的思想和艺术水平。当然，不是说越溪地区及其周边的所有对联都达到了这样的水平，绝大部分作品停留于地方文化的水平。最为重要的是，这些对联体现了居住在这一地区的人们所具有的伦理观念的真实状态，并且在艺术表现上达到了很高的水平。从这些对联的内容来看，表达的主要还是儒家思想和道家思想，佛家思想的影响虽然也有一些，总体上还是相对弱小；道家的思想也是大量存在的，然而似乎没有得到很好的发展。占主导地位与发生重大意义的，还是中国传统文化中本有的儒家思想。并且我们基本上可以断定，八副对联多半是在"湖广填四川"移民发生之后，由移民及其后代文人所创作的，正因如此，对联所表现的文化色彩就与长江中下游地区的文化基本一致。从其所表现的内容而言，似乎没有一副对联是更为古老的，是由移民发生之前的四川本地人所撰。中国历史总是处于不断的大变动之中，四川地区的人口变动也不例外。西晋之时，李雄踞四川，引入大量僚人，至今还有许多"蛮子洞"遗迹。① 然而，他们何时消失于何处？历史上对此没有明确的记载。八副对联显然是汉民族的产物，对于山水的信仰，对于神灵的崇拜，表现出一种唯物主义思想，具有比较深厚的风水观念。

越溪八副对联伦理内涵的实现方式也是多种多样的，主要还是通过自我、反讽、移位和自创情境的方式实现的。首先，许多对联都有"我"的存在，以"我"的方式进行叙事和抒情，并且突出了自我的形象。如前三副对联中都有"我"的出现，只不过"我"是菩萨的现身而已，并不只是对联的作者。在孙静阳和吴绍游的对联中，虽然并不一定出现"我"的字样，然而无处不有"我"存在，这个"我"就是对联的作者本人。当然在有的对联如梅子坝幸坤彩的墓联中，表面上只是客观的表述，其实背后还是有"我"的存在的，这个"我"也是对联的隐含作者。"我"总是会有自己的思想与情感，有自己的立场和观念，并且许多都是与儒道伦理相关的思想与情感。其次，反讽是这些对联主要的表现方式，特别是在前三副对联中，主人公以菩萨身份说话，并且直接对信众讲话，把自我当成了反讽的对象，并且让自己处于不利的位置，成为中国古代文学作品的一大景

---

① 参见吴岳辉《铁山僚（獠）及文化》，见吴岳辉编著《情系穿窿》，2019年，自印。

观。再次，是神与人之间的结构关系被打破，神灵不再是灵神，而人却仍然是人。在前三副对联中，所敬之神似乎下到了人群之中，以普通人的身份与来者进行对话，生动形象，趣味盎然，成为中国自古以来少有的佳联。神自说自话的对联在其他地方也是有的，然而如越溪前三副对联那样，让自我的感情与思想与人相通，让前来朝觐的人感到莫名其妙，心灵受到前所未有的震动，也许是罕见的。最后，所谓自创情境，就是对联的作者通过对自我生活环境的描写，创设一种特殊的情境，以表现自我的生活情趣和思想倾向，从而表达自己的伦理诉求。孙静阳和吴绍游的长联，真切地表现了抒情主人的胸怀和志趣，以对于自然山水的细微写照，保存了那个时代文人士子的生活形态和精神状态。之所以有如此高的评价，并不只是因为对联完整地表现了他们的志趣，同时也是因为在艺术上有诸多的讲究，并且在内容和形式上得到了高度的统一。中国古代对联数量巨大，可以肯定的是大多数对联都是伦理思想的表达，特别是与民众的民俗生活相关的对联，门联和墓联、挽联和喜联，以至于所有的与民间红白喜事、宗教仪式、工程的开工与仪式相关的对联，几乎都是伦理事件和伦理情感的产物。同时，对联这样的艺术形式，也特别长于表现这样的情感和故事，以一种相对性的结构与自然山水联系起来，与人们本有的汉字思维贯通起来，让对联在中国的社会生活中发挥至关重要的作用。通过对越溪八副对联的分析与讨论，我们完全可以得出这样的结论。

最后，让我们以越溪西邻观音滩镇骑龙坳村古观音庙佛龛联作为本文的结束："红光叠叠凝佛面，清气层层现婆心。"横额为"九万祥云"。[①]上下联是对此地的山形奇石的一种描写，同时也表现了对古佛之心的一种景仰；横额的"九万祥云"，则多半是对骑龙坳之日出景象的一种比喻。此联也可以作为越溪及其周边古老传统文化的真实写照。天下穹窿腹地的越溪地区，几乎所有的地形都是方山台地，而在方山或台地之下，却有着二到四层裸露的岩石，至少在我的老家是存在大岩、二岩和幺岩这样的区分，而每一层岩石却都是不一样的存在。经过万载风雨雷电的侵蚀之后，形成了世界上少有的地质奇观，五彩缤纷的岩石本身就是世间珍品，再加

---

① 参见陈廷德《骑龙坳古观音佛龛联》，2017 年 9 月记录，未正式发表。

上历代所保留下来以对联为主体的石刻，就更是成为人世间之重要宝藏。而这些分布在广阔山地间的艺术瑰宝，基本上没有经过全面调研与整理而向世人展示，像越溪八副对联之类的艺术作品，我们还不知道有多少。因此，希望我们可以有计划地进行全面的田野考察，以求得最大限度的了解与认识。到了那时，我们才能够说成都以南俩母山地区，是中国古老文化的一个缩影，是博大西蜀文明的一面镜子。

（说明：此文的写作得到了中国社会科学院文学研究所范子烨先生的指点，同时也得到了威远县政协陈廷德先生的帮助，在此表示衷心的感谢！）

# 楹联文学对佛教文化精神的传播与佛教思想的人间化

骆锦芳[*]

**内容提要** 佛教思想在中国的有效传播和影响，与寺院的建立和繁荣有直接的关系。寺院的建立，使僧众有了托身的空间和修行说法的场地；寺院的繁荣，使民众有了信仰寄托的对象；寺院廊柱的楹联，画龙点睛，将高深的佛理与人生的体悟结合在一起，将佛教的思想人间化，使之深入人心，得到广泛的传播与接受。因此，楹联文学因佛寺庙宇的建立而获得广阔的发展空间；佛寺庙宇的建设，因楹联文学的创作而推动了佛教思想文化的人间化。

**关键词** 楹联文学 文化传播 佛教思想人间化

佛教文化与精神在中国的传播，得力于其宗教文化传播基地的建立，通过寺庙的建立，形成宗教文化氛围，凝聚宗教文化精神。同时，寺庙的建设，往往选择风景佳丽之地，使风景自然之美助宗教文化之精神；同时以助修行者清修。宗教圣地，为楹联的创作提供了广阔的空间，也使楹联文学获得了独特的艺术内涵和艺术表现的深度。同时，宗教的精神，高深的哲理，独特的体悟，别致的生活方式与追求，也通过楹联艺术的形式，得到了广泛的传播，并使之人间化，为人们所广泛地理解接受并成就了大众的宗教情怀。因此，它们互为体用，互相生发，造就了一种独特的宗教

---

\* 〔作者简介〕骆锦芳，1965 年生，云南陆良人。云南师范大学古代文学与文献研究中心主任，教授。研究方向：中国古代文学、书法艺术。

文化景观。

## 一  楹联文学与佛教文化精神的传播与转化

佛教大致在东汉明帝时传入中国，在魏晋南北朝时期，随着儒道佛的互相吸收对话与互渗，佛教不仅站稳了脚跟，而且在中国文化中占据了重要的地位，成为中国思想的重要组成部分，对士大夫和民间社会产生了重要的影响。楹联文学是佛教思想传播的独特方式和载体。

佛教讲众生平等，所以要爱生、护生、惜生，有平等觉，成善知识；佛教讲三界皆苦，要通过修行"跳出三界外，不在五行中"，达到对生死轮回之苦的解脱，从而往生西方极乐世界。但如何从此岸通向彼岸，就要去经历、去承受、去修行甚至苦行。出家就是修行成佛通向彼岸的道路。但苦行或出家也不一定就能得到解脱，往生西方极乐世界。因为每个人都有自己的缘，都有自己的因果；还有各人体悟的进境与利钝不同，修行之路亦不同，因此要通过不同的路径去践行它。所谓"勤修戒定慧，戒除贪嗔痴"。放下名利识见，放下我执，达于解脱，把握自我的根性。中国禅宗则认为人人皆有佛性；佛不在彼岸，就在此岸；即心即佛，当下顿悟，明心见性；人只要觉悟，就能达到佛的境界。就修行方式和修行的目的说，小乘佛教讲自度，自己修行，自己得于解脱，达于极乐；大乘佛教则讲自度度人，并落实到普度众生，一人之修行，担荷人类之罪恶，所以具大慈大悲的精神，要慈航普度，所以佛是救人们于苦难的。佛度有缘人，但最终要靠人自度。这就是觉，要有觉，缘觉，自觉，觉悟。没有觉悟，佛也帮不了你！我们现在讲共产主义觉悟的"觉悟"，就是从佛教思想中借来的词语。在佛教寺庙楹联中，许多作品对佛教的精神都有很好的体现。当然，由于联家对佛家思想的体证层次不同，对佛教宗派的辨析不同，在写作中虽然说的是佛教的精神，或者自己对佛教教义的理解，但是否就可以用在其地，还是值得进一步推敲的。如云南西双版纳曼听公园总佛寺联：

念得真经，普救东方众生；
终成正果，报偿西土如来。

宣扬的是佛教众生平等的精神，认为通过修习真经，通过自己修炼，普度众生；一旦修成正果，就可以报答西天如来，也就是佛祖。当然，联中说"念得真经，普救东方众生"，普救东方众生是没有问题，那西方就不救了？而且，既然讲"普度"，那就没有东方西方之分，不然就很矛盾；进一步说，"普度"也非小乘之教义。西双版纳总佛寺是小乘佛教的总佛寺，此联所写"普救"则是大乘义，因此其义难通，至少是隔了；退一步说，就是从大乘的精神来看，似乎又未将大乘义参透。可见体悟佛教思想表现之不易。下联讲"终成正果，报偿西土如来"，意思很好，与上联当对。但佛教讲因果报应，是讲世间人的行为与修为。佛不在因果之中，佛不在三界轮回之内，所以无所谓报应，更无须"报偿"！所以，如果仔细分辨，还是未得觉解。因此，一副对联不仅是对句写得合乎要求，意思表达差不多就可以了，它还要与题写对象的精神文化内涵相贴合才可。我们自己在创作中也是这样，往往表面看来很好的自己很满意的文字，如果细细推敲，也还有值得去精益求精加以进一步完善的地方。再看西双版纳总佛寺另一联曰：

灵土路道难，立稳脚跟登彼岸；
苦海风波险，放平心地驾慈航。

主要是讲修行不易，要立稳脚跟，才能登得彼岸；苦海无边，要放平心地，才能渡得劫波。淡淡说来，处处落实，从自己去努力，不作救世主想，正是小乘义理。所以这一联悬挂于此，就很符合其思想与教义。

达摩西来，禅宗传到了中土。自六祖惠能登上历史舞台，标志着中国化的佛教的出现与成熟。禅宗是中国佛教所特有的宗派，其主要特点是不立文字，不重言说，自证于心，即心即佛，不假外求。禅宗思想于宋明时期尤其是明代初年开始在云南得到了广泛的传播，云南大理被称为妙香佛国，滇黔佛教文化兴盛，寺庙众多，各种宗派都得以发展，在中国佛教文化的传播史上产生了重要的影响，具有显赫的地位。在云南名胜古迹的楹联作品中，有关佛教和佛教文化的作品可谓汗牛充栋，数量几乎占了现有楹联作品的一大半。从我们所选录注释的云南古今楹联作品中也可见出这样一个特点。

譬如云南楚雄黑井正觉禅寺的一系列对联：

> 祥风吹万；
> 和神当春。

黑井是明清云南著名的井盐盐矿产区，虽然地方不很开阔，处在高山峻岭之中，但因为盐矿在当时人们生活和社会经济中的重要地位，成为盐商集聚、宗教文化繁荣的重要地区。在一个狭小的谷地，佛教寺庙就有十余所。随着经济文化的发展，牌楼牌坊宗庙祠堂亦众多，戏台、私家大院中也不乏水平较高的楹联作品点缀其间。该联是寺庙联，但"祥风吹万；和神当春"的联句表现了人们对祥和气氛的向往，联首暗嵌"祥和"二字。也是商人和气生财的思想的体现。可见宗教文化与人们现实的思想和追求的关系。再如：

> 万籁无声，花径不曾缘客扫；
> 春山如笑，石头常有老僧敲。

"花径不曾缘客扫"，是前人的旧句，用在此处，正见山幽僧古寺静，也是人生情怀的展现；"石头常有老僧敲"，正见此地自然万物之灵性，石头有灵，故老僧敲来，似有语似无语，似有理似无理，展现了无理而妙的佳境。万籁无声是静谧的，春山如笑是活泼泼的。又如：

> 万类集合三生外；
> 春色繁华一梦中。

由生而悟无生，由色而悟空，终觉繁华一梦。外生死，觉空无，知命不忧，达于平静，忘怀得失，超越尘凡。借佛缘而抒发人生的觉解。再如：

我从鹫岭来，把酒高歌，四壁云山供啸傲；

君向凤岗住，拈花微笑，一亭风月聚精神。

啸傲山水，把酒高歌；四壁云山，一亭风月；佛我往还，拈花微笑，皆是禅家妙境。在商海浮沉、物欲横流中偶对自然，亦可体会禅家的自在超脱，达于人生的解悟与空明。

大理古称妙香国，佛教文化的浸染处处可见。笔者曾与大理鄢锦荣、史红兵诸先生多次游历苍山洱海，遍历诸名山胜刹，流连风景，叩拜寺僧，瞻仰古迹，其乐融融，并曾于崇圣寺戏撰一联曰：

点苍山鸡足山巍宝山石宝山山山皆晋佛；

感通寺大觉寺祝圣寺崇圣寺寺寺可传衣。

山皆名山，寺为古寺；水皆胜水，僧为高僧。苍洱映辉，三塔永镇；金顶焕彩，迦叶传衣。在这样一个充满佛教文化氛围的地方，楹联文化、楹联艺术之美可谓美不胜收。通过楹联艺术，可以使我们徜徉于佛教文化独特的氛围中，获得精神的陶养。这些楹联，并非只是简单的宗教迷信，而是充分体现了历代文人与高僧大德的精神境界与修养体悟，充满丰富的生命精神与艺术趣味。先从近的说，如徐悲鸿先生抗日战争时期，到东南亚举行画展，为抗战募集经费，经过云南，游览大理，不仅画了著名的鸡足山象征的雄鸡图，而且在大理清碧溪三潭题联曰：

乞食妙香国；

销魂清碧溪。

清碧溪在苍山马龙峰与圣应峰之间的溪谷中，是苍山十八溪之一。溪水淙淙，流淌不息，并于山间汇为三个小池。绿树青山间，池水凝碧，故称清碧溪。作者说自己流连于妙香佛国的山光水色中，得到了朋友们的盛情款待；清碧溪池水凝碧，令人销魂。徐悲鸿对大理山水人情的沉醉与赞美之情，溢于言表。妙香佛国，给了他独特的启示，转化为创作的灵感。说到这里，想起我与朋友们畅游大理的情景，曾为诗寄友人曰："吾尝乞食妙香国，至今尚欠酒债多；听僧闲话暂忘机，流连山水失魂魄！"情景何其仿佛也，不自觉化用徐悲鸿典故。再看近代剑川赵藩鸡足山弥勒殿联曰：

> 天王人王平等观，安用五体投地；
> 出世入世随宜过，本可一笑付之。

这是将佛教的平等思想与近代平等思想结合的典范。佛教讲平等观，就是要没有差别心，平等观世，等视众生。当然，佛教讲等视众生，还是有一个高高在上的神，并非现代法制前提下的民主与自由基础上的人人平等的思想。但联家巧妙地将之打为一炉，表现了一种新的对宗教信仰的认识。既然众生平等，那么天王、地王、人王皆可作平等观，因此用不着五体投地，顶礼膜拜。天、地、人是完整的表达，儒家谓之三才，佛家谓之世界。这里因为对句的要求，作者只说天王、人王，举以概之。下联说：出世入世，各随其份，各自方便，不必执着，其间之争执，那就一笑置之，将它放下。放下就是解脱，放下就是悟境。作者在反问和感叹句式的运用中，强化了近代民主思想背景下的佛教的人间化思想，很有意思。再看近人梁启超的鸡足山石刻对联：

> 寿颂南山瑶池瑞；
> 樽闻北海蓬莱春。

寿颂南山，就是寿比南山；瑶池，昆仑山高山雪水所聚而成的高山湖泊，传说是西王母所在之地。樽，贮酒器，此指樽酒。北海，冥海也。蓬莱，海上三神山之一。这是近代著名文人梁启超的作品。一般说这是赞美鸡足山，以瑶池和蓬莱为喻，写鸡足山瑞气升腾，祥云回护，佛光永驻。又说是颂鸡足山寿比南山，天长地久；仙人们欢饮的玉液琼浆，香味弥漫，声名传到了北海。这样理解当然也可。但是见物不见人，见山不见门，到山未遇僧，总是让人觉得尚有隔膜，未能搔到痒处。而且明明说寿颂南山，南山当然不是鸡足山。有的说是用终南山比鸡足山，那完全是多余的、没有意义的用喻用典。所用典故又多是与道家思想渊源相关的。梁启超一代学术名家，焉能如此草草。所以就要问梁启超是在什么情景下，为什么、为谁而写的。这就要说到一代佛学大师虚云老和尚。虚云大师世寿108岁，是鸡足山弘法史上的重要人物，在近代佛教界有重要影响。其声名广被海内外，在东南亚影响尤甚。其时海内许多名士高人与之往还，他广开道场，其说法往往成为一时的盛事。由此提升了鸡足山在近代佛教界的地位。当时孙中山先生亦为之题词，其他名家就更多。因此，如果是为虚云大师祝寿之作，该联的意思就很显豁了。说大师寿比南山，瑶池亦为之添瑞；祝寿的樽酒啊，香闻北海，蓬莱亦为之生春。

佛教讲万法唯心，法由心生，心是万物的根源，天地万物乃心所幻。万法唯识，有识故有苦。因此要觉悟才能超脱。要明了：诸行无常，诸法无我，诸行皆苦，一切法空，只有涅槃寂静，不生不死，超脱一切，才能进入大觉的境界。且看佚名的鸡足山大觉寺联：

> 法海独无生，无生自因无住；
> 迷津谁大觉，大觉由来大雄。

法海，法之海，即宇宙万物；无生，佛教所谓无生法，认为世间一切现象，本质都是无生，因为一切皆空，生是幻象，无生才是本真的状态；无住，佛教认为，万物流变不居，事物的生灭、认识的有无都在无常的状态，住是幻象，无住才是本质；迷津，使人迷惑的渡口；大觉，即大彻大悟；大雄，佛之德号，因为佛有十种非凡的法力，雄大无比，故谓大雄。这里正是为人们宣扬佛家的妙理，大觉的真言。上联说：宇宙茫茫，本无所谓生；万物无生，因为生亦无住；一切无常，生只是幻象；要放下生，放下幻象，才能放下生死之苦，脱离无边苦海。下联下一棒喝：迷途中的人们啊，谁能大彻大悟呢！要大彻大悟啊，从来都要大雄的指引。悟到无住，自明无生；能解大觉，自是大雄。由此演绎了大觉寺大觉的精神，也是人生觉解的体现。再看大觉寺另一佚名联曰：

> 眉毛上无边刹海；

衣袖里尽藏虚空。

此联写出法无所不在，佛法无边，眉毛上就是法的无限的体现，就是宽广如海的佛国；衣袖里装下了整个世界，中土亦有所谓袖里乾坤。虚空就是世界，因为法本无生，世间万物缘生缘灭，生灭皆在刹那，一切本无，何来实体，故谓虚空。在对比夸张中，以小见大，展现了佛法无边的思想。大觉寺虽然已毁于动乱之中，但大觉寺的楹联，依然将佛教的思想与精神广泛地传播着，对人们进行精神指引。再看明代进士王元翰的鸡足山传衣寺楹联：

花为传心开锦绣；
松知护法作虬龙。

王元翰，字伯举，明代宁州人，万历进士，由庶吉士历二科给事中，以清议著称。传衣寺是鸡足山的重要寺庙，是大迦叶的道场，有很多相关的传说，上联说的是佛祖捻花，迦叶微笑的典故，说花为传心而开，一片锦绣灿烂；无限喜悦中，展现无边的佛法。下联说，鸡足山的松树形如虬龙，枝叶披展，盘旋屈曲，似乎明白自己在护持佛法。龙为八部众之一，又称天龙八部，是佛教的护法。在佛教传说中，龙因佛的教诲，守护佛法，为吉祥与威严的象征。花开锦绣，松作虬龙，写出鸡足山的风景之美，自然之奇；但佛地的花树，别有性灵、别有精神，是传心之花，是护法之龙。因此就获得了丰富的象征性、启示性。明代地理学家罗汝芳也有一联，题于传衣寺大门。联曰：

峰影遥看云盖结；
松涛静听海潮生。

楹联从视听两方面出发，写鸡足山风景的独特。在茫茫的原始森林的环绕中，独立苍茫，遥看峰影层叠，奇峰入云，那翻腾的云海，变幻游走，最后成为一派混茫，犹如结成了极大的云盖；而松涛阵阵，凝神静听，犹如海潮阵阵，澎湃奔腾而来。整联视野开阔，动静相生，所见所闻，别具神采。峰影遥看是见到，是在看，是遥看峰影；松涛静听是领悟，是出神，是静听海潮音。看尚立根于现实，听已游心于物外。海潮生时得闻海潮声也；海潮声者，海潮音也；海潮音，喻佛法广大无边也。所以象征听松涛之声而悟佛法也。徐霞客于游记中曾谓："涛、潮二字连用，不免叠床之病，何不以'声'字易'涛'字乎？"表面有理，其实是隔了。因为从对句的意义上说，虽然"声"与"影"更能成对，但从精神内涵上说，正是松涛引出海潮。"松涛"是实景，"海潮生"乃想象，是虚写，是象征，是佛法的活泼泼的状态，是由文字而超越文字的觉的境界。

佛法的阐释，人生的觉解，各有各的方式，各有各的路径，因为各人的人生之路是不同的，各人悟道的途径也因人而异。但只要有觉悟，有体证，放得下，收得拢，都不妨是对佛的精神的贴近。下面看担当和尚的鸡足山悉坛寺联：

> 以端坐为须弥，放下的便是；
> 以明日为来世，已过者不留。

这是对佛的精神的阐释，也是人生的觉解的体现。禅宗讲顿悟，见性明心，即心即佛，当下解脱，便是彼岸，便是佛地。因此，只要心放下了，哪怕只是端坐静思的刹那，须弥山就在眼前；过往的日子、过往的一切，苦也罢，乐也罢，不再去想，把明天就作来世，那么今天，今天的觉，今天的修行，就是明天的福。诚所谓纳须弥于芥子，拟未来如过往，体三生而悟今日。悉坛寺在祝圣寺右侧，出大门右转过小竹林即是。寺建于明初，谪滇诗人杨升庵和旅行家徐霞客皆在此住过。联在悉坛寺禅堂前。对联语言通俗明白，毫无做作，对于诗家而为和尚的担当，是连语言的"障"也一起放下了。因为放下，特又警策生动，是大觉解！再看大错和尚的悉坛寺联：

> 有法不知染；
> 无言谁当酬。

该联从有无二字着眼，展现禅家的体悟功夫。"有"是存在，是现实，是实有。但有的存在还有"法有"，故谓"有法"。有法是有，但有了"法"，有了禅家的"妙有"，就可一尘不染。无染故无苦，无染故能了，了了故清静，清静为法身。所以禅宗的精神与彻悟，并非空宗的"空"或空无、空寂，是有，是活泼泼的。"无"是非有，是空，空非真空，因说"无言"；然而无言，故无法，有法无法；无言则自体、自觉、自悟。自悟自觉，何师何法？因无我执，更无法执。无法执，故不知当酬谢谁也！十字真言，尽得禅家妙谛。也见得钱邦芑（大错）独特的人生体验。

大错和尚是一位在明清易代之际经历了极大的人生磨难的爱国者。大错俗姓钱，名邦芑，字开少，丹徒人。明亡后入闽，追随隆武抗清，以选贡擢监察御史；后又奔粤，投奔永历抗清，任四川巡抚。孙可望入黔，欲以秦王自封，遭其疏劾。孙可望强逼其依附，坚拒不从，遂隐居乡间，十三次严拒来使。顺治十一年，再次为孙可望所迫，因削发为僧。写下了"一杖横担日月间，山奔海立问前程。任他霹雳眉边过，谈笑依然不转睛"的偈子，表达不屈的精神与淡定的情怀。在削发次日即被械押赴黔，途中逃脱，奔走腾越，后驻鸡足山修行。永历帝被吴三桂缢死于昆明后，大错又痛哭出山。晚年托身于湖南衡山，有《蕉书残明纪事》《梅柳诗百咏》《大错和尚遗集》等传世。由此观之，其"有法不知染；无言谁当酬"的联语中，当别有寄托。因为这里的解悟是经历了生死磨难的大悲痛后的彻悟，是仁人志士血泪斑斑的血性的消磨。因此在大错的宁静与淡定中实别有沉痛！

## 二 武定狮子山正续寺楹联与一个王朝的诗性想象

现在说说云南武定狮子山的正续寺楹联，以及楹联文学中的一个王朝的背影。

狮子山在云南楚雄武定县城西南，山势雄奇峭拔，状如蹲狮。山上古木参天，流泉淙淙，风景秀丽，丛林隐约其间，时常云雾缭绕，一如仙都。冬则温暖，夏则清凉，四季花开，牡丹争艳，山茶斗奇，兰桂传芳。正续寺就建于狮子山的主峰下，从山门到大殿，逐步升高，颇具气象。狮子山正续禅寺始建于元代，但明清时代继续扩建，使之成为著名的佛教丛林，则源于一段历史、一个传说。明代朱元璋因长子早死，死后传位于长孙朱允炆，改年号为建文。建文帝深感诸王拥兵自重，威胁皇权，欲要削藩，朱元璋四子燕王朱棣以"清君侧"为名，兴兵"靖难"，于建文四年六月十三日攻入南京，夺取皇位，第二年改号永乐，史称明成祖。燕王朱棣与建文皇帝兵刃相见，燕王抢得了江山，但始终未见建文帝的影子。民间传说建文帝是避难到了云南，在狮子山削发为僧，以躲避燕王的追捕与迫害。因为这传说，使狮子山和建文帝皆染上了一层神秘的色彩，引起人们丰富的想象和对历史的沉思。因为这个传说的渲染，人们同情建文帝，对朱棣的倒行逆施很不以为然，所以更希望这是真的。而历史上，封建统治者的争权夺利，家人父子之间的残酷争斗，更使人们对权势利禄有了很高的警惕。狮子山正续寺的楹联，因此成为这样一种对帝王君臣、家人父子的本质进行思考的典型，从而获得了对历史的洞见，表达了对人生荣辱、功名富贵的思考与超越。并在这种超越中去体证人生的本质与佛的包容精神。而这一方土地能庇护这样一位历史的失败者，也正是佛的精神的显现。当历史的尘埃落定，成与毁、胜与败都不足道了，因为一切已经消散，一切都成为过往烟云。只留下一抔黄土。青山依旧，绿水长流，人生无穷，个人渺小。帝也罢，僧也罢，皆无人记省，空留下无数谈资供后人追忆。且看清代赵世锡所题正续寺前石牌坊楹联：

> 山藏龙伏隐高峰，永作滇云盛事；
> 天遣狮蹲留宝地，祥钟罗婺灵源。

联中说，狮子山藏龙卧虎，真龙天子也栖隐于高峰之上，虽然潜龙无用于世，但可永作滇中历史的盛事，不绝传扬；上天遣来狮子，蹲伏在此一方宝地，是祥瑞钟情于这罗婺部族发源的灵异之区。龙伏，曲写建文帝潜隐于狮子山的传说。一个人，一段传说，平添多少佳话。再看佚名所题正续寺大雄宝殿联：

> 叔误景隆军，一片婆心原是佛；
> 祖兴皇觉寺，再传天子复为僧。

　　该联为光绪庚子年武定直隶州事左肇南与武定邑绅刘光裕所立，撰人不详。联语颇有历史兴亡的感慨和历史循环中对佛教思想的辩证。景隆即李景隆，建文帝朱允炆派征虏大将军李景隆率兵五十万与燕王的"靖难军"作战，景隆军屡战屡败，损兵折将，只剩十万残部退守南京，众臣力主杀景隆以励军心，建文不听，反而重用景隆，燕王兵临城下，景隆开门迎降，南京陷落，建文帝下落不明，留下一段公案。"叔误景隆军"的"误"，乃"使之误"的意思。其实不是"误"，而是"败"，是"打败"。是燕王的靖难军打败了景隆军。但说"误"，是为尊者讳。景隆兵败，建文帝不加责罚追究，反而重用，在我们看来，当然是失误，是用人不当，是妇人之仁。但联中说，那不是不懂用兵遣将，而是一片婆心，是具佛的大慈悲心的体现；下联说祖父朱元璋的帝业是从皇觉寺开始的，因为朱元璋曾于皇觉寺削发为僧。天子的尊位再传到了建文帝，这再传天子却重新做了和尚。这也许就是因缘，也许是佛的精神的牵引。和尚做皇帝，皇帝做和尚，不知谁是皇帝谁是和尚，那就随缘吧。联中为建文帝的用人不当曲为回护，并称扬他婆心即佛性，把一切归于因缘，是一种平静，放下了历史纷争的血腥；但更重要的是对建文帝仁爱之心的肯定和对其失国的同情，巧妙地鞭笞了燕王朱棣暴力篡弑的行径。再看金澄为武定知府时所题正续寺大殿后藏经楼联：

　　　　僧为帝，帝亦为僧，数十载衣钵相传，正觉依然皇觉旧；
　　　　叔负侄，侄不负叔，八百里芒鞋徒步，狮山更比燕山高。

　　藏经楼是按皇宫格式建造的宫殿式建筑，楼下有双手合十的建文帝造像，祀建文，故称惠帝祠阁。朱元璋幼年削发于凤阳皇觉寺，后投身元末农民起义，成为军事统帅，建立大明王朝，建都南京，成为明朝开国皇帝。其后朱元璋的长子早逝，其长孙朱允炆在朱元璋死后继承帝位，改年号为建文（乾隆时追谥为恭闵惠帝，因称明惠帝），但不过四年，在血雨腥风中终于还是做了和尚。数十载、多少事，是传帝位还是传衣钵袈裟？那参佛的正觉是否依然是祖父朱元璋当年的皇觉旧梦呢？叔叔燕王朱棣夺取了帝位，有负于侄子建文；那两军对阵中还下令不要伤害燕王的建文没有对不起叔叔的地方，却落得芒鞋徒步，八百里奔走入滇，出家狮子山；那狮子山更比燕山高啊！正觉依然皇觉旧，是佛的觉解与叩问；狮山更比燕山高，是通过象征的手法，评说出家为僧，获得解脱，充满佛性的建文，要远远超过在北京称帝的永乐皇帝。放下对联语中体现的佛教的循环论和唯心论的评判，我们可以看到，作者在对僧与帝、叔与侄、家人父子、皇权帝位的评述中，充满了历史的批判精神；顶针格修辞手法的运用，更增强了作品的节奏感与感染力，显得凝练生动，警醒深刻，读来令人印象强烈，充满对这段历史的无限追怀。再看武定知州宕梁艮的正续寺大雄宝殿楹联：

　　　　此间访明惠行踪，看古树凌霄，潭澄印月，独辟法门净域，游戏乾坤；千载溯遗辉，应不让天际冥鸿，山深野鹤；

　　　　其地本仙灵窟宅，想盘头横径，卦石列阶，都是鬼设神施，包罗相数；三生参惠业，正借有流泉洗耳，层云荡胸。

　　这是光绪癸卯年所作的楹联。上联讲来此间访寻明惠帝的遗踪，看到的是松柏森森，古木参天，而清清潭水，将一轮明月印于潭中，真是独自开辟了法门的无限净土，优游其间，无限自在。追溯千载历史的遗辉，神思飞越，应当不下那天际高飞的鸿鹄与深山中的野鹤啊。下联说此地乃仙家的灵地洞府，想象那横于路径的盘头怪石，那列于阶除的八卦石，应是鬼神的创造，包罗了天地万象的数理；皈依佛祖，用过去、现在、未来三生参修慧业，正可以借这清清流泉，一洗俗耳，用那层层卷舒的行云，涤荡胸襟。该联包蕴丰富，在对历史、人文、自然的描写中，展现了作者丰富的人生体验。景美情美，有超越而不流于空幻；访古迹而不囿于故垒。联后有识曰："州城西南隅，狮山有古兰若一区，世传明建文逊荒于此，手植柏树二，茶花一。今大则十围，小亦逾拱矣。又清池一泓，亦建文所导。天然之盘头石、八卦石，罗列左右，类巧妙之设施焉。"读此可知联中所写事物，皆有来历。同时也可以看到文学创作来源于现实又高于现实的艺术创造的特点。

　　从帝王生涯到寂寞禅林，这是人生最大的变数。能放下如此巨变的创痛，参透世事沧桑的化机，看云起云飞，观优昙花开，悟富贵浮云，得庄严自在，这是何等的觉解！建文帝命运的惨变，引来无数同情的同时，也成为人们彻悟人生功名富贵的契机，一道解悟人生磨难的难题。解开了这道难题，人间的鸡毛蒜皮就不足道了。且看隽水马总眉于宣统二年（1910）所题藏经楼联：

> 沧桑变太奇，可怜一瓶一钵一袈裟，匆匆把君王老了，直到那华发盈头，面目俱非，听夜静钟声，皇觉始归正觉；
> 黄粱梦已醒，回忆走东走西走南北，处处都荆棘丛生，何为这昙花满地，庄严自在，看潭澄月影，帝心默印禅心。

面对如此变数，僧为帝，帝亦为僧，一瓶一钵一袈裟，匆匆之间把君王变老了；忽然间华发满头，面目俱非，在静夜为悠远的钟声惊醒，彻悟禅家的妙境，归于正觉，当年祖父皇觉寺皈依佛门的初愿，方才了了。一旦黄粱梦醒，回头看当年东奔西走，南逃北窜，到处是荆棘丛生，多少险恶！而今这昙花满地，风清月明，何等的自在庄严。那么，就在这佛土的庄严中，闲看潭影移月影，默体帝心印禅心吧！潭心印月，帝心印禅；禅月同彻，帝凡同证。悟到此处，那帝王的事业，自可放下；那尘世的纷争，原不足道。追随者的仓皇，统统归零；绝望时的歌哭，不再挠心。且看宣统二年权州牧马枬的藏经楼楹联：

> 沧海忽成田，那堪君臣师弟，仓皇出奔。综计廿余人中，讳名讳姓，半从半遁，不过几着残棋。闻梵呗之清音，说什么为龙为虎；
> 灵山今有路，回思浙蜀楚黔，踪迹殆遍。总历四十年内，时行时止，或哭或笑，大都一场春梦。听钟声于静夜，却原来是色是空。

江山依旧，兴亡同慨。人生短促，世界永在。诚所谓："帝王将相今何在？只余荒冢令人哀。春梦一场听歌哭，往事回首费疑猜！"（骆锦芳《秋日谒明孝陵有怀》）建文帝的仓皇出逃，只见于文人笔记、野史杂著之中，正史皆无记载。正史要考信，但如能考信，哪还能隐名埋姓，从容出家、参禅悟道？然虽不能考信，人们也宁信其有，不信其无。如此，才不使人怀疑天道之不公；如此，才能寄托人们对建文帝的同情。当时仓皇出奔，追随建文帝出走的人，综计有二十余人。君臣削发隐形，以师兄弟相称。有的隐去姓氏，有的隐去真名，有的随侍建文身边，有的分散隐遁，暗通消息，加以保护。四十年内，其踪迹遍及吴、闽、浙、粤、楚、黔、川、陕、桂等地，或走或停，或哭或笑，败局终于不能挽回，若一局残棋不能收拾。为龙为虎的梦影已在梵呗清音中消歇，沧海桑田的剧变，仓皇出奔的痛苦，隐名埋姓的凶险，追随者的不甘，都已放下。灵山梦回，踪迹幻影；四十年内，歌哭笑骂；春梦初醒，色空谁思？完败之后，顿悟空门；狮山树色，重见青翠；岭头行云，共证慈航。（锦芳案："沧海"，原为"沧桑"，其义稍欠通达，径改之。）当后人驻足狮山的时候，建文帝的故事，只平添了一段佳话，让这里的一切更加充满神奇；而建文帝当年手植的苍翠古柏，不再诉说悲情，只是渲染着风景的佳胜与时间的悠远。且看昆明李长青于民国年间撰书的翠柏亭联：

> 古柏常留苍翠色；
> 小亭先是帝王居。

悠悠岁月，痛苦与觉悟都已经成为往事，建文帝所植古柏郁郁苍翠；那帝王曾行住坐卧的小亭，可供游人小憩片刻。或者还有人缅怀感慨，或者只留下片刻的清凉与逍遥。古树苍翠欲滴，彩云来去自在。显现的是大光明的觉境，再没有了沧海桑田的梦幻泡影。就像住持和尚觉诚光绪癸卯年所撰的楹联所谓：

> 古树巍然参法界；
> 彩云高处近碧霄。

在庄严净土屹立的参天古木，是岁月的见证，是参法悟道者的法身。树是法身，寺是净土，彩云缭绕，殿宇高耸，远离红尘，无限清静。法界如在目前，碧霄正是天宫。对于一般的游客来说，它只是风景，只是名胜，只是一片可以暂息尘机的游憩佳处。那历史的苍凉完全都不在人们的视野乃至想象中了。且看佚名所作正续寺禅院旧联：

> 云过树头拖绿去；
> 客从山外踏青来。

多美的风景，多潇洒的来客。处处是醉人的绿：云从树头经过，拖着一片绿色而去，云也被森森树色染绿了；客从山外，踏青而来，心都被这绿色浸染透了。一去一来，一虚一实，虚实相生，充满画意与诗意，意象空灵，意境清幽，极富美感。这是艺术与审美的观照，这也是人生的真实；这是无我无名的超然境界，这也是盛世的情韵与人间的世味。这一抹绿色，这踏青者的欢畅，将世外的美重新带到我们的世界。使我们玄对山水，顿然放下了那生命中的不能承受之重，从而倾听天籁之音，感受人生的美好。

## 三 佛寺楹联文学之佛性与人性精神的贯通

佛性自是人性，不脱离人生去求，方得圆通之境。人生的主题不能参透，哪能求得解脱的澄明。信众对佛法的参悟，无非是要获得自性的澄明，走出人生的困境。佛寺的楹联文学，以其简易，化繁为简，将人间情味参透，诚如妙峰山德云禅师所谓："不去不来，非他非自。如大圆珠，方方皆是，浑绝上下，了无彼此。如琉璃瓶，盛多芥子，粒粒分明，纤毫不隐。"自在圆通，清静无尘；光明显现，何物困顿。修道何为？将以化生。春花秋月，无非法身。佛教的圆通精神，就是要以空观有，破除名相，自在无碍，无往不达。如昆明圆通寺刘鸿翔大雄宝殿联：

> 圆如满月丽天，靡幽弗显，广照大千世界，觉路同登，休论珠火为眉，青莲作眼，但入选佛场，莫非罗汉；
> 通喻慈航泛海，无往不达，普度亿万众生，菩提共证，系必金花着面，卍字横胸，始知转轮王，即是如来。

　　大千世界，亿万众生，因圆通而得于解脱。刘鸿翱，字次白，山东潍县人。清嘉庆年间进士，道光年间做过云南布政使。罗汉，即阿罗汉，梵名 Arhat。其义有三层解释：一是可以帮人除去生活中一切烦恼；二是可以接受天地间人天供养；三是可以帮人不再受轮回之苦。即杀贼、应供、无生，是佛陀得道弟子修证最高的果位。罗汉者皆身心六根清净，无明烦恼已断（杀贼）。已了脱生死，证入涅槃（无生）。堪受诸人天尊敬供养（应供）。于寿命未尽前，仍住世间。梵行少欲，戒德清净，随缘教化度众。如来，即释迦牟尼佛。释迦牟尼（Sakyamuni，前 565～前 486），本名悉达多，意为"一切义成就者"（旧译"义成"），姓乔达摩（瞿昙）。他是古印度北部迦毗罗卫国（今尼泊尔境内）的王子，属刹帝利种姓。上联说圆，圆就是如日月经天，无所不照；下联说通，通就是慈航普度，无往不达。罗汉如来的境界，就是圆通境界。能圆通共照，众生平等，才能同登觉路，共证菩提，得大乘圆满俱足的觉解。

　　又如云南会泽县的大佛寺联：

　　　　西方贝叶演真经，总不出戒定慧三条法律；
　　　　南海莲花生妙相，也只消闻恩修一味圆通。

　　这种圆通精神就是三观融于一心之中，把世界当作一个整体来看待，认为世间万事万理都是相互联系、相互作用、相互融摄的。要观我观无观世界，修戒定慧，去贪嗔痴，得圆通境。

　　总之，这些与佛教思想有关的楹联，不仅是修道者证道的体悟，对佛法与禅语的体悟，也是对人生的过程与人生境界提升的展现。它可以是文人的精神追寻，可以是高僧大德的生命体证，也可以是一个王朝的背影，是人们对功名富贵、人世权位的超越与淡定。佛的思想、佛的境界、佛教的教义，在楹联文学与文化的阐释与表现中，都虚化为人间的生命体证，而不再是宗教的迷狂，来世的虚妄之求，更不再是对神的敬畏与盲目的崇拜。当然，在云南佛教的楹联中也不乏对佛教精神和高僧大德进行歌颂的，如楚雄大姚妙峰山德云寺对联：

善财诣妙峰直溯道源一日；
祖师开德云流传心印多年。

这是云南省书法家协会会员、当地文化人姚国品所撰的德云寺对联，赞美善财妙峰开悟之山的灵妙、德云祖师心印流传的神奇。还有一联曰："妙心再造古滇圣僧庄严法相；正法重铸德云家风清凉净土。"则是赞美当地的妙峰山住持和尚印严今日光大妙峰山佛教事业的功绩。是善知识，有一定的体会。再如德云寺选佛场门即现地藏殿门联：

进一步乾坤震动；
息万机大地平沉。

宣扬佛法无边，进一步就可使乾坤为之震动；退一步即可使万机全息，大地平沉，是对佛的威力的颂赞。但宗教式的颂赞与顶礼膜拜远不如旧日文人学士、高僧大德对禅的精神体会与证悟的作品有影响力。如妙峰山德云寺普行联：

岭上白云来舒卷；
天边皓月去还来。

就饶有诗意，不执着，大自在。设喻巧妙，形象生动，极富文人精神。是悟道者对众生的开示，更是自我生命的体证。正如妙峰山开山祖师彻庸大师见道偈："转身磕着屋头墙，天根迸出一轮月。"还有他的辞世偈："生亦如此，死亦如此，梦幻空花，随顺常如此。"都很平实，很通俗明畅，但诗意与禅意齐发，悟境与情味俱畅。能看破，有慧心；无挂碍，得妙法。这正是中国佛教生命精神、人文气象的体现。这里再引用德云寺彻庸禅师《与陶工部琪》的《颂》中行、住、坐、卧的偈子，让我们体会禅家的功夫与体证。其"行"曰：

游遍三山五岳，归来屋里洞天。纵饶上方物色，何如此地心田。

当游遍三山五岳归来，自己的屋里才是最好的洞天福地；哪怕上方的风物多么诱人，哪里比得上此地心田的宁静可贵。行万里路寻找佛地洞天，其实佛地洞天就在所居之地；访名山胜刹寻觅佛的真谛，其实佛的真谛就在心间。行万里路，尽游名山，遍访名师，是过程，也是参悟。有了这个行的过程，才有真正的识见，才能见到自家的好处，明白自性的种种真相，放下对他者的执迷。其"住"曰：

孤峰顶上草庐，不属中间内外。身似白云飘缈，心如流水自在。

如何是住？孤峰结庐；如何住得？心无尘杂；身在何处？常住心间。不在中间，也不在内外。结庐孤峰之顶，心无杂念，如自在流水，如缥缈白云，去来自由，毫无挂碍，清静无尘，肉身就不再沉重。有行的过程，行的经验，在行中解悟，自性澄明："山中何所有？岭上多白云。只可自怡悦，不堪持寄君。"人间的名利受想皆放下了，就能"住了"。其"坐"曰：

磐石三生心愿，庵头万古云烟。野性懒从人世，都由此物留连。

磐石原作盘石。如何"坐"来？当心如磐石，如如不动；那庵头飘动的是万古云烟；三生悠悠，然而与万古相对，也不过一瞬，何足挂心！野性自疏，懒与人世往来，更没有见见闻闻，是是非非，名名利利；世俗中人之所以不能解脱，就因为留连此物；若要看得透，"坐"得下，当然就放下便是。能放下，三生心愿可了，名缰利锁可解，自与天地同在。世人坐不住，因为世人总是心动。其"卧"曰：

山色重重梦里，溪声汨汨枕边。欲识玄玄公案，黄粱未熟已前。

如何卧得？山色重重入梦，溪声汨汨在枕。自然而然，放下执着。放不下时，玄理所关，苦欲追寻；放得下时，黄粱梦醒，何意功名？无碍无挂，何卧不瞑！因此，醒得一梦，看得破时，清静自在，才得沉酣甜睡的幸福。世人总是睡不着，总是算计得失，总是挖空心思谋名谋利，患得患失，到头来，天地之大，却无安枕之所；千算万计，最后连自己应得的已得的都要失去。

看彻庸禅师的偈子，可见其"行住坐卧"，皆是修道，皆是自在法身，皆是洞明显豁的悟境，是佛的无数解脱的方便法门。然而对于我们普通人来说，它是对人生的指引，是如何净化心灵，清静无尘，自在自由的路径。能行则行，能住则住，能坐则坐，能卧则卧；行不必名山胜水，住不必高楼大厦，坐不必龙椅软榻，卧不必清宫高枕。千好万好，还是家里好；千住万住，还是自己的茅屋好住；千坐万坐，还是自己的草墩好坐；千睡万睡，还是自己的硬床好睡。关键是心灵要能安顿下来。这是禅的接引，也是人生的指引。使普通人也能会得行住坐卧的真谛，不假外求，返诸己身，在自性的澄明中解脱人生的困境。

楹联文学创作中，佛教思想的传播获得了简易性，超越了烦琐的宗教仪式和宗教典籍的障碍，从而使其传播获得了广泛性。文人士大夫修习佛家思想，或一般信众的思想乃至民间社会的信仰并不是为了成圣成佛，而是一种向善的精神的熏陶与生命情怀的寄托。所以，他们的信仰，力求简便易行，顿悟明心，获得一种精神的启悟即可。另外，在佛教文化楹联作品中，佛教思想的传播体现出极大的人文性，是中国思想中人文精神的体现。它不再追求简单的对宗教思想的迷信乃至迷狂，而是致力于展现人的生命觉悟与生命精神，展现文人学士玄对山水，宁静致远的情怀和人生观照。作为文人创作的重要文学形式，佛教楹联还体现出中国思想的调和性。对佛教之外的中国儒道思想和佛教各宗派的思想，不是一味地拒斥，而是相容互摄，形成中国文化不同精神与思想的交响，从而获得了文化上的丰富性与包容性。佛教思想的人间化，为佛学思想的传播和发扬，开一方便法门；人间化的佛教，也使佛学成为中国人体悟生命的文化滋养，超越了宗教信仰的局限性。

# 汉民族服饰文化复兴的实证研究[*]

周裕兰[**]

**内容提要** 采用文献查阅与实地考察相结合的方式，收集有关申遗和汉民族服饰活动发展的资料，并对所得数据进行统计分析和实证分析。目前，汉民族服饰群体的组织机构建设不够完善，汉民族服饰文化的群众影响力不足，汉民族服饰尚不具备申遗条件。通过对文化局非遗处相关人员以及有关专家学者的访谈，我们认为首先应该加强汉民族服饰群体的组织建设，只有使其成为一个能够引领文化持续传播下去的可靠组织，才能通过各种手段提高汉民族服饰文化的社会影响力，才能成功地将汉民族服饰文化申请并列入《世界遗产名录》的非物质文化遗产保护项目，才能凭借国家的扶植政策更好地保护、传承、发展汉民族服饰文化，使其作为中华民族宝贵的文化遗产熠熠生辉。

**关键词** 汉民族服饰　非物质遗产　成都

## 一　导言

汉民族服饰，即华夏衣冠，是汉民族的传统服饰，又称为汉装、华服。"我们今天所提的'汉服'一词，更多的是强调'汉民族本位'，实

---

\* ［基金项目］四川民族学院自办科研项目：康巴藏区民间工艺传承转化路径研究（XYZB20
19035SB）；四川民族学院川滇藏青服饰文化研究中心阶段性成果。

\*\* ［作者简介］周裕兰，女，1980 年生，江西吉安人。四川民族学院川滇藏青服饰文化研
究中心讲师。研究方向：学前教育和艺术设计。

际上汉民族的传统服饰从夏、商、周开始到今天，并没有脱离其他民族而存在。"① 它是世界上历史最悠久的民族服饰之一，主要是指清代以前，以汉族（先秦时则为华夏族）人民所穿着的服饰为基础，在文化发展和民族交融过程中逐渐完善的具有独特风格的一系列服饰的总称。

《史记正义》有云："黄帝之前，未有衣裳屋宇。及黄帝造屋宇，制衣服，营殡葬，万民故免存亡之难。"一些学者认为，中国在约五千年前的新石器时代的仰韶文化时期，就产生了原始的农业和纺织业，并开始用织成的麻布制作衣服。随后又发明了饲蚕和丝纺，使得人们的衣冠服饰日益丰富、完备。黄帝时期冕冠出现，服饰制度逐渐形成。夏商以后，冠服制度初步建立并于西周时逐渐完备。周代后期，由于政治、经济、军事、思想文化都发生了剧烈的变化，特别是在百家争鸣的时代氛围下，诸侯国间的衣冠服饰及风俗习惯都开始呈现出明显的不同。在此期间，人们顺应时代变化创造了深衣并开始把冠服制纳入"礼治"的范畴，成为礼仪的重要表现形式，从此中国的衣冠服制规格始备。自周迄明，三千余载，汉民族服饰体系一直持续稳健地发展，汉民族服饰的种类也逐渐丰富起来。然至1644年，随着大明王朝的覆灭，清朝统治者为了在与南明的战争中削弱汉人民族认同感和凝聚力，实现一统中原的目的，大力推行"剃发易服"制度，导致汉民族服饰逐渐消亡。迄至1911年辛亥革命推翻清政府，随着人们思想的日益西化，普遍选择改穿西式服装而不是恢复传统汉民族服饰。随着历史车轮的前进，在世界全球化的今天，中国国力不断提升，物质需求基本满足的中国人开始迫切地寻求精神上的扩充。进入21世纪以来，"汉民族服饰"这个词重新被提起，不少人士开始身着汉民族服饰进行传统文化的传播、推广。

作为华夏民族传统服饰的汉民族服饰造型精美、文化内涵丰厚，本应得到积极的发展。但由于历史的断层，这种服饰及其蕴含的文化意义都乏人问津、濒临灭绝。国际视野下审视，作为各国文化象征而存在的民族服饰，不单单是一件能够蔽体保暖的外套，更是承担着传播彰显本国本民族优秀文化的重任。从心理学角度上看，身着本民族的传统服饰会给着装者

① 蒋玉秋、陈锋、王艺璇：《汉服》，青岛出版社，2008。

一种民族归属感的心理暗示，而且越是与众不同的民族服饰这种暗示作用越是明显。如果汉民族服饰文化消失，对我们来说将是一个难以弥补的遗憾！

那么，如何才能更好地保护、传承、发展这种濒临灭绝的传统民族服饰及其蕴含的文化呢？"申遗"无疑是最好的办法之一。本课题小组在参考国内外诸多申遗案例，以及走访成都市有关部门后发现，社会影响是申遗能否成功的关键因素，而衡量社会影响的关键是群众基础和机构建设两个指标，其中尤以机构建设更为重要。[①] 基于本次调研对象为汉民族服饰，本课题小组决定从群众了解、学者认识、政府认可三个方面进行信息采集，以明确汉民族服饰是否具有相应的群众基础；从汉民族服饰活动的经费来源及稳定性以及汉民族服饰活动组织机构的组织建设情况两个方面采集信息，以了解汉民族服饰活动的机构建设是否健全。综合以上两个角度的信息，综合衡量汉民族服饰及其文化的社会影响，以判断汉民族服饰申遗是否具有可行性。并希望借此为保护中华传统服饰文化尽一份绵薄之力。

## 二　文献综述

虽然本次科研切入点新颖，颇具创新性，但仍有不少学者对汉民族服饰及其复兴运动进行了一些基础性的研究。以下是我们对所查阅的以往研究成果的简要分析："汉民族服饰"进入人们的视野大约从 2003 年算起[②]，到 2004 年开始引起社会、学界的普遍关注。传统服饰的研究近代以来不乏著述，如沈从文《中国古代服饰研究》、周锡保《中国古代服饰史》，均立足于古代服饰文化的流变和发展。但是，"汉民族服饰"问题已经不是一个历史阶段性的事件，随着中国的崛起，要求恢复和光大民族文化和精神的呼声也越发的响亮，强调"汉民族服饰"所潜具的民族凝聚力："提倡'汉民族服饰'的本质是我国面临着一个如何积极、长效又是急迫地在本

---

① 采访单位：成都市文化馆非物质遗产保护中心；采访时间：2011 年 3 月 1 日。
② 有人将 2003 年底郑州市的工人王乐天身着汉服走上街头，被新加坡《联合早报》率先报道一事，视为此次"汉服运动"的肇始。

世纪重树民族自尊、民族自信、民族创新力和争夺更多的国际话语权的大问题！"① 不少传统文化爱好者和研究者纷纷表示希望能将"汉民族服饰"提高到"国服"的正统地位，因为"'国服'作为一个国家和民族的象征，体现着一种强烈的集体认同，对于强化一个国家的凝聚力有着极其重要的潜移默化作用"②。与以往的中山装、唐装热相比，"在'汉民族服饰'的论说中，有着比'唐装'更为强烈和明确的汉民族意识和存在感"③。与"汉民族服饰"相较，"非遗"则更早更多地受到人们的关注和学界的讨论，王宁先生指出"非物质文化遗产实际上是指那些具有不能用典籍记载，又不能外化的文化内涵的文化品种。这些品种不是没有物质载体，但是，用外化物质再现出来的不是它们的最核心的内涵，它们的核心内涵是非物质的"④，正是由于"非遗"这种文化特性，"高度的个性化、传承的经验性、浓缩的民族性决定了这种文化成品非常脆弱，易于萎缩甚至流失，但也决定了它的不可取代的唯一性的价值"⑤。同时由于我国文化学研究起步较迟，理论准备尚不充足，"非遗""自身包含着存在和发展的合理性。宇宙、自然、人事，都是无限的，是人的知识理性和科学无法穷其究竟的"⑥，使得"非遗"的研究保护困难重重。所以，保护和抢救"非遗"既需要借鉴已往国际上抢救、保护人类文化遗产的多种经验，也需要密切结合本国国情的各种实际，更需要建立一整套实施抢救和保护工作的有效机制，同时，还需要有相应的有针对性的科学理论和方法，使建立工作的有效机制成为可能。因此"文化圈的理论和方法在抢救和保护文化遗产工作中就有了重要价值"⑦。综上所述，已有研究成果主要围绕汉民族服饰及汉民族服饰活动的发展史和作用方面展开，"非物质文化遗产"的研究成果虽然蔚为大观，但对于汉民族服饰的发展现状及其与非物质文化遗产之间的联系尚且缺乏专门的文献论述，所以本研究小组对"汉民族

---

① 张辛可：《论汉服的复兴》，《流行色》2006 年第 10 期。
② 郑巨欣：《国服论》，《美术观察》2006 年第 3 期。
③ 周星：《新唐装、汉服与汉服运动——二十一世纪初叶中国有关"民族服装"的新动态》，《开放时代》2008 年第 3 期。
④ 王宁：《非物质遗产的界定及其价值》，《学术界》2003 年第 4 期。
⑤ 同上。
⑥ 刘锡诚：《非物质文化遗产的文化性质问题》，《西北民族研究》2005 年第 1 期。
⑦ 周锡保：《中国古代服装史》，中国戏剧出版社，1986。

服饰文化申遗的可行性"的调研会是一次很有意义的尝试，以期正确引导并促进这一民间社会活动的健康发展。

### 三 实证分析

（一）样本与数据

成都市位于四川省中部，总人口 1000 多万，是中国三大汉民族服饰活动中心之一[①]。此次调研我们从成都市辖十区中选取了青羊区、武侯区、金牛区、成华区和温江区作为走访点，采用偶遇访问，向各年龄段路人发放问卷 500 份，实收问卷 500 份，回收率 100%。受访者中，有男 289 人，女 211 人，少年（25 岁及以下）125 人，青年（26～45 岁）289 人，中老年（45 岁以上）86 人。为了达到本次问卷调研的既定目标，本课题小组成员在问题设计上做了一定安排，力图通过简单的问题，对汉民族服饰的定义进行明确。问卷第 1、第 2 个问题及选项如下：

1. 您认为下面哪个选项更接近汉民族服饰的定义（　　）

A. 汉朝的衣服

B. 汉民族的传统服饰

C. 现代汉族人身上穿的衣服都是汉民族服饰

D. 其他

2. 您觉得下面选项中哪个属于汉民族服饰（　　）

A. 旗袍

B. 清朝时的马褂

C. 商代的对襟

通过受访者对以上两个问题的作答，结合问卷的其他问题，本课题小组即可对受访者对汉民族服饰的定义的把握做出判断，从而确保了问卷的有效性。同时，我们走访了成都市文化局相关部门以及一些汉民族服饰群体，通过与他们的交谈获取了一些成都以往成功申遗的案例，了解了非物质文化遗产申遗的必要条件和流程，同时得到了汉民族服饰群体——四川

---

① 四川省传统文化交流协会学术部部长慕容覆雨指出："依照各地汉服活动开展情况及民间汉服组织建设情况，全国汉服界公认，三大汉服活动中心为：北京、广州、成都。"

传统文化交流协会提供的一些关于活动经费和机构成员的数据等。

（二）资料分析

### 1. 对汉民族服饰文化影响力分析

通过数据分析可知，成都作为全国三大汉民族服饰活动中心之一，其民间活动开展取得了一定的成效，约有62%的市民对汉民族服饰或其活动都有所耳闻，这对刚起步的汉民族服饰活动来说无疑是个好的开端。然而，数据分析又为我们揭示了成都地区汉民族服饰活动群众影响力的另一现象，即：大家对汉民族服饰的了解程度仅限于一个笼统层面上的认识。这说明，虽然成都地区的汉民族服饰活动对推广汉民族服饰文化起到了一定的作用，但却没能真正使其深入人心。我们还可以看到，在对汉民族服饰或其活动有所了解的人群中，以青少年群体居多。从一个较长的时间段来看，这对于汉民族服饰及其文化的推广有着十分积极的意义。

### 2. 对群众了解申遗情况分析

通过数据分析我们不难发现，"申遗"作为这几年我国文化领域的重大事件，了解人数相对较多。就对申遗这一事件的知晓人群的年龄构成来看，青年人无疑构成了主体，这可能与青年人作为最具有"社会性"的群体，对于时事热点信息的接收量较大有关。然而，显示的数据却揭示了这样一个事实——虽然对申遗完全不了解的人非常少，但对申遗真正有较为全面认识的人所占比例也仅有9%左右。这说明，对待申遗，广大群众的态度热诚，积极性很高，但人群中的多数也仅表示有热情而已，观望却不深入。

（三）有利于促使群众选择汉民族服饰的动因分析

通过数据分析不难看出，大家十分看重汉民族服饰所包含的文化底蕴。也就是说，如果能使群众心中对汉民族服饰深厚的文化内涵有很好的认知和定位，则将更有利于汉民族服饰及其文化的推广，也就加大了其申遗的可行性。此外，有大约16%的人认为汉民族服饰作为一种服饰，想要被人接受，美观也很重要。从这方面看，如果汉民族服饰以古制的形态发展，则很难顺应时代的潮流，最终会被淘汰，汉民族服饰的基本体制应该保留，但形态有必要与时俱进。

（四）小结

**1. 宣传效果有限，受众年龄段低**

成都地区的汉民族服饰活动起到了一定的宣传效果，特别是对低年龄段群众的影响力较大，这对于汉民族服饰及其文化体系的进一步传播和复兴具有积极的意义。但汉民族服饰活动的开展，没有能够将汉民族服饰及其文化内涵根植于当代人的心中，大部分人对于汉民族服饰文化了解程度较低。这可能使目前正开展得如火如荼的汉民族服饰活动遭受挫折，甚至有可能在未来的很长一段时期内使得成都地区的汉民族服饰活动真正沦为一场"民间文化娱乐活动"，与其传播传统文化的目标背道而驰。

**2. 群众关注较多，深入了解者少**

广大人民群众对于华夏传统文化具有极强的认同感，也深切地意识到其复兴的必要性，对汉民族服饰也有一定程度的了解，并且对于申请非物质文化遗产这种保护文化的方式十分认同。但人民群众心中缺乏对推动文化复兴和申遗的更进一步关注和了解。这说明汉民族服饰以及申遗活动吸引到了一定的关注，但这种关注是"新闻似的关注"，是人们的一种对热闹和稀奇的观望，没能更好地获得更深层次的关注。

**3. 活动驻足服饰，礼仪文化不足**

我们发现，成都地区的汉民族服饰活动虽然在转轨，但整体上还处于简单宣传"服饰"的层面，其背后的礼仪修养、伦理道德等文化、精神层面的传播在活动中还不明显，这说明汉民族服饰活动的层次性还较弱，尚未能进入真正意义上的"文化复兴"，这可能也是导致市民对于汉民族服饰活动缺乏一种"文化审美"的认识的原因之一。

## 四　汉民族服饰申遗存在的问题及原因分析

（一）汉民族服饰及其相关活动在民间知晓范围不够广泛，并且知晓者中，绝大部分对汉民族服饰活动的意义了解甚微，甚至产生误解

在我们对成都青羊区、武侯区、金牛区、成华区和温江区的不同年龄

段人群进行的调查中发现，听说过汉民族服饰和汉民族服饰相关活动的群众数目已经超过一半，这对于刚刚起步的汉民族服饰活动来说，无疑是一个好的开端。然而对于社会上的汉民族服饰活动，民众对其意义几乎完全不了解，甚至存在很多误解。香草伊人①也谈道："几年之间，成都地区的汉民族服饰活动卓有成效但影响力依然有限。从整体上来说，广大群众对汉民族服饰的认知度有了明显的提高，不过对汉民族服饰的了解和认可度明显具有一定的区域性，这可能与我们进行宣传的地点的选择有一定联系。"大部分民众在街上看到穿着汉民族服饰的男女，或是在文庙、寺观等古风建筑区域看到身着汉民族服饰进行古典礼仪复原的人们，会认为他们是在演古装戏或是在"走秀"，并没有关注汉民族服饰活动者们表现出的温文尔雅的举止、知书达礼的问候，以及他们谈论的古代诗词歌赋或古典礼仪、道德、文化等含蕴在更深层次的内容，这是令汉民族服饰活动发起者和参与者十分无奈的状况。民众们几乎不知道汉民族服饰活动是为了展现古代礼仪、道德的一种方式，以参与者的着装和行为向外界宣传中国的古代礼仪和文化，让更多的人认识到中国古典文化的魅力，从而吸引更多的人喜爱、关注、研究、保护我国宝贵的古典文化，他们对汉民族服饰活动的认识目前仅仅停留在关注汉民族服饰这种"新奇"的衣服本身。所以，汉民族服饰及其相关活动的深层次意义，在群众中的认识度比较低。

（二）民间汉民族服饰活动深度较浅薄，礼仪修养、精神道德等文化内涵体现较弱，并且缺乏宣传与群众互动

四川传统文化交流协会理事香草伊人告诉我们："在汉民族服饰活动伊始，我们提出'衣冠先行'的口号，而到如今，由于活动已经具备一定的影响力，活动的参与人数也明显增多，我们自然应该向着更高的方向转型。现如今，我们逐渐将'以礼为先'替代'衣冠先行'作为活动的口号。然而，我们的活动形式由原来的娱乐文艺活动为主向传统礼仪文化教学转化的进程交换，诸如讲座、演礼等活动形式举办还不够。"由此可见，除了群众

---

① 2009年冬至，被推选为四川省传统文化交流协会第一届理事，"香草伊人"为其网名，近两年参与领导组织了多次汉服活动。

关注汉民族服饰及其活动的侧重点有所偏颇，汉民族服饰活动者本身对活动的深层内涵展示效果也不佳，并且也缺乏活动前必要的社会宣传以及活动中与群众的互动。我们的团队先后亲自参观并研究过成都的一些汉民族服饰活动，如释奠礼（祭奠先圣孔子的礼仪）、冠礼（古代男子成年礼）及中秋、冬至、端午等节庆活动。这些活动参与者们均穿着各式各样的汉民族服饰，但并不是所有的活动者举止、谈吐都表现得礼貌而谦逊，按古代礼仪规范行事。并且我们了解到，在活动前期，组织者们对活动的宣传大部分集中在他们自己的网站或小众论坛上，宣传范围不广，导致社会认知度与参与度不高。并且宣传方式较为机械，缺乏足够的吸引力从而激发群众的参与积极性。另外，在活动中不乏一些群众驻足观看，但很少有活动的组织或参与者前去为行人解释活动意义，也鲜有现场与群众之间的互动，让群众无法真正积极了解、参与活动，从而使得活动脱离了群众，丧失了其宣传意义，没有吸引更多的人了解汉民族服饰、了解古典礼仪与文化。

（三）民间汉民族服饰商家缺乏规范，存在很多不合体制的汉民族服饰，误导大众对汉民族服饰的认识，这在一定程度上影响了汉民族服饰文化知识的深化、普及

汉民族服饰复兴活动是近几年才兴起的，全国的汉民族服饰商家参差不齐，制作的汉民族服饰也规格不一，不乏一些类似却不符合汉民族服饰体制的舞台服装、摄影服饰混杂其间。我们在翻阅了古籍和现代学者们对各式汉民族服饰的研究文献的基础上，并对成都几家汉民族服饰商家进行走访，发现有一部分汉民族服饰出于美观的考虑，加入了过多的出格的装饰性元素，类似于舞台服装、戏服等服饰，但仍名之为"汉民族服饰"，对群众产生了一些误导。所以不少人看到真正的汉民族服饰之后会认为那是"走秀"、演戏穿的戏服。

（四）大部分人对申遗有所了解，但是对其意义认识不深入

几年前，韩国成功地将端午节列入世界非物质文化遗产名录，"端午节是韩国人的节日"这一说法在我国国内引起了轩然大波。国人对非物质文化遗产的关注大大增加，认识到为本国的非物质文化遗产争取国际地位

是对本土文化保护的一种重要手段。但是绝大部分人并不知道我国具体有哪些文化遗产已经申遗成功，对申遗持默然的态度。对自己本国的文化缺乏了解，缺乏保护和继承传统文化的责任感和使命感，这就是当代一部分人对传统文化的态度。所以群众中，很少有人想过可以通过申遗保护我们的传统文化，只有数量不多的专门的机构、学者或民间组织致力于非物质文化遗产的保护与申请。

从汉民族服饰角度来看，目前其社会关注度偏低，对其申遗的必要性很少有人考虑，汉民族服饰的推广、保护、申遗严重缺乏公众关注。

（五）汉民族服饰的申遗，没有得到大众深层次的认同，仅停留在表面的"新闻似的"关注

我们在调查中发现，当人们看到或听到我们说"汉民族服饰申遗"时，大部分民众的态度是积极肯定的，但他们普遍认识是"多一项非物质文化遗产似乎不是什么坏事"，而非"申遗成功是对文化的一种宣传与保护"。

对待申遗，广大群众的态度热诚，积极性很高，但大多数也仅局限于热情而已，观望而不深入，仅停留在一种表面的关注上。

（六）民间汉民族服饰活动资金募集渠道有限，物资极为缺乏，且资金来源不稳定

我们在本次调研中采访了四川传统文化交流协会学术部部长慕容覆雨①、四川传统文化交流协会理事香草伊人等活跃于汉民族服饰复兴活动一线的人员。对于民间汉民族服饰活动的开展，以及对社会的影响力不足的原因，他们都不约而同提到活动物资的缺乏。慕容覆雨先生说："目前成都汉民族服饰群体内的常驻人数大约 500 人，约占成都总人口的 1/20000，而经费方面由于没有社会的赞助，完全是公益活动的性质，每次活动下来，平均每一个参与者的余留经费也就几元钱，总计 2000 元左右以作为下一次活动的前期垫付资金。虽然每次汉民族服饰活动的总体经费从未超过

---

① 2009 年冬至，被推选为四川传统文化交流协会第一届理事，"慕容覆雨"为其网名；同年兼任四川传统文化交流协会学术部部长；2010 年 1 月创立益州礼乐研习社，专项研究汉礼复原，并担任首席理事至今。

五位数，但由于基本物资的缺乏，活动组织困难程度相对较大。"物资的匮乏，对汉民族服饰活动的规模、范围和影响力扩大造成了很大的制约，汉民族服饰活动的组织者们往往力不从心，活动难以达到预期的效果与社会影响力。

（七）民间致力于汉民族服饰复兴活动人士，对汉民族服饰申遗必要性、申遗意义、申遗程序缺乏关注，宣传建设力度不足

在与民间积极致力于汉民族服饰复兴活动人士的交流中，我们发现，他们几乎很少考虑过通过申遗这种手段来对汉民族服饰的传承进行保护。当谈及是否知晓申遗程序时，他们中也很少有人知道，也不曾向相关部门或人士咨询。依旧坚持着以民间集会、文化讲座、网络宣传等常规手段对汉民族服饰及传统礼仪进行宣传。所以汉民族服饰的影响力扩散得很慢，虽然民间汉民族服饰活动组织已成立多年，但却鲜为人知。

（八）结论

从对成都地区汉民族服饰活动的调研我们发现，汉民族服饰及其文化体系尚缺乏足够的群众基础。群众对汉民族服饰文化和申遗虽然有一定的了解，但并不能真正熟悉和把握，广大群众的观望情绪大于参与热情，汉民族服饰及其文化尚未复兴为现代市民文化的一个组成部分。加之汉民族服饰组织机构建设不健全、活动资金匮乏等，汉民族服饰文化申遗在短期内难以实现。

## 五 对策建议

（一）加强汉民族服饰活动的民众参与度

群众的认知、参与与认同，是汉民族服饰申遗的一个必备也是最重要的条件。所以汉民族服饰活动一定要吸引更多的群众参与，而吸引群众参与的根本途径还在于深化活动内容。在对慕容覆雨的采访中，他曾说道："如果说要申遗的话，我个人认为现在的汉民族服饰活动缺乏一个必备的申遗条件，那就是我们的汉民族服饰虽然是中国古代流传了几千年的衣

冠，可是却在清朝出现的时候产生了断层，所以我们如果要对这个东西进行申遗的话，有一个必备条件就是我们要把汉民族服饰系统地研究、复原出来。简言之，就是在有关汉民族服饰历史上、文化理论上的一些内容我们还需要进行系统的研究，所以我个人认为，如果说汉民族服饰现在申遗条件不成熟的话，应当是对它的研究不够而不仅仅在于群众受力面不够，因为这两者实质上是相辅相成的，当它的研究系统比较完整的时候，它的群众基础自然而然会大幅度地增加。如果在群众基础增加了之后再谈申遗的话，它应当是一个很容易的事情。"同时汉民族服饰活动组织者也可在活动前期加大活动的宣传力度，除了在网络上，也可以在报纸上刊登一些公益性的宣传广告和文化普及性的文章，让更多的人认识到汉民族服饰复兴活动的存在，扩大知晓群体。同时在活动地点选择方面，要力求多元化，不仅集中在以往常去的几个地点，更应该力争让不同区域的人们都有机会接触到汉民族服饰的活动。在活动过程中，参与者们应当积极为围观群众进行汉民族服饰，尤其是古典礼仪、文化的讲解，必要时可以分发一些宣传小册子，最好邀请群众参与到活动中，提高活动的民众参与度。

（二）增加资金募集渠道，扩大活动规模与影响力

汉民族服饰活动的规模、范围以及对社会的影响力的扩大是需要经济作为基础的。目前成都地区的汉民族服饰组织一方面坚持着"规避商业化"的活动原则，拒绝了很多的社会捐款与赞助；另一方面资金不足，活动进行难度大、效果差，使得成都地区的汉民族服饰活动处境颇为尴尬。四川传统文化交流协会理事香草伊人在采访中这样说道："长期以来，为了防止我们活动变质，活动经费一向是由活动参与者平均承担的，并不接受社会赞助。去年中秋节的活动，地方旅游局曾经想要为我们提供赞助，不过最后我们还是婉言谢绝，毕竟旅游局的介入就不可避免地使活动夹杂商业气息，这与我们复兴文化的初衷存在一定程度的矛盾。"我们认为，接受社会各种组织、公司的赞助，是汉民族服饰活动资金募集的一个好办法。毕竟经济活动是推动事物发展的有效动力，这样的尝试在很多领域都取得了很好的效果，所以成都的汉民族服饰活动借助商业性的推动不失为一个好方法。对于汉民族服饰组织人士担心的"过分商业化"导致活动变

质的问题，我们认为这种担心是可以理解。但是，这种担忧是可以通过规范活动组织流程来避免的。

（三）汉民族服饰组织实体化，各地汉民族服饰组织间加强合作交流

在我国，北京、广州和成都被誉为汉民族服饰三大中心城市，除此之外在西安、昆明、南京、郑州等大中小城市活跃着很多积极的汉民族服饰活动人士，都在通过各自不同的方式向大众宣传着汉民族服饰和汉民族服饰背后所蕴含的中国传统文化。但这些大大小小的民间组织力量非常薄弱，并且彼此间缺乏常规的交流与合作。所以，为了加大汉民族服饰组织的活动效果，加强汉民族服饰和古典文化的社会影响力，各城市之间的汉民族服饰组织需要进行经常性的沟通，交流活动经验，必要时进行跨区域的合作，使汉民族服饰活动有更广阔的活动空间，将汉民族服饰这一全国性的文化元素在全国范围内进行宣传与推广。

目前我国大部分的民间汉民族服饰组织都是一些网络性质的团体，活动的发起、组织、宣传基本都在网络上进行。就以成都最大的汉民族服饰组织——四川传统文化交流协会来说，他们的组织存在形式实际上是一个公共主页，组织内部机构设置和分工不甚明确。这样使得活动的组织效率偏低，并且难以与其他汉民族服饰组织进行正式而有效的交流与合作。所以汉民族服饰组织的组织设计可以做进一步的思考和规划，争取做到汉民族服饰组织的实体化。

（四）汉民族服饰组织与高校社团联系，在高校内进行相关文化讲座，同时积极邀请高校学生参与汉民族服饰活动

在汉民族服饰组织举行各种活动时，应积极邀请各高校学生参加，扩大汉民族服饰及传统礼仪文化的影响力。成都的汉民族服饰组织构成中，青年是其核心群体，他们绝大部分来自成都各大高校。所以汉民族服饰组织可以利用这种优势，积极建立与成都各大高校学生团体的良好关系，将汉民族服饰活动推广到高校中，让更多的青年人接触到古典文化，对汉民族服饰有更深入的了解。

（五）汉民族服饰组织充当汉民族服饰商家与国内外一些孔子学校的桥梁，向其学生宣传、出售汉民族服饰

我们知道，汉民族服饰是华夏民族的传统服饰，其款式设计、穿戴方式等要素是与中国古代文化息息相关的。中国大众普遍对传统文化认知程度较低，对汉民族服饰的认可程度也相对较低，要让大众快速接受汉民族服饰是一个艰难而漫长的过程。所以可以先从对传统文化兴趣最浓厚的人群着手推广汉民族服饰文化。

在成都，以及国内一些大城市，甚至在国外，专门学习中国古典文化的孔子学校（院）随处可见，这些学校汇聚了各个年龄段的中国传统文化爱好者，他们对传统文化始终保持着积极的探索和研习的精神，所以他们应当是汉民族服饰最大的潜在爱好群体。汉民族服饰组织可以与这些学校负责人联系，从汉民族服饰、传统文化讲座，古典礼仪、仪式开始，对学校学生进行相关的文化普及，然后为其提供一些商家信息，架起汉民族服饰商家与古典文化学校之间的桥梁。一方面可以促进中国古典文化爱好者对传统文化的学习，另一方面扩大了汉民族服饰在民众中的传播范围和力度，同时也可以为汉民族服饰商家的生存发展提供新的土壤。

（六）汉民族服饰组织联合汉民族服饰商家或相关学者，积极将汉民族服饰依次申报为市级、省级、国家级等级次的非物质文化遗产

通过对成都市文化局非遗处相关工作人员的采访我们知道，一项非物质文化遗产要想申遗成功是一个相当艰辛而漫长的过程，需要组织申遗的群体长时间地把这项任务进行下去。仅仅靠现今发展不成熟、资金匮乏的汉民族服饰组织是很难实现的。所以，汉民族服饰组织应当联系汉民族服饰商家和相关学者，组成一个有组织、有规划的团体。从市级非物质文化遗产申请开始，积极走访文化局等相关部门，准备汉民族服饰申遗的各种材料，力争成功申遗。然后将申遗范围扩大到省级、国家级甚至世界级，让更多的人认识汉民族服饰，保护汉民族服饰，从而扩大中国传统文化的社会影响力，继承和发扬我国灿烂的古典文化，让古代先贤留下的宝贵遗产在当代焕发出新的光彩。

# 少数民族传统文化及区域文化研究

# 新发展理念下广东舞鳌鱼民俗体育
# 文化传承发展研究*

何卫东　郭洪光　黄　静　殷　珺**

**内容提要**　新发展理念下广东舞鳌鱼民俗体育文化活动顺应新时代社会发展需求。通过文献和实地跟踪调研，运用统计、归纳和演绎等研究方法，对广东舞鳌鱼民俗体育文化活动分析研究后，发现：广东舞鳌鱼承载着厚重的历史文化，沙涌村的舞鳌鱼最具代表性；鳌鱼文化蕴涵感恩色彩和激励特质是地方信仰与民俗文化特色，其体育韵律与艺术创作相融合舞动出有时代感的美学效应，文化内涵丰富且价值多元化；鳌鱼文化以"独占鳌头"为目标，折射出人们心理诉求和社会文明和谐的现景；剖析舞鳌鱼在当下传承发展的现存问题，厘清舞鳌鱼融合创新的内涵、实质和寻求文化理性回归。遵循新时代社会主要矛盾转化的原理，是准确研判有地方民俗文化特色需求与发展矛盾的基本依据，从协同理论和创新突破理论出发，提出由政府引导，社会与学校共同参与合作的"三位一体"方案及组合措施给予解决。尤其是对现代民俗文化需要培育"活化"的新认知，积极探索广东舞鳌鱼民俗文化的结构创新、实践创新和样态创新，培养地方

---

*　[基金项目] 2019 年度国家社科基金重点项目：当代中国体育思想研究（19ATY012）。2016 年度上海市体育局体育社会科学决策咨询研究项目：上海体育产业与旅游产业互联发展模式研究（TYSKYJ2016036）。

**　[作者简介] 何卫东，1968 年生，广西崇左人。广西民族大学体育与健康科学学院教授，硕士生导师。研究方向：民族传统体育学，体育人文社会学。郭洪光，1980 年生，辽宁沈阳人。上海第二工业大学体育部讲师。黄静，女，1972 年生，广西贵港人。中国地质大学体育部副教授。殷珺，女，1981 年生，上海浦东人。上海第二工业大学体育部讲师。

舞鳌鱼文化在文化自信、传承效率、传播方式、文化融合和创新效果上采取相应措施，促进舞鳌鱼民俗体育文化的健康发展。

**关键词** 舞鳌鱼 文化活动 民俗体育 传承发展 创新

党的十九大提出，"文化自信是一个国家、一个民族发展中更基本、更深沉、更持久的力量"①。文化自信源自中华民族优秀传统文化的博大精深。中华民族传统文化的内容和表现形式丰富多彩，更是蕴含着悠久的历史文明、浓厚的文化底蕴。在习近平新时代中国特色社会主义思想指导下，中国优秀传统民族文化发展迎来了新契机，结合中国农村城镇化发展战略的实施，农村城镇之中存在许多丰富多彩的民俗文化资源，这使得当前民俗体育文化的传承与发展有了新的驱动力，农村各式各样的民俗艺术与体育形式展现出地方文化生态的多元化，这些多元化民俗文化对当前发达地区城镇文化建设有积极的推动作用。

当前广东舞鳌鱼学术研究问题备受学者们关注，在研究上已取得了一系列丰硕成果。通过调查研究发现广东舞鳌鱼来源于美丽的传说"鳌鱼救书生"这个故事，广东许多地区都有舞鱼的风俗习惯，且舞鱼种类各异。如："番禺和澄海地区是舞鳌鱼，潮州和陆丰地区是舞鲤鱼，顺德大良地区是舞鱼灯，汕头地区是舞九鳄；其中在番禺区的沙涌村、渡头、龙岐、沙湾、西村和龙津等地方，把舞鳌鱼作为节庆活动和表演形式的民俗体育项目。"② 广东当地舞鳌鱼已有一定的规模，形成逢节必舞的习俗，并构成地方特有的民俗文化，其中沙涌村的村民舞鳌鱼最具代表性。随着时代的发展变迁，当地在展现民俗文化中，人们在舞鳌鱼活动时不仅达到娱乐与健身的目的，而且赋予舞鳌鱼活动更多的文化内涵和追求美好生活的精神寄托，这种效果和特性对于广东舞鳌鱼的民俗文化现代传承有积极的推动意义。

---

① 习近平：《决胜全面建成小康社会 夺取新时代中国特色社会主义伟大胜利——在中国共产党第十九次全国代表大会上的报告》，人民出版社，2017，第 23 页。
② 黎国韬、邓淑兰：《番禺鳌鱼舞考述》，《文化遗产》2013 年第 1 期。

## 一 舞鳌鱼有悠久的文化历史

### （一）起源于美丽传说，后被寓意为"独占鳌头"

"鳌鱼，相传在远古时代，金、银色的鲤鱼想跳过龙门，飞入云端升天化为龙，但是它们偷吞了海里的龙珠变成龙头鱼身，于是人们称之为'鳌鱼'。"① 舞鳌鱼，起源于一个美丽的神话传说。相传古时候有一书生上京赶考，因其英俊潇洒，气宇轩昂，途经女儿国，遭女妖戏弄，书生为摆脱她而逃到大海边，见波涛中有一对鳌鱼在嬉戏，便向鳌鱼疾声呼救，并纵身跳入大海。书生立伏在鳌鱼头背部，鳌鱼背着书生游向对岸，其后书生获救，还高中状元，最后羽化成天上的"文魁星"，后人将此故事寓意为"独占鳌头"。"文魁星"又念鳌鱼救命之恩，替鳌鱼簪花挂红，将其点化成仙。

### （二）舞鳌鱼产生与形成的历史渊源

据查，"沙涌的江氏，族谱称济阳江氏，济阳江氏从起源到现在，已有 2600 多年历史"②。公元 600~630 年，江氏第 20 世江韶遍游皖南名山，当其"游黄山白岳，见旌西金鳌山，峰峦回合，山水清明，环绕双溪，别成一境，有蓬勃不可遏之所，遂卜居焉，名其地曰江村"。"江韶成为济阳金鳌派始祖，百十年间，江村发展成一个不小的村落，江韶八世孙，即江氏 29 世，又成了兄弟三人，老大从义、老二从厚、老三从政。""老三从政之后，家族又有两个分支：一支迁往太平文野歙县，一支留居金鳌，留居金鳌的后来又分迁广东番禺沙涌。"③ 舞鳌鱼活动，据传，"在明洪武（1368~1399）年间，沙涌村的江、幸、胡三姓始祖把浙江省奉化县丹桂

---

① 黄惠娥：《让美术美化生活，让生活融入美术——浅析中学美术教学》，《科技展望》2014年第 9 期。
② 刘四清、喻忠国、叶玉强：《济阳江氏金鳌派源流初探》，《黄山高等专科学校学报》2001年第 3 期。
③ 刘四清、喻忠国、叶玉强：《济阳江氏金鳌派源流初探》，《黄山高等专科学校学报》2001年第 3 期。

乡金鳌村的'鱼灯舞'带到番禺，在此基础上发展形成了'鳌鱼舞'"①。从时间维度来推论江氏家族的变迁和传承，是舞鳌鱼这一民俗文化、艺术与体育活动重要的历史证据链条之一。

据考证，舞鳌鱼活动是前人在继承了"鱼灯舞"主要动作和形式的基础之上演变而成另一种具有传统文化内涵的民俗体育运动形式。舞鳌鱼的步伐以南派武术"马步功架"作基础，其中常用弓箭步、麒麟步、碎步等步法。"大型舞鳌鱼活动，多是'群鱼'出动，由四、六、八到十尾不等，'状元'是舞鳌鱼活动中一个重要角色，其踏着鼓点，穿插其间，挥动彩球绶带不时逗弄、嬉戏，引导群鱼行走'花开门'、'走8字'、'走南蛇'等运行套路和表演图案，舞鳌鱼表演作为民间祈愿、吉祥有余的古老仪式活动，在沙涌村已有600多年的历史"②。当前，当地的村民仍然积极挖掘和传承这一民间技艺。

（三）舞鳌鱼的现代传承发展

1954年至1985年期间，数位舞鳌鱼传承者和专家们经过几次整理与加工，开发出舞鳌鱼表演的动作套路，如出洞、嬉戏、交尾、散卵、戏水、跳龙门等形式，表演中还穿插有广东地方特色的音乐和舞蹈，促进舞鳌鱼的民俗文化、艺术与体育技艺得到健康传承，在发展演变过程中都赋予其新的形式和文化内涵。

广东沙涌村的鳌鱼队是在全村范围内选拔队员组建的，在村委领导带领下村民、村校都有人舞鳌鱼。经过多位专家的指导和村民的共同努力，文艺工作者创编出舞台表演作品《鳌鱼舞》，该作品在表演时配上书生落难、落海获救、状元酬恩、为鳌鱼簪花披彩、齐跃龙门、独占鳌头等故事情节，中间以民间乐曲贯穿其中。沙涌村的舞鳌鱼活动大放异彩，以"鳌鱼舞"的形式多次参加国家、省、市大型活动的演出。《鳌鱼舞》表演艺术作品在广东和全国表演参赛，曾一举夺得了省内和国内多项大奖，在1985年曾获全国民间音乐舞蹈"丰收奖"，广东沙涌村的《鳌鱼舞》节目

---

① 黎国韬、邓淑兰：《番禺鳌鱼舞考述》，《文化遗产》2013年第1期。
② 黄惠娥：《让美术美化生活，让生活融入美术——浅析中学美术教学》，《科技展望》2014年第9期。

也因此名震岭南。

进入 21 世纪以来，广东鳌鱼舞的民俗文化获得了更大的发展空间。在学校教育传承发展方面，2000 年以来，广东番禺区沙涌小学充分认识到"鳌鱼舞"传统文化在学校教育中的重要作用，围绕鳌鱼文化的内涵与价值理念办学，完善鳌鱼文化系统传承，积极将鳌鱼精神融入校园，该校已成为广东省体育特色学校、广州市传统体育项目传统学校、广州市义务教育阶段规范化学校、番禺区红领巾示范学校，曾多次被评为番禺区文明学校。在文化软实力和节庆展示及学术研究方面，2000 年，广东省的沙涌村被文化部命名为全国唯一村级单位的"中国民间艺术之乡"；2006 年沙涌村的"鳌鱼舞技艺"被广东省评为省级非物质文化遗产；2009 年 4 月应广东省工会邀请，沙涌村鳌鱼舞队与沙涌小学鱼灯队一行 60 人参加了广东省职工运动会开幕式表演；2010 年在广州举办第九届全国艺术节，卡通版的"鳌鳌"成为"九艺节"吉祥物；2010 年 5 月在全国第九届艺术节上鳌鱼舞队表演了鳌鱼舞《独占鳌头》，同年还参加了迎亚运倒计时 30 天大型表演活动、番禺亚运火炬传递仪式和广州亚运火炬传递仪式，亚运会开幕当晚，广东的《鳌鱼舞》在珠江两岸迎接来自世界各国的亚运健儿，在外国友人面前展现了舞鳌鱼运动的风采，得到观众的一致好评。在 2015 亚洲及大洋洲地区大众体育合作发展论坛暨中国—东盟大众体育合作发展论坛上，郭洪光等人撰写的《广东舞鳌鱼运动的现代传承探析》荣获一等奖。2015 年以来，番禺和澄海地区鳌鱼舞已经参加市、省、国家、国际比赛和公益演出 40 多场次，屡获殊荣，这一系列殊荣极大增强了当地村民的民族文化认同感和自豪感。

从以上广东舞鳌鱼的传承发展历程来看，广东舞鳌鱼的民俗文化在民间传说、运动技能、艺术展现、表演形式和学术研究等领域都有相应的发展空间，有相对完备的组织结构、传承平台、表演层次、套路应用、艺术欣赏、文化内涵和精神追求，该活动对于当地人们参与艺术熏陶、体育竞技、运动健身、文化娱乐、艺术创造和精神追求有积极的意义，沙涌村将鳌鱼舞作为当地民俗文化、艺术和体育相结合的代表项目，鳌鱼舞成为推动当地农村城镇化建设的精神动力与示范性项目。

## 二　舞鳌鱼蕴涵多元的文化价值

### （一）感恩色彩和激励特质成为地方信仰与民俗文化特色

舞鳌鱼从传说到演绎成一项民俗文化活动，以艺术与运动展示相结合的巡游形式流传至今，被当地村民凝练和赋予美好的精神内涵，成为民俗文化的延续发展，其传承发展中蕴涵着一种积极向上的精神追求，并上升为沙涌村的一种文化，这种文化内核主要有三个层面的意义：一是书生遇到女妖，不为所惑，做人要品行端正，胸有大志；二是为实现目标，书生克服重重困难，做人要勇往直前，意志坚定，终能高中状元；三是书生不忘回报，簪花挂红，回报鳌鱼，做人要心存感恩情怀，知回报。

从舞鳌鱼的艺术与运动展示相结合的巡游和精神内涵看得出，这种鳌鱼文化承载着历代广东沙涌人通过辛勤劳作，祈求祥和、平安幸福的美好愿望，同时通过这一古老仪式让历代子孙们明白要自强不息，以求奋进，顺应时代变迁达成发展的思想与向往。因此，广东沙涌人舞鳌鱼形成的鳌鱼文化，具有厚重的"感恩色彩和激励特质"，深深烙印在向往美好生活的村民心中，进而衍生出地方信仰与民俗文化特色。

### （二）鳌鱼舞的表演构成、展示及内涵

"鳌鱼舞"以造型独特、舞技精湛、气势磅礴、场面壮观而博得广大群众的欢迎和喜爱。鳌鱼道具全长约 10m，鳌身最高一段离地约 2m。鳌鱼的躯壳构造分为首、身、尾三部分，首部骨架用藤、竹和丝纸等材料扎制，外观加上彩绘，成为变形夸张的双角龙头。鳌鱼身躯用竹扎成两节骨架，外面罩上一幅彩贴鱼鳞的大布套，脊背骨架上面可供一个扮成龙女的男少年坐骑。尾部用藤扎制骨骼，外裹绸料绘成鳌尾，舞时能左右摇摆自如。表演时，首、身、尾连成一个整体，由 5 个舞鳌者操纵表演。近年来，经过改良，艺人们在鳌鱼首部涂上有光彩不易褪色的油彩，两眼进行现代光电处理，闪闪发光。鳌鱼身粘上彩贴的 850 多片锦鳞，使得表演时更加璀璨夺目。参与鳌鱼舞表演的演员共有 7 人，其中 1 人扮演擎珠人（舞珠者），5 人操纵鳌鱼，1 人扮作"执笛"渔女。表演时由擎珠人"执珠"指

挥，步法以"圆场步"为主，晃动鱼珠引领鳌鱼表演，以前后滚翻等动作，与鳌鱼的各种舞姿互相配合，动作及队形可以随意变换。表演共分为"出海"、"遨游"、"登鳌"、"跃龙门"四个部分。舞鳌鱼头者"举头"左右摆动，舞鳌鱼尾者"举尾"做左右大幅度摆动，表示鳌鱼快速出海；执鳌鱼者半蹲姿态，双脚交替迈步，头、尾作左右摇摆，作鳌鱼在水中畅游状；渔女骑坐于鳌背，双手执笛作吹奏状，上身及头随节拍左右晃动。舞鳌者执鳌鱼前行，头、尾左右摆动；执鳌鱼快速走动，接着从舞鳌头者开始，依次高举头、身，跳起作跃龙门状，同时，点燃预置于鳌嘴中的烟花，使之喷射而出，示意鱼跃龙门，化为龙。

"鳌鱼舞"源于民间祭神舞蹈中模拟动物形态的大道具舞蹈，鳌鱼与龙、凤、麒麟一样，是传说中的神物，古时称考中状元为"独占鳌头"，是祥瑞吉庆的象征。透过鳌鱼舞的演出，展示了澄海文化之乡传统文化风尚，对地方民间祭神民俗及节日文化的研究提供真实的佐证。

（三）体育韵律与艺术创作相融合，舞动出有时代感的美学效应

舞鳌鱼活动，需要数十条鳌鱼组合表演，而制作出标准大鳌鱼，其制作就非常考究。首先是用竹篾扎出长140cm、高75cm的框架，裱糊多层灯笼纸，再着色绘彩，而后涂漆。"彩绘的鱼身本身就是扎画过程，即鳌鱼的角、睛、口、嘴、鳃、身、鳞、尾都有不同的颜色和标准，彩绘后的鳌鱼看起来活灵活现，舞动起来栩栩如生，充满生机和运动之美。另外参演的队员角色有人和鳌之分，人代表文魁星，鳌代表鱼，鳌鱼还有雄与雌之分和大与小之分，衣着颜色也有明显区别。"[1] 鳌鱼的制作和服饰都散发着悠久的历史韵味。这韵味告诉现代人们要保持良好的文化传统习惯，不要忘本，而且传达着舞鳌鱼的运动形式和蕴涵工艺制作之美。鳌鱼道具经改进后，重量由22.5kg降低到7.5kg，艺人们在鳌鱼嘴里加上一层塑胶的薄渔网，可以开阔舞鱼者的视线范围，在鳌鱼舌头上装上弹簧，鱼眼睛由电筒改装而成，在首部涂上有光彩不易褪色的油彩，两眼进行现代光电处理，鱼鳞上彩贴上圆形的850多块亮片，灯光打在鱼身上，亮片会反光。

---

① 陈伟坚：《传承化州跳花棚的几点思考》，《戏剧之家》2014年第7期。

舞动起来更轻松、美观、有神，立体感强，表演时更加璀璨夺目，格外引人注目。

舞鳌鱼的舞步以麒麟步为主，辅以碎步、弓箭步、大跳和铺腿等多种变化，表演情节有出洞、觅食、吸茜、戏水、交尾、散卵和跳龙门等形式，而魁星则以一个披头散发、青面獠牙，左手持墨斗、右手挥朱笔化妆的形象出现，并与众鳌鱼共舞，魁星舞步有夜叉探海、前滚翻、侧翻、水波浪和望月等招式，舞鳌鱼的运动形式多样，运动速率与当地民族乐曲的节律相呼应，表演时间长达 120 分钟，有较强的运动强度和负荷量。番禺地区舞鳌鱼的音乐选用及变化，从单纯的锣鼓表演改为以锣鼓衬以音乐，用乐曲排子《雁儿落》衬托书生跳海，并糅入风雨雷电的声音效果，用广东音乐《得胜令》衬托书生高中、独占鳌鱼的表演，使鳌鱼舞的整个故事完整、感人；后来有配以《赛龙夺锦》主旋律和《独占鳌头》等地方乐曲，近时期有全新改编后的《鳌鱼舞吉祥》，从舞台 3 人的舞蹈表演到 10 人以上的舞蹈表演，具番禺的音乐与舞蹈艺术特色。而潮州地区鳌鱼舞的伴奏有成套的大锣鼓班，由打击乐和管弦乐队组成，统一由司鼓指挥演奏，主要乐曲有《一江风》《草鞋踏》《采花》《螃蟹歌》等，具有潮州音乐艺术特色。

从舞鳌鱼的制作、展示结构、艺术表演形式、体育技能、运动套路和现代人们价值取向来看，随着现代社会进步，人们对舞鳌鱼审美情趣的提升，在凸显鳌鱼文化的优势时，不但在制作方面增加对鳌鱼的形体、色彩和灯光等高科技组合应用，而且在舞鳌鱼过程中，展现舞鳌鱼生机活力、运动快乐、喜悦和艺术美学追求。因此，舞鳌鱼的成套动作和编排展现出独特的运动协调、节奏与艺术再加工，实现体育韵律与艺术创作相融合，舞动出有时代感的美学效应，其效果深受当地民众喜爱。

（四）鳌鱼文化以"独占鳌头"为目标，折射出人们心理诉求和社会文明进步

鳌鱼文化获得了当地民众的认可，成为其精神寄托，主要源于当地组织者通过发起组织舞鳌鱼活动，以节庆、仪式、农耕以及当地人们的生活习俗构筑起民俗文化、艺术与体育项目的交流合作平台。番禺区和大龙街

已将鳌鱼舞作为非物质文化遗产，并积极将其引进学校和幼儿园中，在村幼儿园和小学里开设了鳌鱼舞兴趣课。

近年来，在番禺区的沙涌村等地每年举行帝诞鳌鱼舞巡游，以弘扬沙涌民族传统文化为主题，有大文锣、罗伞、头牌、大丹旗、鳌鱼舞、魁星引鳌、独占鳌头、鱼跃龙腾、大小鳌鱼齐共舞、鱼灯传统、"老夫背嫩妻"、陆地行舟、八音锣鼓和鱼跃龙腾等丰富多彩的巡游内容。舞鳌鱼有簪花披彩、齐跃龙门和独占鳌头三个重要精彩的情节，其中演绎有鳌鱼的出洞、吸茜、跳龙门等一系列技术动作。鳌鱼舞的整个故事完整、感人，富有地方特色，是适合广大人民群众进行舞台表演和体育运动的活动方式。

舞鳌鱼有六个方面的重要欣赏点：第一，舞鳌鱼的步法继承了南派武术的基本功底，其中要通过弓箭步、麒麟步、碎步等步法舞出鳌鱼的生活习惯；第二，舞鳌鱼的人有扎实的功法与技能，通过步法的组合演绎人与鱼的巡游阵形和图案；第三，在书生与鳌鱼的对舞中，"独占鳌头"一幕更是展现了舞鱼者独特的步法和高超的技艺；第四，舞鳌鱼的演绎过程连贯，故事情节震撼人心，故事演绎与情节是由数人团结协作逐层共同完成；第五，在展演不同时期不同阶段选用音乐中，都有多样变化与创新；第六，传说中的寓意情景与编排，能结合当地风俗习惯，舞动鳌鱼被赋予积极向上的文化内涵和极高的观赏价值。

舞鳌鱼通过舞鳌鱼的方式、动作结构、运动时间、运动强度、负荷量、巡游展示艺术性与美学效果，以完整的故事情节塑造出丰满的人物形象，体现了鳌鱼的吉祥与神异，烘托出节庆和表演的欢乐氛围，更能迎合人们积极向上、团结协作、获得幸福的心理需求。

综上所述，鳌鱼舞的技艺在整个节庆表演环节中，展现出感恩色彩、激励特质、制作工艺等方面的美学追求，以及舞鳌鱼的方式、体育技能、动作结构、运动时间、强度，负荷量和地方乐曲、舞蹈、道具等艺术综合性应用，蕴涵诸多的艺术效果，团结协作、乐观向上的寓意深刻的文化符号，舞鳌鱼的运动过程具有美学、艺术、教育、健身与娱乐等文化价值与内涵，艺术与运动相辅相成贯穿鳌鱼舞始终。在众多舞鱼类的民俗文化中是较有特色和有代表性的项目，以广东沙涌村为代表的舞鳌鱼项目获得诸多文化类别的荣誉，舞鳌鱼技术、技能、工艺制作、艺术、文化内涵、精神诉求等内容是鳌鱼文化传承发展的重要组成部分，折射出人们对吉祥欢乐的心理诉求与当前社会的文明和谐。

## 三 当前广东舞鳌鱼民俗体育文化传承发展的困境与诉求

### （一）广大民众对自我优秀传统文化缺失自信的机理

中华民族传统民俗文化是博大精深的中华传统文化的重要组成部分，集宗教信仰、节庆祭典及农耕生产于一身。回顾近年来中国学术思想的某些领域，很大程度上深受西方文化思想影响和冲击，打着"洋为中用"的旗号，偏离中国广大农村地区所处的特殊的地理、人文环境和民族文化基因构成地域的"本土化"价值取向；学术观点多陷入以欧美主义为核心的逻辑思维之中，以欧美为标准衡量我们自身的民俗文化，导致我国许多学者对于民俗体育文化"本土化"研究偏离了方向，偏向于欧美文化倡导的竞技标准化、个人英雄主义和功利最大化的思想，站在"他国"文化角度来研究中国本土文化，脱离了中国地方中"本土化"文化的独特性、地域性、主体性、创新性和本土性的历史成因与意识，导致广大民众对自我优秀传统文化缺失自信。

### （二）在新时代传承发展中其机理发生紊乱的原因

目前，广东沙涌村舞鳌鱼的民俗文化在中国农村城镇化发展的进程中，虽然其地方的民俗体育文化"本土化"特征明显，但在农村城镇化发展大环境下，当地各级政府在精神文明建设中，对舞鳌鱼的民俗文化关注、资金投入和宣传出现失调，对提升当地民众的文化自信仍力度不足，措施不当，在厘清舞鳌鱼民俗体育文化传承发展的脉络，传承保护舞鳌鱼的主体，创新发展的机制，实现民俗体育文化的社会功能，增强地方文化软实力等方面，都出现一些不协调的问题，这些问题和矛盾持续冲突，导致舞鳌鱼民俗体育文化在新时代传承发展机理发生紊乱。

### （三）影响其在新时代传承发展的主要因素及问题

经归纳整理，结合其地方发展定位，发现主要存在六方面的因素及问题：第一，从舞鳌鱼的表演环境来看，只出现在节庆或大型文体活动中，这样舞鳌鱼的生存环境与拓展的空间是相对有限的。第二，表演时段长和套路单一容易造成审美疲劳。第三，从项目的普及教育、活动宣传的角度来说，提升青少年一代的价值观、文化认同感与自豪感，是舞鳌鱼活动继续发展要面临的重要问题。第四，学校发展与学生个体发展的矛盾。第五，舞鳌鱼活动形式如何突破文化遗产表演化的局限性，舞鳌鱼的艺术价值与新时代的价值观如何科学有效地结合。第六，鳌鱼舞的演出属于民间自发的文化活动，参与者均为业余性质，组织结构松散，参与表演者大多年事已高，年轻一辈的艺人多外出务工且技艺初学，使得鳌鱼舞演出活动近年来场次越来越少，难以为继，亟待传承与保护。

（四）提升民众文化自信是人们的祈盼和社会进步的文化理性回归

费孝通在《中华民族多元一体格局》一书中说："一个民族的共同心理，在不同的时间、不同场合，可以有深浅强弱的不同。为了加强团结，一个民族总要设法巩固其共同心理……强调一些有别于其他民族的风俗习惯、生活方式上的特点，赋予强烈的感情，把它升华为代表这个民族的标志。"[1]站在新时代中国非物质文化遗产保护和传承民俗文化、艺术和体育项目的角度，针对当下民俗体育文化研究"本土化"处于弱势，通过对优秀文化精髓的再改造和提炼来提升广大民众对自我文化的自信。节庆活动舞鳌鱼项目首先给广东沙涌村为代表的周边地区的广大民众带来相互尊重、和睦共处、团结协助、娱乐健身、情感交流、经贸往来和文化交流等诸多合作。其次，"不断增强意识形态领域主导权和话语权，推动中华优秀传统文化创造性转化、创新性发展"，是党的十九大对新时代文化发展提出的纲领性和战略性目标，同时为农村城镇地区的民俗体育文化研究转型提供了新的思路。此外，以广东沙涌村为代表的舞鳌鱼项目，这样"本土化"且"接地气"的舞鳌鱼活动形式和功能价值，凸显了当下社会文化发展向着文化与旅游相结合，打造地方精品项目，提升民众文化自信的方向迈进，这恰恰是当今人们的祈盼和社会文化进步的归属点。

---

① 费孝通：《中华民族多元一体格局》，中央民族学院出版社，1989，第173页。

## 四 新发展理念视域下广东舞鳌鱼民俗体育传承发展的对策

国务院发布的《全民健身计划（2016—2020 年）》中明确指出，"将体育文化融入体育健身的全周期和全过程"，"弘扬体育文化，促进人的全面发展"。① 国务院办公厅印发的《关于实施中华优秀传统文化传承发展工程的意见》中指出，"文化是民族的血脉，是人民的精神家园。文化自信是更基本、更深层、更持久的力量。中华文化独一无二的理念、智慧、气度、神韵，增添了中国人民和中华民族内心深处的自信和自豪"②。结合习近平新时代中国特色社会主义思想，将中华优秀传统民族文化与东盟国家互相交流和共享，对该区域舞鳌鱼民俗文化发展形成了新契机。同时，不同时期的民俗体育文化皆具典型的时代印记，在新时代背景下，找出既适合广东周边地区及东南亚地区人们的生活方式和学习方式，又体现广东地区的"现代性、区域性、民俗性和国际性"特点，保障广东番禺和潮州等地区舞鳌鱼的民俗文化得到传承、传播及延续，为未来舞鳌鱼的民俗性、艺术性、健身性、休闲娱乐性、教育性、竞技性、传承性和国际性在现代社会发展中得到应用。因此，针对当前现代化的交流合作平台，拟定了由政府引导，社会与学校共同参与合作的"三位一体"思路，通过交流合作平台、资源整合、互联发展、保护传承人、学校教育、打造品牌和"民俗文化＋"产业业态模式的组合措施，提升广大民众对自我优秀文化的自信，有效落实文化理性回归。具体对策有以下几个方面。

（一）利用交流合作平台提升舞鳌鱼的全民参与度和普及率

以国家倡导的全民健身和学校实施的文化艺术活动为指引，充分利用交流合作平台，明确普及民俗文化、艺术和体育的意义，全民参与度和活动的内容要有明确的重要导向，民俗文化、艺术和体育是具有民族传统文化的地域中不可或缺的生活习俗组成部分，让更多民众体验中华民族传统

---

① 国务院：《关于印发〈全民健身计划（2016—2020 年）〉的通知》（国发〔2016〕37 号）。

② 国务院办公厅：《关于实施中华优秀传统文化传承发展工程的意见》，http://politics. people. com. cn/n1/2017/0126/c1001 - 29049653. html，2017 年 10 月 13 日。

体育的魅力。"民俗体育的特色与魅力本身就具有号召力"①，按照不同种类与等级开展，是普及文化、艺术和体育活动的保障，也是对活动开展本身的完善，对其民俗文化的传承发展打下更扎实的基础。

（二）资源整合与联动合作实现时效性和常态化相结合，真正落实到为人民服务

"需要有更多的民众愿意参与、乐于欣赏，只有为人民服务，人民才会支持你，这个舞种才会有发展壮大的基础。"② 将有地方特色的民俗文化资源整合，以民俗文化为导向，融入旅游、商业、体育和教育等行业及部门，把番禺和澄海地区的舞鳌鱼，潮州和陆丰地区的舞鲤鱼，顺德大良地区的舞鱼灯，汕头地区的舞九鳄，番禺区的沙涌村、渡头、龙岐、沙湾、西村和龙津等地方的舞鳌鱼，按照项目的性质、难度系数及展示方法分成竞赛类、表演类、健身类和游戏类等不同种类与等级开展，开展舞鳌鱼项目与其他民俗文化、艺术和体育项目组合展示及宣传，使其能积极与当地的民俗节庆活动实现时效性和常态化相结合，真正落实到为人民服务。

（三）将普及民俗文化内容融入艺术、体育与旅游产业中，形成互联发展

鳌鱼舞在当地有极高的民俗学价值。一是鳌鱼作为鳌鱼神、渔民保护神，是沿海一带渔民在生产生活中形成的早期自然崇拜的产物；二是鳌鱼舞所表现的魁星与两鳌鱼的故事，是对祖先与家族图腾的一种附会，有很浓郁的家族信仰色彩；三是鳌鱼舞九年出会和与此形成的"蒸尝"制度，说明鳌鱼崇拜不但是"九屯"的信仰，而且得到番禺石碁和沙湾等地民众的认同，成为该地区民众共同的民间信仰。

首先，把民俗文化、民族艺术与体育融于互联发展当中，既能保留民族传统体育与艺术的民族性，又能展现民族文化的开放性，为更多的人参

---

① 董必凯、何卫东：《花山岩画铜鼓图像蕴含的壮族体育文化及其传承发展研究》，《广西社会科学》2017 年第 2 期。

② 王昕：《"民族形式"对中国民族民间舞蹈创建的时代意义》，《民族艺术研究》2016 年第6 期。

与其中提供有利条件。舞鳌鱼的活动形式和艺术展示应增加区域竞争力度，使多个村在节庆或大型活动中互相比拼技巧、创意、编排，营造竞争氛围，使参与者享受过程又关注结果。其次，对舞鳌鱼活动的再次改良渗透着沙涌人民的智慧，兼收并蓄的包容精神是符合现代体育潮流，适应时代发展的。最后，当自身发展受局限时，还能关注"他村"、包容"他法"，这也可以吸引更多的人参与其中，彰显了民族的开放性，使多民族的智慧融入该项目中，有利于项目自身的普及和发展。因此，在省级、国家级和国际性的经济盛会、艺术表演及体育赛事中，多场合多层次将富有地域文化特色，传承非物质文化遗产，集教育、健身、节庆于一身的沙涌鳌鱼舞项目进行展示，将其积极融入地方的艺术、体育与民俗旅游产业中，形成互联互通共同协调发展，促进其在相类似的国际性舞台上展现其民俗文化的魅力。

（四）建立保护传承人的机制

沙涌村的"鳌鱼舞技艺"已于 2006 年被广东省评为省级非物质文化遗产。如白晋湘等指出，"非物质文化遗产的'活态'与'静态'相比，最大的区别在于'人'的价值呈现。非物质文化遗产最宝贵的是'人'，'人'是非物质文化遗产保护的根基和灵魂。"① 最直接、最有效的文化传承是以人为载体的活态与动态传承，民间民俗文化传承人是建设民族地区与城镇区域传统民俗文化的支撑点。

目前广东的番禺和澄海地区的舞鳌鱼就是当地节庆活动的重点特色内容与项目，舞鳌鱼的文化、艺术和精湛技艺是当地非物质文化遗产活的宝库。在新时代社会发展背景下，首先，当地政府应加大对番禺和澄海等地区舞鳌鱼传承人的支持力度，保护传承舞鳌鱼民俗文化，各社区与乡镇应采取有效措施对项目传承人进行全面详尽的统计、挖掘和保护，特别要对老艺人进行重点保护。其次，加快培养和建设一支业务素质好、会管理、年龄和专业结构合理的民俗文化传承、保护人才队伍，以保证特色项目的传承"后继有人"。此外，在各社区与乡镇建立选拔与设立相对应的传承

---

① 白晋湘、万义、龙佩林：《探寻传统体育文化之根　传承现代体育文明之魂：非物质文化遗产视角下民族传统体育研究述评》，《北京体育大学学报》2017 年第 1 期。

人和负责人制，按照各社区与乡镇的艺术、体育和民委等分支部门，加强资金资助，配套资金和物资供给，鼓励建立师徒传承关系，因地制宜实施全民健身计划，丰富社区与乡镇的民俗文化内容与活动。

（五）让舞鳌鱼的民俗文化进入校园，纳入学校课程建设

将舞鳌鱼运动接进当地校园，形成地方校园文化建设的特色。第一，争取上级单位如社区办、乡镇办和区级教育局的支持，为工作提供必要的经费、硬件投入，配备相关教学设施用于课程资源开发，聘请专家精讲布课。第二，建立健全各项管理制度，提高创建的实效性，落实好研究过程，争取早出成果，为学校鳌鱼文化课程建设激活通道。第三，学校通过传承优秀传统文化，设立其为显性课程。如增加舞鳌鱼文化相关的文艺创作、美术工艺制作、体育活动和运动竞赛等教学内容，设置鳌鱼文化为校本课程。具体做法是：一是以课堂教学、班会及运动训练为主渠道，选择内容，传授鳌鱼文化，并通过鳌鱼传说以及鳌鱼舞的活动开展相关的排练、比赛等活动；二是鳌鱼的工艺制作有很多知识和手艺，在讲授过程中可以渗透礼仪、理想、意志、协作等内容的教育，引导学生树立远大理想，培养学生自信心；三是开展鳌鱼文化主题教育活动：以鳌鱼传说和鳌鱼舞的传承为主要内容，开展综合实践活动，与村中舞鳌鱼传承者接触、交流，进一步接受鳌鱼文化熏陶；四是研究建议学校可以通过鳌鱼文化嫁接文化艺术与体育活动，让学生通过活动体验、感悟成功与快乐。第四，学校通过打造阳光环境，设立其为隐性课程。如学校可以结合"民族民间艺术之乡"元素装饰校园，继续围绕鳌鱼文化的内涵与价值理念办学，进一步完善鳌鱼文化系统传承，使校园环境不仅富有创新精神和时代特色，而且充满阳光和健康的地方民俗文化魅力。具体做法是：一是学校应以鳌鱼精神引领，发展学校各个科目，设立各种文化、体育社团，以"鳌头"之名为学生创造展示自身兴趣爱好及强项的机会，建议学校提供满足学生个性发展、团队合作的条件，鼓励在当下应试教育中既要不失教育传统，又能引导主体个性发展和培养集体主义精神。二是通过师资力量及教学水平的逐渐提高，学校以教学科目发展向学生阐释鳌鱼传统文化的发展和演变，积极将鳌鱼文化传承与学校教育及设计理念等多样式相结合，潜移默

化培养学生的综合能力。

（六）融合民间舞蹈艺术和制作艺术共同打造舞鳌鱼品牌

鳌鱼舞的舞姿十分优美，舞者的舞步丰富多样，形象地刻画出鳌鱼的生活习性。鳌鱼舞有完整故事情节，且道具制作工艺高超，穿插声光电的高科技元素，充分体现了当地民间竹扎技艺的精巧，舞蹈音乐中锣鼓的应用，也充分体现了民间音乐的特质，凸显番禺鳌鱼舞的文化遗产价值不仅是一种活态的传统舞蹈艺术，而且是一种具有较高艺术水平的舞蹈。此外，中国传统制作艺术也是鳌鱼文化传承的重要基础保障，应探索多样化传承载体。如剪纸、无骨花灯等民间传统制作工艺都能使鳌鱼制作锦上添花，或能深化鳌鱼制作工艺再创新，树立品牌工艺，形成鳌鱼制作知识产权，进而更好打造鳌鱼品牌。品牌效应势必为当地政府、社会和学校树立良好形象，促进多元化文化交流与互动，为今后鳌鱼舞的舞蹈艺术价值提升，形成鳌鱼系列生产工艺的产业链条打下扎实基础。

（七）积极探索"民俗文化＋"产业业态模式，丰富舞鳌鱼的艺术产品、体育产品和服务供给

"民俗体育文化'本土化'回归不仅是我国民俗体育国际化发展的时代诉求，也是传承中华民族优秀文化不可回避的话题"[①]。新时代国家积极传承发展中国优秀传统民族文化，并与东盟国家互相交流和共享。一方面要通过供给侧结构性改革，加快形成"民俗文化＋旅游、民俗文化＋艺术、民俗文化＋体育、民俗文化＋特色产业（培训、康复、艺术欣赏、收藏、休闲等）、民俗文化＋互联网"等"民俗文化＋"的新兴业态模式，推动舞鳌鱼文化产业的联动效应。另一方面，鉴于民俗文化消费与旅游消费的同一性特点，深入推进舞鳌鱼文化旅游产业深度融合发展，培育并形成舞鳌鱼文化旅游新业态，开发舞鳌鱼文化旅游新产品。此外，围绕舞鳌鱼文化产业发展，加速民俗文化产业与关联产业在地理空间上的集聚，推

---

① 雷军蓉、王世友：《本土异域间：我国民俗体育文化"本土化"研究的审视与论绎》，《北京体育大学学报》2018 年第 1 期。

动民俗文化产业对地区经济社会发展的带动和支持作用，培育以沙涌鳌鱼舞文化产业为主体的新业态，切实提升该地区鳌鱼舞文化产业增加值和比重。

## 五　结语

民俗体育文化"本土化"回归是新时代发展理念下地方文化自觉、文化自信和文化自强的缩影。现代民俗文化需要培育"活化"的新认知，积极探索广东舞鳌鱼民俗文化的结构创新、实践创新和样态创新，即对广东舞鳌鱼民俗文化的人文研究哲学方法论的理论拓展、"自我民族志"的动态跟进和口述史基本理论的演变递进，进而鼓励地方鳌鱼文化在文化自信、传承效率、传播方式、文化融合和创新效果上采取相应措施。因此，依靠中华优秀民族传统"和合"文化基因，遵循"一手伸向传统，一手伸向生活"的文化挖掘与改良，建立健全广东舞鳌鱼民俗文化与多学科交叉及多领域融合的发展机制，充分运用现代互联网传播，积极与国际接轨，互利共赢共享，促进广东舞鳌鱼民俗文化的健康发展。

# 甘肃泾川武社火仪式过程与功能研究

## 张 敏[*]

**内容提要** 我国节日民俗活动甘肃泾川武社火集武术招式、戏曲武打动作、社火表演于一体,动作步伐随着锣鼓节奏进行表演,是泾川当地群众在长期的生产劳动和日常生活中所创造的民间表演活动。本文从武社火的准备阶段、展演阶段的仪式过程、卸将三个方面描写了其独特的仪式过程,并探究武社火在乡村日常生活中发挥的祭祀祈吉、娱乐民众、丰富生活、社会整合、宣德教化、弘扬传统文化重大功能,展现其在民俗和人类学研究中的重要价值。

**关键字** 武社火 仪式表演 社会功能

武社火是生活在甘肃陇东泾川这片黄土地之上的先辈们所创造的民俗文化典型代表,耍社火是该地区一项极为喜庆热闹的民间活动,以武打而名的武社火即使在一个县的南北塬,其叫法、形式、内容也不尽相同,甘肃泾川独特的军事要塞地理位置和深厚的西王母文化底蕴深刻地影响了武社火的形成与发展。近代当地老百姓在祭祀"地方神"的同时在武社火的文化形式方面也融入了秦腔文化、现代的政策标语、广场舞、现代舞等内容,人们组织耍一场武社火,通过武打的形式祈盼来年的日子过得红红火火。

本文以甘肃省泾川县南塬高平镇袁家村惠家圵武社火为个案,对武社

---

* [作者简介] 张敏,女,1997年生,甘肃兰州人。兰州大学西北少数民族研究中心民族学硕士。研究方向:少数民族迁徙与文化变迁。

火的仪式表演过程与功能进行详细的实地考察、分析研究，希望引起广大爱好者及学者等对武社火的仪式过程和现实功能的重视。

## 一　甘肃泾川武社火的仪式过程

人们因对社神和火神的信仰而产生了具有一定秩序的仪式过程，武社火在民族学文化的三分法中属于行为文化，这种仪式成为大众化的活动有确定的时间和特定的场合，并且在一个地域性的群体中进行公开展演，与仪式展演相对应的则是规范，这也就说明了这个仪式过程具有丰富的内容和规定的程式。① 泾川武社火作为一种表演的仪式，经历发展演变之后，在内容和形式上形成了一个完整的体系，反映出村民们的公共意识和集体意识，同时，这种独特的表现形式也体现了民族学意义。根据调查，甘肃泾川武社火展演的仪式过程如下。

### （一）武社火的准备阶段

泾川人对节日期间耍社火是极为重视的，届时当地人以村为单位组织社火，从各村社中不论男女老少选出一些表演者，千百年来这已成为一项约定俗成的规矩，也可谓是一年到头来接近全民参与的最为喜庆热闹的活动。举办社火的村子从年前农历十二月底小年过后就开始做前期准备工作了。德高望重的人统筹安排武社火工作，由专门成立的社火会的会长具体操办，做到分工明确、责任到人，使参与者各尽其能，各擅所长。耍社火的各个负责人、民间艺人、村子里的行家置办相关的器材和道具，如锣鼓、衣饰、乐器、车辆、灯笼等；与此同时，表演者的训练也是非常重要的，由之前参演过武社火的有经验长者对选出的表演者进行动作编排和训练，对于武打的技巧、动作都有严格的要求，每一个动作的功底一定要到位，对道具的使用要熟练掌握，打斗翻转等一招一式都要按照某一戏情进行，跑旦的姑娘们要求动作也要宛若仙女一般轻盈，跳广场舞的妇人们步伐也要训练到整齐划一。

---

① 参见李建宗《仪式与功能：文化人类学视野下的陇中社火》，《黑龙江民族丛刊》2008 年第 4 期，第 157 页。

武社火表演使用的道具是一个村社火的"门面",所以各种用具、服饰延续下来损坏的或者破旧的必要时需进行置换,并重新添置。谈到这里,有专门的负责人管理武社火活动经费,耍社火的经费来源大部分是村委会出钱,少部分是村民群众集资,大家有钱的出钱,有力的出力,团结一心为耍社火贡献出自己的力量。当地有种说法是社火一般耍三年或五年,于是将社火器材放置在庙里专门的屋子,准备社火事宜的地方设在会长的家里。就这样,敲锣打鼓、红红火火准备社火的时间持续到过完年的正月初四,锣鼓声响彻整个村庄,即将开始的"耍社火"氛围已经十分热烈了。

（二）展演阶段的仪式过程

**1. 装身子敬神**

"耍武社火"要持续三到七日不等,一般由接待社火的村子和户数所定。惠家屲武社火正式演出从正月初五下午三点多开始准备,在指定的地方集合"装身子",武社火脸谱鲜明刻画了人物脸部妆容,跑旦的姑娘们以及由男人扮演的丑角在队长家里的大圆桌上化妆、扎辫子,爱美的村妇多用化妆品;其他角色在离庙里很近的会长家画脸谱,男性先用石膏粉抹脸,后采用油彩画脸,黑烟墨画眉,虽然比不上秦腔脸谱的精致,但也画出了农民质朴的神色,同时泾川武社火脸谱内涵鲜明,具有很强的角色代表性。在展演过程中,观众可以通过"哑剧"的脸谱来判断识别所扮演的角色和表演内容。脸谱不同颜色象征的意义也有所不同,黑脸一般代表刚正不阿的包公,白色一般代表奸佞小人,红色代表忠臣义士,这些是尽人皆知的,忠奸善恶清晰可辨。

傍晚六点左右天色渐晚,院里各色的旗帜,两只领头的长明灯,四个小男孩挑的用竹木等材料做成,外部糊上白纸,画上白虎、花鸟鱼虫等图案的灯笼,内部蜡烛已经点亮,活灵活现地在漆黑的夜空中成了一道神圣的人文景观。组织社火的会长也已提着包等候出发,用火烤过的鼓也已装到电动三轮车上,在队长家化妆的妇女、害婆娘、丑老汉也到这里会合。一切都准备就绪了,社火队由幡旗、虎头灯开路,社火头端着香表等前往庙里,并在经过的岔路口烧纸。到达庙上后,可见庙里的房檐上挂着四个喜庆的大红灯笼，庙里墙上正中央悬挂着神灵画像，炕上设有香案，点着蜡烛、香火，摆放着酒壶、鲜果、点心。在锣鼓声中，会长在庙里的各个神殿中行香、祭祀神灵。先是到"西方三圣殿"，然后到"财神殿"、"文昌阁"，最后到"子孙宫"和"药王殿"，向神灵祈祷保佑村民新的一年平安如意。表演者也在庙前的香炉前烧香、化纸、祭拜，当地人认为这就是他们被"神仙附体"了，也即不同于普通人，正式装上身子了。① "装身子"仪式过后便开始了武社火在庙宇前请谢神鬼的第一次展演，人神共庆，隆重热烈，好不热闹。

### 2. 正式表演的仪式过程

敬神之后，表演者由村里专门的私家车、面包车拉到惠家圪一队，装着道具的三轮车紧随其后，待所有人员和所需道具到齐之后开始表演。在社火队到来之前，笔者环顾村里的人家，各家各户的墙面上贴着各式各样的年俗画作，大红灯笼在大门楼高高挂起，房檐上狮子砖雕，大门上贴着秦琼敬德的门神、祝福平安吉祥的对联等年俗装饰，驱邪避鬼、保卫家宅，正对庭院大门的地方摆放地方神和祖先牌位，主人家早已在院里点香烧纸，准备好赏钱，一来表达对地方神去年的感谢，二来祈求新年的关照。社火队按照之前的顺序排列，接社火的人家燃放烟花爆竹迎接神灵的到来，春官打前阵，带领着"红"、"黑"、跑旦的"身子"、锣鼓队等进入这户人家，春官（也即仪程官）是社火的灵魂人物，相当于指挥官，由能说会道、声音洪亮的男性担任，头戴黑色毡帽，身穿褐色皮夹克，斜披着大红被面，摇着鹅毛羽扇，随着整齐有序、铿锵有力的鼓点挥着大喇叭说着吉祥如意的春官词"改革开放政策好，农民生活大变样，高门楼子房屋新，人人穿的衣服新"，象征着对人民安居乐业的幸福生活和和谐社会的歌颂和祝福。② 会长提着红色布袋在院里指挥着，社火头把桌子摆放在上房门前，将虎头灯靠在桌子两侧，演员们站在桌子左侧的空地上等候出场，四个挑长灯笼的孩子站在院子四边。紧随的群众也在院子里的房檐台

---

① 杨天奇：《社火曲艺的价值和问题研究——以青海社火为例》，《原生态民族文化学刊》2013 年第 2 期，第 106 页。

② 参见张萍《宁夏隆德社火文化探析》，《宁夏师范学院学报》（社会科学版）2011 年第 5 期，第 135 页。

上、门口，携家带口围成一个圈观看武社火表演。一般地，在上房门口偏侧一些的位置，每户人家都会准备好热气腾腾的"锅子"①，旁边还有用大洋瓷盘装着垒得很高的馒头、花卷招呼社火队，表演者吃饱喝足后很快开始演出。

在整齐的锣鼓声中表演开始了，首先是黑张飞携大刀出场，绕场三周，称为"耍过街"。其次是耍圆场，表演者们迈着坚定的步伐在打斗中绕场一周。最后是耍大圆场，表演场地中央一个个"身子"手持兵器有节奏地在锣鼓声中持续地打斗，耍大刀时，一个人抢刀转得昏天黑地，刀不落地不伤人。再是对耍，两把刀相逼相贴，各转圈各回头各闪开，随鼓点逼近，散开重复数轮，到了势均力敌不分高低之时才停止，他们一招一式的默契配合，引起阵阵叫好。② 表演者表情丰富，时而喜形于色，时而怒不可遏。随着鼓点的加快，打斗速度和频率也加快了，节奏有张有弛、急缓相间，且妙趣横生。演员以十字步为主，互相穿梭，有时各自走八字路线会故意碰撞，惹群众发笑。③ 其中花旦一般是女中豪杰或巾帼英雄，由村子里选出来动作灵巧的少妇扮演，身穿红色喜庆的衣服，化装成戏剧中的花旦形象。在《苏三起解》中，旦角跟随老生的船桨左右漂浮晃动，上下机动灵活，衣衫飘飘，如行云流水一般。观看武社火表演时，尽管数九寒天，但人们依然是扶老携幼，举家观看，各个年龄段的男女老幼不畏严寒，踮起脚尖、伸长脖颈，专注而尽情地投入其中一饱眼福，人人面带笑意、嘴角含春，用高涨的热情表达对武社火的挚爱。武社火所表演的折子跟具体戏剧等内容有关。

经过一番打斗，每杀死一个妖魔鬼怪便会放一次火，当这一折子"红"离场时也会放火，只见放火的伯伯将手里炒熟的荞面向高空抛起，蘸着清油的火把上立刻出现了红红的火光，物体燃烧时随火而生的烟雾冉

---

① 锅子，即农村的大烩菜，十几年前大多采用的是黑色陶器，中间的芯子是专门烧木炭的地方，可将食物煮熟加热，通过加炭使食物保温，周围装满种类繁多的蔬菜、肉类、干菜等，近几年随着人们的生活水平提高，多用更加环保和便捷的电锅，外面多是镀了金的铜锅子。

② 参见周丽蓉《传统春节中的历史记忆——山西娘子关古镇下董寨村的春节民俗调查》，《戏剧之家》2018年第12期，第191页。

③ 参见李军《甘肃省陇东地区"耍社火"习俗——以静宁县仁大乡为典型的考察》，《四川民族学院学报》2013年第3期，第45页。

冉升起飘到空中，火与天相通，借助火的"神力"斩妖除魔、消灾祈福，接待各方神仙保佑新年财运滚滚。虔诚的心愿发出的火焰具有照明、温暖、烘烤的功能，营造出了欢快威武的气氛。① 放火后，在一旁的家长早已带着孩子双膝跪地，手里拿着黄纸和钱等待"红"给小孩子"过关"，可见"红"拿着大长刀在孩子头顶先顺时针转三圈，再逆时针转三圈，从自己脸上蘸些红色在孩子额头点个红点。当地有说法是"过个关，长的欢"，希望孩子能够平安、健康成长。丑角随意穿行于人群之中，拿着扫炕的小笤帚为人们扫去污秽和不幸，夸张的面容表情，不时挤眉弄眼，轻盈的步伐，动作滑稽、丑态百出，惹得大家捧腹大笑，观众会给予丑角一定的赏钱，一般以几块钱居多，害婆娘（丑角）便会很高兴地将钱放入提前绣好的鼓鼓的肚兜里。

传统的社火表演完之后融入的是当今流行于人民大众之中的广场舞，妇人们个个精神抖擞，更洋气的是几个年轻的妇女跳起了鬼步舞，步法灵活统一，村民们目不转睛地看着，既新鲜又好奇。在观看的过程中，热情的主人家会给到他家院里观看社火的观众发放吃食，认为来者都是客，来的人越多说明这家人的人缘越好，大家都乐意来捧场。主人家里的成员端着盘子，用瓜子、花生、糖果、饼干点心等招呼前来看社火的人，给贪吃的小孩还提前准备了橙汁、可乐等饮料，招待社火队和群众的食物越是丰盛，说明这家人越大气，会获得人们的夸赞，尽管零下十几度的黑夜甚是寒冷，但伴着烟囱里冒出的缕缕炉烟，热情的人们心情舒畅，尽情地享受着这热闹的时刻。

社火表演接近尾声时，孙悟空的扮演者会端着里面装有纸钱（金元宝）和一角、五角、一块的零钱铁盘子，用扇子扇着撒向院里，嘴里还说着祝贺词"撒钱已毕，遍地金钱。一撒庄稼丰收、二撒岁岁平安、三撒牲畜兴旺"②，这被称为刘海撒金钱仪式，寓意主人家财源广进，在一旁等候时机的孩子们见势赶紧去捡，眼疾手快的小孩往往能捡到好几块钱，而捡到钱的人也会财运大好。最后，主人家会把准备好的烟酒和赏钱用盘子端

---

① 屈社明：《宝鸡社火文化研究》，《海峡教育研究》2013 年第 1 期，第 51 页。
② 杜高鹏：《仪式与信仰：甘肃中东部的傩祭"烧社火"》，《鸡西大学学报》2011 年第 12 期，第 135 页。

出来交给会长，并且有专人拿着小本子记录谁家给了多少赏钱和烟酒的数量，负责收钱的人会大声宣布谁家赏钱一百元、酒一瓶、烟几盒。社火队集体答道"谢"，便按着来时的顺序在送神的鞭炮声中离开，随行的群众也跟着社火队在下一家的迎神鞭炮声中进入。

武社火在每户人家表演的时间长短不等，内容也按照早就编排好的折子有细微差别，一般会考虑到这户人家院子的大小、个别主人的特殊要求、观看群众的多少而进行演出。有时会在当地有名望的人家演出时间较长一些，并且会表演挂画①，笔者调查几日中都是由老生指挥。不同的村子对挂画有不同的说法，当笔者询问当地知识分子时，他们对"挂画"的说法一是：为了纪念历朝历代精忠报国的忠臣，相当于对他们被冤逝世感到惋惜和赏赐，让人们进行悼念；二是认为一幅画作在集市上要卖出时，要把家底全部展示出来。

惠家屲一队表演完毕后，继庙里表演最为完整的便是在村委会（当地人称为大队）门口的广场进行，在这里增添了广场舞的表演，围观的群众也是最多的。社火队就是这样每晚走街串巷表演到一点左右，每天耍完社火后装好表演道具，由专车将装了"身子"的人拉到会长家里卸去身子（即去掉头饰，换下表演的服装，穿好自己的衣服，擦拭脸上的油彩），将戏服整理好放在固定的房中，表演者便陆续离开，接下来的几日在临近的村社进行表演。

（三）卸将

红红火火的武社火表演了五日之后，最后一天夜里要完到庙里举行卸将仪式（即人们除卸社火的"身子"）。首先是将武社火所有的折子在庙前完整地表演一次，酬谢神灵护佑圆满耍完武社火。继而，会长烧香叩首，借着武社火这个特殊的中介，神灵与民众共娱，通过向神请示告知社火表演今天就结束了，在用砖块和水泥修筑而成的大香炉前，所有的"身子"和随行来到庙前的人都依次焚香烧纸、三叩首，感谢神灵附体，至此就宣

---

① 挂画，即所有演员根据不同的指挥者踩着鼓点演出的一个大型节目，挂画时由"船工"装扮成戏剧中船夫的样子，持拴着大红花的"船桨"首先从侧面出场，接着绕着场子迈着"八"字步表演。

告还原了村民身份，回到了正常的生活中。

接着，会长等人将神赐给村民的食物（庙里的祭品）分给在场的人，有说法是吃了庙里的东西会带给人们吉祥和好运，与此同时会告诉大家耍社火的赏钱金额及其用途。最后，表演者到会长家中换下社火服，这样就算彻底地卸掉了"身子"，帮忙的村民们将道具、服饰等收拾整齐放入庙里的空房，负责道具的人用三轮车将各家各户的桌椅板凳进行归还。在庙前悬挂着的大红灯笼照耀下、神灵的庇佑之中、载着表演者远去的车辆溅起的尘土中，一场完整的武社火展演仪式就宣告结束了。

## 二 甘肃泾川武社火的功能

一场群众性的展演仪式在其热闹狂欢的背后，总会有一些服务人民大众的功能。正如马凌诺夫斯基在其著作《文化论》中所表述的观点：基本需要产生文化，文化满足需要，这就是所谓的功能。文化的产生是为人的需要而服务，都有特定的功能，而这些功能在人们生活中潜移默化地影响着人们的观念和行为。[①]武社火作为一种民间文化的象征，它因祭祀祈福而产生，又因娱乐教化等功能而繁荣，作为文化的载体，它在传承具有丰富内涵文化的同时又实现了一系列重要的社会功能，笔者将其概括为以下五个方面。

### （一）祭祀祈吉功能

深受秦陇文化熏陶的黄土高原在沟壑纵横之间贯穿着神灵信仰和祖先崇拜，黄土地上祖祖辈辈的农民信仰观念中，祭祖娱神、祈求吉祥是武社火的重要功用。村落举办一场仪式不只是民俗文艺，也是祭祀活动，它不仅能让人笑，也能让神笑。[②] 人们似乎认为这种仪式是在邀请神灵走入他们日常的生活当中，享受他们的供奉，神与人共享欢乐，同时也庇护他们家庭幸福。据实地的田野调查，社火首次亮相表演的地方就是神庙，以表

---

① 〔英〕马凌诺夫斯基：《文化论》，费孝通译，中国民间文艺出版社，1987，第14页。
② 〔英〕维克多·特纳：《仪式过程：结构与反结构》，黄剑波、柳博赟译，中国人民大学出版社，2006，第205页。

示村民们对地方神的尊敬，当武社火去到家户时，最重要的目的之一就是祭祀先祖，血缘家族意识此刻在乡村中表现得尤为明显，武社火在一定程度上来说就是当地人对祖先及其英武勇敢精神的追思与继承，也是对他们怀祖情结的诠释。人们怀着虔诚的心理通过这种公众性民俗仪式的展演，也即潜在仪式背后的一种集体无意识，不自觉地表达一种本能的祈愿和诉求。因此，武社火的祭祀祈吉功能是显而易见的。

### （二）娱乐民众，丰富生活

武社火是祭祀和娱乐相结合的一种夜社火展演形式。从其产生的角度来看，作为传统民俗文化的一部分，美国社会学家萨姆纳认为"民俗建构的动力是需求，民俗是为一时一地的所有生活需求而设"①。为了满足农民的精神信仰、生产生活的需要、消遣农闲时间的需求、节日狂欢的愿望，于是便逐渐产生了这种具有娱乐性质的仪式活动；从排演的视角看，武社火从春节前张罗准备、排演直至正月十五才结束，人们以社为聚，人神共喜，具有浓烈的节日氛围，在这个过程中大家各尽其能、大显身手，排练、制作服装道具的准备活动就是喜庆娱乐的过程，参与者发挥了自己的主体意识，并得到人们的认可和赞赏，在村社活动中实现了自身价值；从表演的内容场景来看，大伙不畏寒冬凛冽、北风呼啸，在震耳欲聋的鞭炮声、锣鼓喧天中跟随社火队走家串户，热情高涨，前呼后拥，万人空巷，社火中的丑角丑老汉、害婆娘等表演幽默诙谐，非常具有喜剧色彩，观众纷纷捧腹大笑……现场气氛十分活跃，仿佛平日里在城里打工者、整日忙着庄稼地活的人们、留守的老人儿童此刻都忘却了生活的艰辛和孤独，甚是欢喜，使往日单调的生活变得生动有趣、丰富多彩起来，而不是无事可做，以打牌赌博等方式度日，由此武社火丰富了人们的精神生活，使日子过得更加有滋有味。

### （三）社会整合

武社火是以社为单位进行组织的，是一种群众广泛参与的仪式性活

---

① 钟敬文:《民俗学概论》，上海文艺出版社，1998，第27页。

动，这就使参与其中的人们表现出一定的集体意识和团结意识，全村人群策群力、齐心协力办好社火表演，展示了全村的经济文化实力和村民们的精神凝聚力。在会长等领导者的指挥下大家目标一致，有共同认可的文化理念，每个人积极参与其中并展示自己的技能，扮演好自己的角色，为了集体的利益相互沟通交流、团结协作，这就体现了个体社会化的过程。在组织武社火活动中，因为大家都是以团体的利益为主，所以平日里有冲突的人被安排到一起工作时，大伙会为了办好社火而放下个人芥蒂，家庭、邻里矛盾，甚至无暇顾及之前的矛盾和不快，全身心投入武社火之中，在耍武社火期间大家关系又变得和洽，这就是社事的调节功能，使个人心理得到调适的同时人际关系更加紧密，社会秩序在无形中形成，使村社这个乡民社会更加和睦。从与邻近村子之间的关系来看，这种互邀武社火进行表演的交流构筑了村子之间互通往来的关系桥梁，加紧了同周边村庄的联系，增进了友谊、扩大了人脉圈，拉近了彼此之间的距离、情感，体现了更高层次的社会整合。

（四）宣德教化

宣德教化功能是甘肃武社火的一个显著特征，武社火集体仪式的背后总是有着宝贵的"民间意识"和约定俗成的地方性知识，在乡土社会中这种民间伦理色彩就更加浓厚，传统的教化作用更是不言而喻。武社火的形式多样、名目繁多，内容大多出自各大戏剧曲目、神话传说、历史故事等，表演者无声胜有声的展演，脸谱、道具、动作招式等带来的强烈视觉冲击，传达了人物所代表的仁、义、礼、智、信等美好品质和尊老爱幼、团结互助的传统美德，如《老爷保皇嫂》表现了关公忠义、讲信义、重节气的美好品质，《李彦贵卖水》中书生李彦贵通过卖水侍母的孝心、女主角黄桂英对爱情的忠贞等，人物形象丰满鲜明，充满为人处世的哲理，深厚的文化底蕴展现出了武社火的教化功能，通过善恶的鲜明对比使大众在娱乐的同时进行思考，从而树立高尚的道德原则和英雄楷模，对民众的人生价值观和生活价值取向有潜移默化的影响。

与此同时，在观看武社火的过程中，大家尊老爱幼、谦让老人、礼让观众，使华夏民族的传统美德在社火展演中实现其现实的价值和功能。新时代的今天，尽管物质生活日益富足，但这些文化观念依然照耀着社会的每一个角落，与此同时，泾川武社火表演时加入了时事政治的内容，使宣德教化作用得到了进一步提升。

（五）弘扬传统文化

甘肃泾川武社火历经千年不息，在古老的黄河流域传承着具有地域性的民间文化，是后代对先民们记忆的追思和艺术化生活的传承，因而，举办武社火具有弘扬传统文化的功能。首先，武社火作为一种民俗文化，象征着先辈们强大的民族精神和凝聚力，这是对农耕习俗和农耕文化的传承；其次，准备阶段画灯笼、糊纸、画脸谱等是民间艺术文化的代表，后人感性地加以理解并进行深入适时的解读，一代又一代地传承发扬光大；从表演的内容曲目和表演形式来讲，是对传统历史文化、独特的舞蹈、坚定有力的武打动作的继承。

因而，武社火在历史的长河中经受住了时间的考验和洗礼，遗存下来的精华闪耀着先民们智慧和民众精神的璀璨光辉。如今，它又在原有基础上与时俱进，在时代主题的引领下发出新时代的声音，在发扬光大传统文化的同时又赋予了新的内容，丰富的文化内涵在传承中弘扬，在弘扬中得到保护和发展。

## 结　语

甘肃泾川武社火是在其独特的地域、文化环境下形成并成为当地节庆活动的重要组成部分，反映着农业社会最朴素的农民们的生活方式和心理状态，记载着社会、历史文化的变迁。历史悠久、古老淳朴的武社火亦是当地民间文化中一朵耀眼的奇葩，既具有深厚的文化内涵，又有丰富的内容和独特的表演形式、完整的仪式过程，其浓烈的民俗意味和鲜明的文化魅力使它具有多样化的功能，如笔者在文中提到的祭祀祈吉、娱乐民众、丰富生活、社会整合、宣德教化、弘扬传统文化等，通过一定程式的展演体现出来，这些功能随着时代的发展不断与时俱进，在变与不变之中找到其平衡点，支撑着人们的精神世界和物质世界，为乡民社会的建设与发展发挥着历久弥新、不可替代的作用。总的来说，武社火在乡土社会司空见惯的日常生活中调节、适应、影响着人们进而发挥它的功用，对当地人民的生存和发展具有不可或缺的现实意义。

## 附　录

### （一）泾川县袁家城村惠家圸武社火演出时间地点及赏钱明细表

| 时间 | 地点 | 接社火户数 | 赏钱及烟酒数量 |
|---|---|---|---|
| 正月初五 | 惠家圸庙里和一队 | 15 户 | 赏钱 1480 元，酒 15 瓶，烟 33 盒 |
| 正月初六 | 惠家圸二队和三队 | 20 户 | 赏钱 2500 元，酒 21 瓶，烟 45 盒 |
| 正月初七 | 惠家圸四队和五队 | 18 户 | 赏钱 2350 元，酒 20 瓶，烟 40 盒 |
| 正月初八 | 惠家圸六队和七队 | 21 户 | 赏钱 1850 元，酒 21 瓶，烟 48 盒 |
| 正月初九 | 惠家圸八队和袁家城大队 | 16 户 | 赏钱 1800 元，酒 16 瓶，烟 35 盒 |
| 合　计 | | 90 户 | 赏钱 9980 元，酒 93 瓶，烟 201 盒 |

备注：据社火会会长讲述，赏钱主要用于庙里给神塑像，烟酒给耍社火及帮忙的村民平分，一般每人酒 1 瓶、烟 2 盒，剩余的各社长、管事的再分。

### （二）泾川县袁家城村惠家圸武社火表演主要内容一览表

| 表演内容名称 | 内容梗概（意义） | 出处 |
|---|---|---|
| 《老爷保皇嫂》 | 关羽过五关斩六将保护皇嫂，表现了关公忠义、讲信义、重气节 | 《三国演义》 |
| 《李彦贵卖水》 | 展现了文弱书生李彦贵卖水侍母的孝心，女主角黄桂英贫贱不易其心，对爱情忠贞不贰的追求 | 改编于秦腔曲目《火焰驹》 |
| 《花木兰挂帅》 | 讲述了花木兰替父从军，屡战沙场保卫国家最终成巾帼英雄，也体现了她孝敬父亲的女儿情怀 | 秦腔《花木兰》 |
| 《黑虎伴三霄》 | 主要讲述赵公明阴魂会三霄妹，托付道妹助纣伐周、替兄复仇的情节 | 《封神演义》 |
| 《曹福走雪》 | 展现明时天官曹模被奸臣所害，家人曹福保曹女出逃，遇大雪被冻死的场景 | 秦腔传统戏《走雪》 |

续表

| 表演内容名称 | 内容梗概（意义） | 出处 |
|---|---|---|
| 《苏三起解》 | 主要讲述苏三蒙难，逢夫王景隆遇救的故事 | 戏曲《玉堂春》 |
| 《刘海撒金钱》 | 刘海戏金蟾，金蟾吐金钱，表达的是接济苦难、造福百姓的感人故事 | 民间故事《刘海戏金蟾》 |
| 《斩三妖》 | 纣王昏庸宠爱苏妲己、胡喜媚和琵琶精三个妖精，扰乱朝纲、杀害忠良，姜子牙在女娲娘娘帮助下替天行道斩首除妖 | 神魔小说《封神演义》 |

## （三）武社火表演图片

### 1. 图为甘肃泾川高平镇袁家城惠家屲社

甘肃泾川县城        泾川高平袁家城村委会

袁家城广场        惠家屲小康屋

袁家城小麦和苹果树

惠家屲农民种的地

## 2. 准备阶段

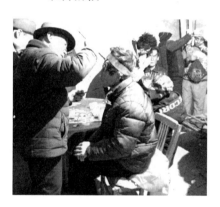

画脸谱

跑旦的化妆中

耍社火用的灯笼

大刀

烤鼓

地方神庙

### 3. 敬神装"身子"

点香敬神

众"身子"敬神

众"身子"烧纸磕头

地方神庙

地方神庙

地方神庙

### 4. 社火队前往村民家

仪程官正在说春官词

挑灯笼的孩子们

三轮车拉着社火道具

燃放烟花爆竹迎神

焚香烧表

"铜锅子"

## 5. 正式表演阶段

锣鼓队

老生和丑角

"放火"准备前

"放火"中

表演《斩三妖》

表演《李彦贵卖水》

表演者候场中

表演《黑虎伴三霄》

寒冷天气中认真观看的观众

自编自演的娱乐节目

表演《关公耍大刀》

广场舞表演

会长观看指导社火

卸将前在神庙前的表演

社火队在袁家城大队表演

新式农民的小康屋

三轮车装载社火道具

财神殿焚香烧表

## 6. 卸将仪式

表演者合影

分发香表

全体"身子"举行卸将仪式

分发庙里的食物

卸妆

一场仪式的终结

# 传承人的底气和自信

## ——秦法雷《印江傩堂戏》述评[*]

陈亚飞　宁菊慧[**]

**内容提要**　作为非物质文化遗产传承人的秦法雷，积极地从事和开展傩文化相关活动，其整理出版的《印江傩堂戏》一书即展现出强烈的底气和自信。这种自信，来源于国家对非物质文化遗产的重视，也来自他本人对傩文化的精通和熟稔。因世代累积和家学传承，秦法雷在傩文化方面有着丰富的积淀和厚重的底蕴，书中也为我们梳理了印江傩堂戏的传承谱系和演进轨迹，傩堂戏流传中所展示的民间文化的精神脉络和诗性话语，为我们呈现了傩文化多元的价值和意义。

**关键词**　传承人　自信　秦法雷　印江傩堂戏

在祖国大西南美丽妖娆的重山叠岭深处，遗存着丰富的传统文化宝藏，值得我们重视、关注和发现。傩，是古老的先民迎神驱疫逐鬼的一种风俗，有着非常久远的历史，在长期的流传过程中演化为仪式完整、程序完善、内容丰富、意蕴深厚的民俗民间文化，表达了民众除灾呈祥、祈福纳吉的愿望，是中华民族传统文化的有机组成部分。当前，在贵州省仍然较为完好地保存着大量的傩文化资源，其中多数近年来已经获批为非物质

* ［基金项目］国家社会科学基金项目：中国环北部湾地区民族濒危傩书搜集、整理研究（16XMZ036）。

** ［作者简介］陈亚飞，1986年生，河南汤阴人。安徽大学文学院博士研究生，讲师。研究方向：中国诗学和传统文化。宁菊慧，女，1988年生，广西浦北人。南宁市邕宁区第三中学教师。

文化遗产名录项目，得到了有效的管理和发掘，以及有针对性的保护和传承。与此同时，也需要对其进行具有现代意义的研究和阐释，从而更好地将傩文化传承和发扬。可喜的是，我们看到与傩文化相关的非物质文化遗产传承人，也都在积极地做着工作。

贵州省印江土家族苗族自治县的非物质文化遗产（傩戏）传承人秦法雷（原名秦仁军）的《印江傩堂戏》由作家出版社出版，这是第一本由非物质文化遗产傩戏的传承人自己撰写的书，由传承人自己来介绍和书写自己所传承的非物质文化遗产项目，而非找人代笔或者口传笔录，自然会减少很多不必要的讹误，这是十分难能可贵的。秦法雷既是傩文化的见证者、参与者、表演者，又是傩文化的记录者、书写者、传承者，他用自己的家族故事和个人经历现身说法，将丰富的理论知识和扎实的实践经验融汇成书，让我们见到了原汁原味、地地道道的印江傩文化。秦法雷是第一位把傩堂固定下来的传承人，第一位自己投资设计并建造了傩文化主题公园（贵阳市花溪傩文化公园）的传承人，尤为不同的是，秦法雷也是目前所知的第一个在 20 世纪 90 年代接受过大学教育的傩文化传承人。

傩文化是秦法雷长期以来一直坚守的一块精神园地，几乎是伴随着他整个成长过程和人生历程。从幼时的耳濡目染到成年后的迁阶过职，傩文化一直是他非常重要的精神皈依。我们在对其进行访谈中可以感受到，秦法雷在传承非物质文化遗产傩堂戏方面，有着非常强烈的底气和自信。这种自信，来源于党和国家对非物质文化遗产事业的高度重视，也来自他本人对傩文化的精通和熟稔。他的言行以及著作《印江傩堂戏》，都能够让我们理解和感受到这样一种底气和自信。

## 一　文化自信：传承文化的鲜明底色

习近平总书记指出："文化自信是更基础、更广泛、更深厚的自信，是一个国家、一个民族发展中更基本、更深沉、更持久的力量。"① 在党和

---

① 中共中央宣传部：《习近平新时代中国特色社会主义思想学习纲要》，学习出版社、人民出版社，2019，第 138 页。

国家的高度重视下，随着《中华人民共和国非物质文化遗产法》等法律法规的颁布和实施，文化建设相关的制度保障不断完善，文化建设的步伐日益加快，文化自信也日益得到加强。从传承人的角度，整合中华民族的优秀传统文化资源，为文化自信增添智慧和力量，也是文化建设的应有之义。作为中国传统文化的重要组成部分，傩文化有着非常悠久的历史和深厚的渊源，"中国傩文化的原型孕育于远古时代的鬼神崇拜，成形于夏、商、周三代的祭祀之礼，随后又逐步完善于由汉至唐的宫廷仪式和民风民俗之中，并在因时而异的不断自我调节、灵活演变的过程中一直传承于后世"①。傩文化在民间的发展中积累了丰厚的土壤和广泛的基础，在历史的传承中也吸收了来自宗教、文学、哲学等方方面面的养料，经过长期的自然生长已是枝繁叶茂、精彩纷呈。印江傩堂戏有着丰富的文化内涵和完整的传承谱系，在傩文化的大观园中格外醒目和鲜艳，近年来也作为非物质文化遗产项目被保护，随之也遴选了一大批与之相关的非物质文化遗产代表性传承人，秦法雷先生即是其中卓有成就的一位。在和传承人秦法雷短暂的接触和交流过程中，我们能够感受到他身上厚重的底气和强烈的自信。他的这种底气和自信，是作为非物质文化遗产项目（傩戏）传承人的自信，是流淌在骨髓里的对于傩文化的自信，也是基于傩文化强大的生命力和创造力的自信。

秦法雷将传承傩文化作为自己人生的事业，作为自己生命中的一个重要组成部分。然而他的传承，并不是一味地因循守旧、墨守成规，而是与现实社会相融相通，进行创造性转化、创新性发展，把傩文化的传承真正做出实绩、做出实效。他克服重重困难，将自己传承和发扬傩堂戏的重心从印江转移到省会贵阳，创办了贵州福缘文化传播有限公司，创建了集傩文化传承、旅游观光、休闲娱乐于一体的贵阳市花溪傩文化公园，把傩堂戏的演出地点固定下来，使得傩文化得以合理利用并发展成为文化事业和文化产业，实现了文化与休闲、娱乐、旅游、观光等功能的有效融合。秦法雷致力于傩文化的传承和传播，对傩文化进行积极的宣传和大力的推广，是文化自信在民间落地生根、开花结果的生动表达。

---

① 陈跃红等：《中国傩文化》，中央编译出版社，2008，第13页。

秦法雷的自信，是一种以文化为根基，本真的、外在的、奔放的自信。秦法雷在日常工作生活中抓住机遇，积极参加学习和交流活动，以傩会友，广泛弘扬和传播傩文化，他的努力也取得了多方面的成就，得到众多专业人士的认可和肯定。他主动向贵州省民族民间文化保护促进会会长、贵州省文化厅原副厅长谢彬如先生求教，以朴实、认真、诚恳的态度和传承傩文化的赤诚打动了谢彬如先生，谢彬如先生也多次应邀对傩文化主题公园的建设进行指导，主题公园在不断的建设中日益丰富和完善，目前傩文化主题公园已初具规模、小有名气，成为傩文化爱好者交流、学习和开展研究的重要场所，被列为贵阳市"千园工程"项目之一，2019 年成为贵州民族大学文学院的"科研教学实践基地"。谢彬如先生也不吝笔墨，亲笔为秦法雷《印江傩堂戏》一书作序，其赞赏之情、奖掖之意在序中娓娓道来、溢于言表，让我们感受到了谢彬如先生对傩文化传承发展的关注和关心。

秦法雷的自信，是一种建立在敬畏基础之上的自信，是自豪的、满意的、幸福的自信。因为家承关系，自小开始接触傩文化的秦法雷对傩文化的精深博大有着更为清醒的认知和更为深刻的感受，同时也有着本能的敬畏，这种复杂的情愫也是其他人所难以感受到的。在《印江傩堂戏》的后记中，他连用多个感叹号，深刻地表达了自我在傩文化面前的渺小，这种由衷的敬畏和敬佩之情，应该是秦法雷由来已久的感念，而并非一时兴起。2014 年，其父师秦法通先生肉口传度关门弟子秦法雷，秦法雷成为傩坛的正式传人，同时他也被中国傩文化研究的重镇——贵州民族大学西南傩文化研究院聘为特邀研究员。事业追求和兴趣爱好齐头并进、交相辉映，使得秦法雷的工作和生活更加充满了活力和动力。在傩文化园地不断地追梦、圆梦和取得的丰硕成果，使得秦法雷有着文化自信的底气和豪情，成为他性格和行为中的鲜明的底色和特色，这应该也是秦法雷的自豪和幸福之处。近年来，秦法雷与西南傩文化研究院开展了广泛深入的合作，其《印江傩堂戏》一书也被收录进研究院的"中国西南傩文化研究"丛书并作为其中之一种。

## 二 家世累积：代际相承的厚重底蕴

贵州印江秦氏一门，是当地颇有影响的傩坛世家，有着悠久的历史传承和深厚的文化渊源。早在清康熙四十四年（1705），秦氏先祖秦法胜进入贵州传傩，自此开始就有了较为完整的文字记录和相对清晰的谱系记载，代际相承的脉络序列在文字记录中延展开来，基本做到了有史可查和有资可考。时至今日，秦家从事傩戏相关活动已有300余年，一直是以传统的师承接力的方式在民间流传，香火延绵世代赓续，传衍至秦法雷这一代，已是第三十三代。

秦法雷出生于傩坛世家，其父亲为在当地颇有影响力的秦氏傩坛第三十二代传承人秦法通先生。秦法雷早在幼时即受父亲的深刻影响，对傩文化保有浓厚的兴趣和极高的热情，偶尔也会参与到一些傩戏的演出当中。秦法雷的这种兴趣和热情一直在其胸中激荡，伴随着其成长、求学、工作、创业等各个阶段，岁月打磨并未使其有所消退和减弱。多年后，有了一定的知识积累和人生阅历的秦法雷正式向父亲秦法通先生拜师学艺，作为秦法通先生的关门弟子，他主要接受了傩戏（包括傩祭、傩技、傩堂戏、傩仪等）、佛教、堪舆等方面的知识传授，这也是秦法雷对傩文化相关知识的一次系统全面的学习，对其来说也是一次重要的知识培训、业务训练和技能提升。2014年，秦法通先生为其举行仪式迁阶过职，秦法雷正式成为新一代掌坛师、秦氏傩坛第三十三代传承人。

源远流长的家学渊源，完整清晰的传承谱系，代际相承所累积的厚重底蕴，这些良好的先天资源，又恰逢国家非物质文化遗产法规等相关文化政策的大力支持，为秦法雷学习、传播和弘扬傩文化提供了极大的便利。承载着重托和希冀，秦法雷自是以传承发扬傩文化为己任，对他来说，这既是父辈的愿望，也是自身的理想，更是沉甸甸的责任。从1998年起至今，秦法雷在自己创业的同时，多次参与和开展与傩文化相关的公益演出，并将自己学到的技艺和本领运用到实际工作和生活中以服务社会，为广大事主排忧解难，为傩文化的传承和发扬贡献了自己的力量。2014年，印江县人民政府命名其为非物质文化遗产项目傩堂戏传承人。2015年，秦法雷被铜仁市政府评为非物质文化遗产项目傩堂戏传承人。对秦法雷来说，这一切都是实至而名归。

传承人是非物质文化遗产项目在传承过程中的关键因素和重要环节，传承人的素质、能力、视野、眼光等个人素养对于非遗项目的现实运营和长远发展都有着重要的影响。与其他同代传承人所不同的是，秦法雷在20世纪90年代读过大学，接受过高等教育，有着一定的知识积累、人文素养和较好的文化基础、语言文字表达能力。大学毕业后又有创业开办公司等多方面的经历，并且取得了一定的成绩。不难看出，秦法雷是一个有知识、有文化、有阅历、有思路、有想法、有干劲的人，他善创新、会经营、懂管理，在传承人的队伍中有着自己独特的一面。传承和发扬傩文化，一直是秦法雷内心无法抛开的一个想法。成为父亲的关门弟子重新回到傩文化当中，他的经历、阅历、知识和才华，造就了他在面对傩文化时有着更加专业的眼光、更加独特的视角和更加深入的思考，在整理傩文化的典籍和文献之时，也更加懂得傩文化的要义所在和精髓之处。因其深厚的家学渊源、特殊的个人经历和非物质文化遗产传承人的身份，在从事《印江傩堂戏》一书的写作过程中，他带着虔诚的心态和认真的劲头，对流传下来的傩堂戏抄本进行了一番校勘、比对和修正，在文字方面下了一番精雕细刻的功夫，文字的紧要处字斟句酌、仔细琢磨、反复推敲，使得傩堂戏的戏文和一些专业术语表达得更加准确、更加合乎傩堂戏的实际，避免了他人代笔隔行如隔山所造成的语言表述上的"误差"，在文字描述上也更加严谨和规范，正是这番细致的功夫，才让我们看到了更加本真更加接近实际状态的傩堂戏话语的文字表达，读到了原汁原味的傩堂戏戏文。

近年来，关于经典名著的作者、版本、流传情况等问题掀起了一轮又一轮的质疑、非难、探讨和争论，在诸多的争议和未定之中，"世代累积说"却成为大家比较倾向的一种学术观点，即经典名著常常并非一人一时完成，而是经过了较长时间的流传、修改、调整和完善，最终才成为我们现在所见到的版本。从一定意义上讲，世代累积使得作品经过了多人之手，经历了不断的加工润饰和反复的修订完善，汲取了多方面的优点和长处，语言文字、篇章结构等各方面都渐入佳境、臻于完美，这确实也是让作品成为经典的一种可能性路径选择。秦法雷所传承的印江傩堂戏，作为一种悠久的文化遗产，历经时光的打磨和岁月的洗礼，从口耳相传、师承相授到现在固定成为文学文本，从非物质文化遗产的角度来看，是传承，是保护，更是创新，使得作品也发生了质的变化。《印江傩堂戏》经过了历时性的家世积累，通过一代代人的持续的传承演绎和修订完善，为将来更好地打磨成经典性的傩戏文本奠定了基础、提供了可能。我们也期待《印江傩堂戏》在将来的传承中能够精益求精、更加完美。

### 三 诗性话语：价值体现的多重意韵

我们一般认为，文学最初的形态，是诗、乐、舞三位一体的综合性艺术表现形式，与原始巫术有着密不可分的渊源。印江傩堂戏是傩文化的一种，也是脱胎于原始的巫术，作为一种传统的艺术形式，傩戏有唱词、有配乐、有表演、有服装、有道具，与文学最原始本真的状态具有一定的相似之处。在后世的传承过程中，印江傩堂戏吸收和融入了大量佛道宗教知识和民间故事的元素，不断与戏曲、杂技、舞蹈、雕刻等艺术形式相杂糅，形成了多元文化融合的艺术形式，其文学艺术价值也是非常值得我们发掘的一个重要方面。

在长期的发展和演化过程中形成的傩文化，内容是极其丰富和复杂的，有傩祭、傩戏、傩仪、傩舞、傩俗、傩技等多种表现形式，其中以傩戏贯穿始终，傩戏中傩堂戏又成为其重要组成部分。在《印江傩堂戏》中，秦法雷以传承人的身份，讲述了秦氏傩堂戏还愿的仪式、法事等整个流程，介绍了傩堂戏中全堂主要角色的身份、来历、任务、作用以及在戏中的主要表现和傩文化的其他相关内容，对演出过程中的剧情进展变化和出场人物的唱念做舞等细节都有描述，基本上做到了面面俱到，可以让读者对印江傩堂戏有一个相对全面的了解。

从文学文本分析的角度来看，印江傩堂戏剧本故事大多是根据中国古代的神话传说、佛道故事和民间谣谚进行改编，并结合现实社会生活进行了一定的艺术加工，唱词采用了诗歌的语言形式，以四言、五言和七言居多，塑造了较为个性化的人物形象，有着相对完整的故事情节，基本上可以认为是带有民间歌谣性质的不太成熟的长篇叙事诗。在语言方面，傩堂戏遣词造句用语贴近生活、浅显明白、通俗易懂，注重韵律流转，读来声韵铿锵、婉转自然，语言形式生动活泼、意趣盎然，文字相互关联、回环往复，注重上下文之间的呼应，正如秦法雷在书中介绍唱词时所说，"工长、押韵，内容为引经据典、陈述事实、表达感情、祈求神灵等，每一堂法事的起坛歌更是讲究，要么强调开头，要么强调首尾接龙"①。

在思想内容方面，与很多中国传统戏剧一样，印江傩堂戏也具有较强的教化功能、劝导功能和调节功能，它们道德指向明确、思想主题鲜明，奉劝人们遵守道德规范、向上向善，引导人们积德修身、戒恶从善、友好和睦等。傩堂戏常常以故事的形式传达一定的人生道理，进而起到净化心灵、导人向善的目的。书中介绍了主要傩戏的以古喻今，设置了故事今析和反观现实两个部分，以吉光片羽式的平常话语点化读者，饱含着为人处世的道理，有助于读者更清楚明白地读懂戏文，了解故事梗概，接受思想熏陶。

在艺术手法上，印江傩堂戏唱词中运用了大量起兴的表现手法，这也是古代诗歌创作中常用的手法。傩堂戏多从天地四方、阴阳五行、伏羲八卦等传统文化元素出发，起到一个起兴的作用，先言他物以引起所咏之事，为下面唱词的展开作铺垫，将大家带入傩堂戏的故事中。唱词中有些采用了问答的形式，你问我答、有来有往，其中也不乏机智的交锋、充满快意的应对和生动传神的刻画描摹，妙趣横生、活泼有趣。有些也类似于刘三姐式的民歌对唱，内含着大量的民歌元素。唱词中也运用了大量乡间俚俗口头语言，显示了朴素的人们对于生活乐趣的探索，有一定戏谑调侃的成分，并以讽喻的手法突出了趣味性，这也是印江傩堂戏作为民俗民间文化的一个特点。

《印江傩堂戏》中还介绍了桃源洞主要戏子庚生，厘清了报福、先锋、八郎、秦童等人物角色的起源、职务和相互关系，展现了传统民俗中人神关系的民间想象。书中还结合相关记载，分析了傩戏进入贵州的路线，以文字的形式对上刀山、下火海、下油锅、踩红犁等傩技进行了详细描述，并介绍了相关的傩仪、法器等，让我们了解到傩堂戏唱词以外的内容，具有民族民间文化研究的资料价值和文献价值。当然，作为傩堂戏中最重要的看点，傩技也还是要在观看现场的演出中才能更好地领略到其光芒和风采。对于人物角色和傩技等内容的描述，也都是传承人秦法雷先生作为傩堂戏的内行人的一种体现，普通的研究者估计一时难得其中壶奥。

① 秦法雷：《印江傩堂戏》，作家出版社，2018，第342页。

为平凡的人物立传，让普通人出彩，书中第五章饱含深情地介绍了秦氏傩坛流传至今的主要法师，具象式呈现出秦氏傩坛完整的传承谱系，也介绍了秦法雷自己踏上传承傩文化之路的心路历程，表达了自己将继续宣传、弘扬傩文化的初心、决心和信心。

## 四 余论

从傩堂戏自身渊源和文化特性来讲，傩堂戏不仅是一种传统的民俗艺术和民间技艺，也是一种民间信仰文化，本是先民在举行傩祭仪式时人与天地的互动，即便是在当代经过改进发生了较大变化，傩文化仍然隐含着事主的祈祷与诉求，内中有许多神秘性的因素以及自身行业的秘密，同时在唱词和表演中可能也有很多不能与外人道的内容。本书将傩文化的诸多方面具化成文字献之于众，虽然做了一定的处理，但于秦法雷自己来说，可能也有藐视个人信仰之嫌，我想这应该也是秦法雷在创作本书时自身比较矛盾的一个方面。然而，作为一种从古老而来的文化，在现代的传承过程中能够出现新的突破和发展，也是时代对于传统文化进行再创新、再创造的必然要求。"作为传承人，不敢对傩文化妄加论断！唯有在传承过程中，汲取精华，去其不合理的成分，拾获先人遗留的瑰宝！小心翼翼地服务大众！"[1] 秦法雷先生有着自己的决断，也许这才是作为傩文化传承人所应有的姿态。

傩堂戏从口耳相传、师承相授、现场演出的民间民俗文化艺术到固化成为现代图书中的语言文字，经历了漫长的时间积累和大量的心血付出，传承人秦法雷以《印江傩堂戏》一书给我们呈现出原汁原味的印江傩堂戏，值得我们瞩目和珍视，诚如谢彬如先生在序言中所说："（秦法雷）整个表达过程不修饰、不加工、不神秘化，给研究傩文化者提供了一个真实可靠的样本。"[2] 与我们通过田野调查口传笔录了解到的非遗信息有所不同，书中内容的原始性和本真性是非常值得肯定的。在阅读和鉴赏的过程中，我们能够感受到傩堂戏戏文的精彩与生动，感受到民俗民间文化的强大

---

① 秦法雷：《印江傩堂戏》，作家出版社，2018，第 361 页。
② 同上书，第 4 页。

生命力和积极正能量，这同样也是非物质文化遗产项目的意义和价值所在。

　　然而由于出版时间仓促，或是作者的疏忽，《印江傩堂戏》一书也并非完美无瑕，存在着些许问题。面具是傩戏的主要特色之一，也是傩戏人物性格的重要呈现，不同的面具代表着不同的身份角色、有着不同的文化意蕴，与戏剧中的脸谱有异曲同工之妙，然而书中所涉及的较少，未能让读者对这一特点有更多了解，如能补充完善一下更好。值得商榷的是，书中有些内容仍需要进一步优化，有些语言也需要更好地打磨，可以与贵州民族大学"中国西南傩文化研究"丛书中的其他书籍相对比和参照，学习借鉴、取长补短从而再上台阶。仔细阅读也不难发现，书中在标点符号、换行空格等格式方面有多处手误，稍微让人感觉有些可惜，然而总体来看亦是瑕不掩瑜。希望再版时，能够见到更加完美、更加完善的版本。印江傩堂戏从民间民俗文化走向经典文学仍然有着较长的过程和漫长的道路，让我们共同关注和期待。

## 五　结语

　　人文厚重的底蕴，历史悠久的传承，源远流长的赓续，傩文化本身是博大而又精深的，《印江傩堂戏》一书也只是给我们提供了一个管窥蠡测傩文化的窗口。作为非物质文化遗产传承人的创作，《印江傩堂戏》抛开了傩文化神秘的面纱，让我们可以通过文字去探求傩堂戏本真的面貌，也让我们看到了传承人的底气十足和自信洒脱，更重要的是展现了非物质文化遗产传承人对于傩文化深刻的认同感和自豪感，展示了其内心深处执着坚守的精神追求。这本著作既有一定的专业性、开创性，又有一定的可读性、普及性，是民间艺人对文化的守护、传承和发扬的可资借鉴的范本，是民俗文化、民间文化不可多得的史料，文本本身也具有重要的文学价值和艺术价值。

　　作为新一代印江傩堂戏"秦氏傩坛"传人，秦法雷先生继续怀揣着对傩文化的敬畏，恪守着师承家训，秉持着行傩济世的传统觉念，在时代涌起的文旅融合大潮中，将傩堂戏创新成一种多元发展的文化形态和内容丰富的文化产业，生动实践着文化自信的要求，让我们看到了非物质文化遗产传承人的自信和底气，见识了傩坛传承的代际传承谱系，感受到了傩文化的丰富意蕴和多元价值。从传统进入现代，从过去驶向未来，文化的传承，不仅是保护和发展，更应该创新和创造，期待秦法雷先生继续保持积极和自信的姿态，以傩文化给我们带来更多的精彩。

图1　贵阳花溪傩文化公园夜景

图2　秦法雷在向小学生讲授非遗知识

国学学者研究

# 论辜鸿铭的群氓崇拜批判与道德文明观

黄 涛[*]

**内容提要** 辜鸿铭是清末民初的一位学贯中西的文化巨匠,在西方强权政治和文化歧视的民族压迫中,他在政学言行中始终贯穿着"扬中挞西"的思想文化旗帜,充分彰显了他始终不改的"祖国万岁"的文化自信。《中国人的精神》堪称辜鸿铭最具影响力和中西合璧学术功底的中英文著作,其中对文化高位的理想文明的阐释、对儒教君子之道的高扬、对西方群氓崇拜即物利主义的批判,都在道德主义的审判台上得到了学理化的澄清。以道德统摄物质文明的"中国人的精神"不仅具有过去的深沉之功,具有现时性的救世之用,更具有未来的荣世之伟,是中国人之于全人类的最具普世意义的文化贡献,是"君子之道"。辜鸿铭的思想胸怀和文化主张是世界主义的、道德至上主义的、超前的人文关怀,因而既是现实的,又是未来的。

**关键词** 辜鸿铭 群氓崇拜批判 道德文明 君子之道 人文关怀

辜鸿铭(1857~1928),名汤生,字鸿铭,号立诚,自称慵人、东西南北人,又别署为汉滨读易者、冬烘先生,英文名字 Tomson。祖籍福建省惠安县,生于南洋英属马来西亚槟榔屿。学博中西,号称"清末怪杰",精通英、法、德、拉丁、希腊、马来亚等9种语言,获13个博士学位,是清代精通西洋科学、语言兼及东方华学的中国第一人。他翻译了中国"四

* [作者简介]黄涛,1970年生,安徽桐城人。历史学博士,江西师范大学历史文化学院副教授。研究方向:中国思想文化、美国汉学。

书”中的三部（《论语》《中庸》《大学》），创获甚巨，并著有《中国的牛津运动》（原名《清流传》）和《中国人的精神》（原名《春秋大义》）等英文书，热衷向西方人宣传东方的文化和精神，并产生了重大的影响，西方人曾流传一句话：到中国可以不看三大殿，不可不看辜鸿铭。① 其中，1915 年由英文演讲稿整理出版的 The Spirit of the Chinese People（中文名为《中国人的精神》，又名《春秋大义》或《原华》，在 1922 年再版时，另附《文明与纷乱》一文，即 1901 年《尊王篇》的附录）一书堪称是辜鸿铭向世界宣告中国文明普世性作用的政治文化檄文，常被视为振聋发聩或惊世骇俗的反西化的一种文化理想。如果此前论著是作为一种文化传播的基础或者一种“扬中挞西”的铺垫策略，那么，《中国人的精神》无疑是将“中”抬升到“西”之上的尊贵平台上，显示了两大文化目标，即中国文明的世界福祉价值和儒学道德秩序是消除西方物化弊害的良药。以“清朝遗老”自居的辜鸿铭的独特之处，也是以往的辜鸿铭研究中被忽视的地方，正是他的中西文化合璧，并以此晓谕天下的“春秋大义”。《中国人的精神》一书的内容主旨是“说明中国人的精神，并揭示中国文明的价值”，而估价一个文明的标准是“它能够产生什么样子的人，什么样的男人和女人”。据此，辜鸿铭向物化与异化的西方社会宣扬了中国文明，提供了救弊的良方“君子之道”，从而构建了他的“儒教救西”的明朗化“话语霸权”。陶志琼指出：“辜鸿铭是一位精通多国语言、学贯中西、融会贯通东西文化的奇才。关于中国儒家文化的精神和此精神中蕴含着的中国人的精神这个问题，辜鸿铭在他的名著《中国人的精神》一书中用他特有的比较视角和满腔中国人的赤诚，进行了鞭辟入内的透彻分析，让每一个有中国情怀和没有中国情怀的人为之震撼，让每一个有中国心的人感到欣慰和骄傲。”②

一

《中国人的精神》堪称辜鸿铭一生中最有影响的代表作，也是他对孔

---

① http://www.guoxue.com/？people＝guhongming（辜鸿铭：国学网—国学人物—近现代人物）。
② 陶志琼：《何谓“真正的中国人”：辜鸿铭〈中国人的精神〉的启示》，《宁波大学学报》（人文科学版）2007 年第 4 期。

子"春秋大义"学说的最有力发挥和标志性坚守。1914 年（民国 3 年），58 岁的辜鸿铭参与"北京东方学会"的活动，并以英文向该会提交《中国人的精神》一文，6 月，该文发表于《中国评论》。8 月，第一次世界大战爆发，他作文屡攻西方文明，鼓吹儒学救世。1915 年 4 月，他在北京正式出版《中国人的精神》（或译《春秋大义》）一书，阐明中国人的精神，揭示中国文化的价值，鼓吹中国文明救西论，在西方引起轰动。1916 年，德国学者史密斯将之译成德文，在德国耶拿出版，改题为《中华民族的精神与战争的出路》，在战时德国引起强烈反响。1922 年，《亚洲学术杂志》第 4 期刊载其英文论文《君子之道》《中国人将变成布尔什维克吗？》以及陈曾谷汉译的《中国人的精神》或《春秋大义》的部分译文，同时，英文本《中国人的精神》在北京重版。这样经久不衰的文化现象，在中外文化交流史上起到重要的作用，是独特的"辜鸿铭现象"的一个缩影。在第一次世界大战爆发后不久出版的由演讲稿汇编而成的《中国人的精神》一书，主要面向西方读者群，旨在通过界定"优雅之人"、"优雅文明"为立论基础来重新诠释中国儒家经典，从中提炼出疗治西方现代文明物质主义痼疾的药方。应该说，辜鸿铭的儒典新释，虽违背了中国近代以降向西方学习的文化主流，却为中学西渐拓宽了渠道，更为中国文明优越于西方乃至成为可救西方现代之弊良药这一目标打下了坚实的理论基调。辜氏用英文著就的儒典新解，主要使用了西方人熟悉的词汇与概念，有助于西方读者接受、理解儒学，故而他的著作在海外备受欢迎，德国成立了辜鸿铭俱乐部，俄国文豪托尔斯泰与辜鸿铭通信讨论世界文化问题，英国文豪毛姆访问中国专程拜访辜鸿铭。然而，从英文转译而来的汉文《中国人的精神》显然失去了西方标准的文化色彩，加上与当时中国主流思想相抵牾，自然贬抑之词不绝于耳，也是正常的人文现象。但是，从根本影响上而言，辜鸿铭是率先认识到儒家文化的世界意义、儒家文化对于现代化进程的意义，进而率先向西方人阐释儒家文化优越性的思想先驱，虽说不是唯一人物，也无疑是影响最深远的代表人物之一。

辜鸿铭和他的浪漫主义师辈们卡莱尔、阿诺德等人一样，致力于欧洲现代文明的批判，为寻找疗救现代文明物质主义痼疾的良方妙药做预备。早在游学欧洲期间，辜鸿铭就对西方文明已经暴露的弱点进行过鞭责，这种观点在《中国人的精神》中有明确的再现，他写道："18 世纪欧洲的自由主义有文化教养，今天的假自由主义却丧失了文化教养。过去的自由主义读书并且懂得思想，现代的自由主义为了私利只是看看报纸，断章取义、只言片语地利用过去那美妙的自由主义惯用语。上一世纪的自由主义为公理和正义而奋斗，今天的假自由主义则为法权和贸易特权而战。过去的自由主义为人性而斗争，今天的假自由主义只是卖力地促进资本家与金融商人之既得利益"，"欧洲'文化'会因英国实利主义的胜利而迅速衰落"。[1] 20 世纪初欧洲爆发第一次世界大战，坚定了辜氏关于西方文明没落的信念，使他明确地把欧洲现代文明困境的根源归咎于"群氓崇拜"（即物质功利主义）。在剖析第一次世界大战根源上，辜鸿铭惯性地从道德文化角度探析了战争的不可避免性，正如他在《中国人的精神》一书的附录"群氓崇拜教或战争与战争的出路"一文里所言：不仅战争，"当今世界的所有苦难、混乱、恐惧都根源于群氓崇拜"，并且"群氓崇拜"使"当今世界最宝贵的文明财富——真正的中国人面临毁灭的威胁"。[2]

那么，什么是"群氓崇拜"？辜鸿铭显然是借自西方浪漫主义大师阿诺德的概念。阿诺德将英国的社会分为三个阶级：贵族、中产阶级和劳工阶级。贵族应当指封建贵族的后裔，中产阶级指新兴资产阶级，劳工阶级则是以产业工人为主，处于社会底层的劳苦大众。每一个阶级各有其特征，阿诺德根据这些抽象的道德或行为特征，又给三个阶层各取了一个名称：贵族作为既定秩序的后裔，具有优雅的气质、骑士风度，其缺点是天生不爱好思考，追求荣誉、贪图享受，他们对于"光明"（即人性的完美）并非不热爱，只是天性懦弱，过于顺从自己的天性（即沉溺于享受），所以不能积极地去追求，故阿诺德称之为"野蛮人"；中产阶级（阿诺德把自己归属此类）最感兴趣的便是赚钱、做生意，对"光明"没有丝毫兴趣，被阿诺德称为非利人士；劳工阶级既有勤劳的美德，同时也具有一种粗暴的力量，在这种力量的支配下常常会游行集会，给统治秩序带来威胁，被阿诺德称为"群氓"。具有共同人性基础和道德的三个阶层又是可以互相转换的，他指出，贵族阶级（野蛮人）内部也出现了群氓、非利人

---

① 辜鸿铭:《中国人的精神》，黄兴涛等译，广西师范大学出版社，2001，第 206～207 页。
② 辜鸿铭:《中国人的精神》，黄兴涛等译，外语教学与研究出版社，1998，第 140 页。

士，而非利人士也可以转化为野蛮人或群氓。这三个阶层都缺乏理智之光，都是理智不健全的人。不过，根据其道德水准，三个阶层仍有高低之分。因为，野蛮人至少还不排斥光明，非利人士则对光明丝毫不感兴趣，群氓非但对光明不感兴趣，还顺从天性中的粗鄙力量，捣毁统治秩序。① 可见，阿诺德所谓的"群氓"，可以指人，也可以指一种习性，还可以指某种行为——凡是以追求权力、满足欲望为目标，没有丝毫道德意识，只按照自己的本能欲望行事，并以粗暴的力量破坏秩序的行为、个人、习气皆可称为群氓。辜鸿铭在阿诺德的"群氓"概念基础上向前推进，冠以"群氓崇拜"，并扩展群氓的劣根性。在《尊王篇》一书的序言里，他翻译了歌德的一首诗歌，其中这样描述群氓的特性："瞧，多么懒惰！多么野蛮！这就是群氓。所有亚当的子孙们都是懒惰和野蛮的，当你愚弄他们时，唯有诚实与真诚，才能把他们塑造成人。"② 这首译诗，给"群氓"的野蛮特性之外加上了"懒惰"一词，使得改造群氓变得困难重重。要使群氓变成人，焕发人性，只有诚实和真诚，则表明群氓的另一特性是人性没有得到健康发展，所谓理智不健全。这里，辜鸿铭对群氓的界定不是按照社会地位、对生产资料占有关系的马克思式的阶级划分，而是一种道德划分，并指出任何一类人都有可能变成群氓一族："目前在欧美，担任要职的人，甚至好人们出于绝望，都对群氓听之任之，——'上层人士'也变成了群氓一伙。"③ 作为一种道德意义上的概念，"群氓"是指一种不道德的行为或品性，有点类似于儒家所说的"小人"。只是与"小人"相比，群氓除了不道德的行为品性，还具有一种暴力倾向，随时放任自己身上所蕴含的粗鄙力量捣毁统治秩序。

针对启蒙以降的欧洲文明混乱和战乱频仍的惨象，辜鸿铭指出这是欧洲"群氓崇拜"的恶果。在他看来，"群氓崇拜"实际上是一种利益之上的物质功利主义，背后的利益驱动造成了西方社会的道德沦丧。然而，究竟是什么导致了现代欧洲文明的"群氓崇拜"？究竟是什么导致了资本主

---

① 〔英〕马修·阿诺德：《文化与无政府状态》，韩敏中译，生活·读书·新知三联书店，2002，第 76~81 页。

② Ku Hung-Ming, M. A., *Paper from a Viceroy's Yamen*, printed and published at the Shanghai Mercury, LTD. 1901, Preface, p. I.

③ Ibid., p. X.

义社会利益至上的物质功利主义？辜鸿铭却语焉不详。其实，对这个问题的回答绝非易事。物质功利主义不仅是西方社会的普遍现象，而且是全世界在现代化进程中所面临的共同困境。它出现的原因是错综的，它被强化的原因更是复杂的。任何大师级的学者，都没有彻底令人信服的系统答案。卡尔·马克思从"商品拜物教"、马克斯·韦伯从"新教伦理与资本主义精神"、卢卡奇从"物化现象"等角度出发的揭示，都只是某些点面层次上的阐释，但对深入探究辜鸿铭所谓的"群氓崇拜"无疑具有借鉴或纵深启迪的思想意义。譬如，马克思认为，整个资本主义社会以商品交换为目的的营利性生产以及资本增殖的功能都会导致对利益的疯狂追逐。只有到了资本主义社会，商品的交换与生产才作为一种普遍形式，渗入社会的各个领域，"劳动产品一旦作为商品来生产，就带上拜物教的性质"；虽然从表面上看交换的是商品，但实际上交换的是人的私人劳动，私人劳动因而也成为社会总劳动的一部分，在生产者面前，他们的私人劳动的社会关系就"表现为人们之间的物的关系和物之间的社会关系"①。因此，要根除物质主义，就必须以无产阶级获得生产资料，以无产阶级的解放为前提。与马克思从商品、生产关系的角度解释资本主义物质功利主义产生原因不同，马克斯·韦伯则从新教伦理的角度探讨现代资本主义精神形成的原因，他认为马丁·路德教义中的"天职"观助长了现代资本主义对财富的追求，形成一种披着伦理外衣的"贪婪哲学"。所谓"天职"，乃是上帝所赋予人在尘世间的职业，是个人对上帝应尽的义务。韦伯对路德的"天职"观作了这样的解释："把完成世俗事物的义务尊为一个人道德行为所能达到的最高形式……不可避免地使日常的世俗行为具有了宗教意义，认为上帝所接受的唯一生活方式，不是用修道禁欲主义超越尘世道德，而是完成每个人在尘世地位所赋予他的义务，这就是他的'天职'。"② 在韦伯看来，现代资本主义的价值天平——一端是营利，是对物质财富的追求；另一端是勤俭节约的美德，而随着资本主义的发展，天平失衡，对财富的迷恋，对利益的追逐，逐渐超出了道德伦理的制约，变成了辜鸿铭所说的

---

① 《资本论》，人民出版社，2004，第90页。
② 〔德〕马克斯·韦伯：《新教伦理与资本主义精神》，黄晓京、彭强译，四川人民出版社，1986，第57页。

"群氓崇拜"。因此，这种功利主义道德观的形成离不开新教伦理的影响，尤其是路德的"天职"说，因为"宗教改革的结果与宗教改革者所要取得的结果相去甚远，甚至相反"①。与韦伯的新教伦理角度相类似，辜鸿铭是从道德、文化的角度来分析他所谓的"群氓崇拜"。他认为群氓乃是人性不健全的表现；要使群氓焕发人性，恢复到儒家所言的人的道德本性（"仁"），则需要宗教的教化。正是基督教会未能成功地塑造欧洲人的精神状态，导致了群氓的产生："当今世界半受教育的群氓，才是文明的真正危险。"②那么，辜氏所谓的真正教育是什么呢？他所推崇的教育实际是一种宗教式的道德教化。他首先把教育的目标确定为"发现人们所固有的辨别道德的能力"，由此他批评欧洲的现代教育"只发展了人天性中的一部分——他的智力……现代欧式教育的目标，重视知识的数量而胜过质量，因而只能使人变得浅薄"，因为，在他心目中，"真正受过教育的人总是想去读能告诉他事物真理的书，而那些半受教育之辈，则宁肯去读这一类书：告诉他什么才是他想要的，以及应如何改变事物使之满足自己的虚荣心"。③显然，辜鸿铭这里所言的"事物真理"就是指宇宙的和谐秩序，就是道德律，而他谴责的西方教育是半教育或不完全教育，是在功利原则下的知识教育，他称之为"常识"，所培养的人只是群氓。而真正的教育就是道德教化，所培养的人是"士"，即精神贵族、道德君子。因此，要根除群氓，就必须从真正教育（道德教化）入手，既然基督教会未能发挥教育的功能，辜鸿铭就将眼光转向东方，转向儒家学说。就像他赞赏的儒学所蕴涵的优雅人格的道德力量一样，他坚信儒学既是一种道德哲学，也是一种道德信仰，这恰好能用来根治西方物化的"群氓崇拜"。这也成为辜鸿铭极力向西方社会推介或传播儒学文明的重要动机。

　　基于对"群氓崇拜"的鞭挞，辜鸿铭对现代欧洲文明基本上持否定态度，认为欧洲现代文明主要是利益至上主义，是不择手段的物质功利主义。这种物质功利主义的不可避免的困境，必然导致整个现代欧洲文明是

①　〔德〕马克斯·韦伯：《新教伦理与资本主义精神》，黄晓京、彭强译，四川人民出版社，1986，第67页。

②　Ku Hung-Ming, M. A. （Edin），*The Spirit of the Chinese People*，second edition，the Commercial Press. Work Ltd. Peking，1922，p. 98.

③　Ibid. ，p. 103.

一个瓜分利益的战场。在辜鸿铭看来，启蒙以降的西方人存在着"心脑冲突"，这是西方社会的普遍性的文化灾难之一，并大有危及东方文明的态势。辜鸿铭所谓西方人的"心脑冲突"，本质上是指人的精神世界与外部物质世界的分裂，是人的物质欲望与精神追求之间的冲突，而非统一关系。它肇始于启蒙理性和科学主义，造成物质发达超越道德约束的物欲泛滥的严重后果。在他看来，科学是与情感、心灵无关的对物质世界的认知活动，"科学与艺术的对垒"也就是人的精神世界与物质世界的对垒、人的精神性与物质性的分裂。由此引申到文化层面上，便是"哲学与宗教的对立"①。换言之，"哲学与宗教的对立"实际是在对宇宙秩序即生命本质的把握当中，理性的思维活动与心灵的情感活动之间的分裂，是情感与理智的对立。统而言之，如果说科学和哲学指向人的物质性，指人凭借推理理性、逻辑思维对物质世界的认识，从而满足人的物质欲望，那么，艺术与宗教则是指向人的精神性，指向人的情感需求、灵魂本质。遗憾的是，现代欧洲文明下的科学与艺术、哲学与宗教的对立，已然表征了西方人的"心脑冲突"达于无法调和的窘境，宣告了欧洲文化的破产。正如辜鸿铭《呐喊》一书德译者亨利希·奈尔逊所言，在辜鸿铭看来，现代西方和欧洲文化已经失败了，"这种文化同宗教和国家生活不健康地两相分离，致使人们那脱离实际的内在生活与缺乏思想的外在生活陷入了严重的分裂和对立状态之中"②。

对于现代西方人"心脑"分裂的具体原因，辜鸿铭没有提及，显然他只意在提出此种文化现象的弊害，而无意深究其因。实际上，辜鸿铭将这种心脑冲突从更高的文化层次上归咎于欧洲启蒙理性的误导。被视为"理性主义之父"的笛卡尔所提出的主客二元对立的认识论格局，成为启蒙理论的滥觞之作，其"我思故我在"的著名命题，奠定了人类理性主体的地位，把世界划分为主客二元对立的两端："可以设想没有我所在的世界，也没有我所在的地点，但是我不能就此设想我不存在，相反地，正是从我想到怀疑一切其他事物的真实性这一点，可以非常明白，非常确定地推

---

① Ku Hung-Ming, M. A. （Edin）, *The Spirit of the Chinese People*, second edition, the Commercial Press. Work Ltd. Peking, 1922, p. 49.

② 辜鸿铭：《辜鸿铭文集》（上），黄兴涛等译，海南出版社，1996，第 488 页。

出：我是存在的；而另一方面，如果我一旦停止思想，则纵然我所想象的其余事物都是真实存在的，我也没有理由相信我存在，由此我就认识到，我是一个实体，这个实体的全部本质或本性只是思想。"①这样，作为认识主体的"我思"，自然取代了"上帝"的先验论概念，使人的自我意识成为存在的基础，哲学也由本体论转向了认识论，由探讨世界的本原是什么转为探讨人的认识结构，探讨"人如何认识世界""人凭什么认识世界"。主客二元对立，造成人的内在世界与外在世界的对立；理性主体高扬的同时还贬低了人的想象、感觉、意志等其他精神活动，自然造成情感与理智的对立。到了18世纪，随着启蒙运动的高涨，理性主义的光辉更加夺目，理性成为人类新的生活典范，主要表现为一种双重的理智运动，即分解—综合、综合—分解，故而是一种"作用"的概念，而不是"存在"的概念。②分解—综合的理智运动不仅运用到自然科学领域，也逐步渗透到心理学、社会学领域，使之就像外在的物理世界一样任凭人类理智之光的探究。譬如，孟德斯鸠在《论法的精神》中，将各种形态的国家制度——专制制度、君主立宪制、共和制进行分析，分解为各种不同的力量，然后再找出这些力量之间的相互关系，探究以何种方式将这些力量重新组合才能实现最大限度的自由，他进而设计出以制约、平衡为特征的"三权分立学说"，以为构建新的国家制度的理论基础。可见，自18世纪以来随理性"泛滥"而来的种种工具理性，被狭隘地变成了以分解、综合、演绎、归纳为特征的数理逻辑推理能力，这自然导致了西方人的"心脑冲突"，加剧了"科学与艺术、哲学与宗教的对立"，特别是科学技术在艺术领域的应用，对艺术品本身造成了无法规复的伤害，因为艺术作品的真实性就表现在它的"'此时此地'——独一无二地现身于它所在之地——就是这独一的存在，决定了它的整个历史"③。

辜鸿铭透视了这种理性强光下的心脑冲突，无疑触及西方现代文明的致命伤。"理性的胚芽"既使欧洲中世纪的道德秩序解体，又没有发展成

---

① 〔法〕笛卡尔：《第一哲学沉思集》，庞景仁译，商务印书馆，1986，第103页。

② 〔德〕E.卡西勒：《启蒙哲学》，顾伟铭等译，山东人民出版社，1988，第11页。

③ 〔德〕瓦尔特·本雅明：《迈向灵光消逝的年代：本雅明论艺术》，许绮玲、林志明译，广西师范大学出版社，2004，第61页。

为具有道德约束力的新的道德文化，因此，整个欧洲的秩序只能通过警察与暴力来维持，这使欧洲人面临毁灭的厄运，摆在欧洲人面前的出路只有两条：要么获得新的道德文化，要么回归中世纪，而欧洲人民纵使愿意，也不可能回到过去真正的中世纪信仰。①那么，唯一的出路就只能是获得新的道德文化，通过新的道德文化解决"心脑冲突""哲学与宗教、科学与艺术"的对立。这种新的道德文化就是辜鸿铭所中意的儒家文明。他之所以把儒家文明称作新的道德文化，正是看到了儒家文明与启蒙运动之间的相通之处：两者都肯定人的"理性"，两者都不同于中世纪文明，中世纪文明尊崇上帝，实际上尊崇的是外在于人的权威，因此，中世纪文明基于对上帝的敬畏之情，而启蒙运动与儒家文明尊崇的是人内在的权威，即人自身的理性，认为秩序的建立是靠人自身的理性。而启蒙理性又导致了欧洲文明的困境。既然回到中世纪不可能，启蒙理性又不可取，辜鸿铭自然会把眼光放在与启蒙理性相似的儒家理性上，他虽然没有系统地比较启蒙理性与儒家理性的优劣，但是，在《中国人的精神》一书里，他高度肯定了儒家理性。辜鸿铭看到了"中国的理性很大程度上彻底承认精神和道德的价值，但又用某种恬淡宁静的心态来对待这些价值"，而且"中国人的理性使中国人像孩子一样用心灵生活"。②儒家的道德理性涵盖了理智与情感的双重成分，可以纠正启蒙理性侧重理智、推理，而忽视情感、直觉的偏颇。正是抱着利用儒家的道德理性消除西方人的心脑冲突的初衷，把西方的"群氓"改造成儒门君子，辜鸿铭强调了真正需要改革的正是欧洲，欧洲需要一场爱与正义的革命，并通过一场以儒学"优雅"人格化为内容的道德改革，重建西方人的道德信仰，规复到道德制约物质欲望的新平衡中。从这个意义上讲，辜鸿铭是中国范围内率先反思现代化负面性的思想先驱，也是率先认识到儒学对于消除现代化弊病的价值的思想先驱。

---

① Ku Hung-Ming, M. A., *Paper from a Viceroy's Yamen*, printed and published at the Shanghai Mercury, LTD. 1901, p. 188.

② Ku Hung-Ming, M. A. （Edin）*The Spirit of the Chinese People*, second edition, the Commercial Press. Work Ltd. Peking, 1922, p. 12.

## 二

　　辜鸿铭用饱蘸爱国热忱之笔，在同时代中国学者当中，专力用英文向世界舆论寻求正义，且他博通西学后转攻国学的特殊文化背景，使得他的学术路径具有特殊性。他的西方式为主兼容东方式的治学方式，促使他对国学掌握全靠自学，没有师承，没有家法，不守汉学宋学之藩篱，也不受古文今文之约束，全凭自己博览群籍，融会贯通，点化出中国文化精髓。他没有传统经学之所长，也就避免了传统经学之所短，他的研究是建立在通览基础上的宏观研究，研究的目的不是"整理国故"，而是从中把握中国文化"精髓"，也就是他所谓的"春秋大义"——中国国民的精神。①在《中国人的精神》中，辜鸿铭以中国人、中国妇女、中国语言为主题，揭示中国文明的真正价值，认为西方文明所不能相媲美的，则是中国人的深沉、博大、纯朴与灵敏，还有中国人的精神是一种心灵状态，是一种永葆青春的精神，是不朽的民族魂，而民族不朽的秘密就是中国人心灵与理智的完善谐和。②正是在这样的立论基础上，辜鸿铭展开了对理想文明、道德文明国家、优雅之人、良民宗教等问题的阐释，为他独特的"儒教救西"思想构建了明朗框架和文化结论。其中，站在文化高端的理想文明观，则是他的全部"中国人精神"的理论基础，具有高屋建瓴和发人深省的中西文化合璧的哲学底蕴。

　　在《中国人的精神》的（序言）开篇，辜鸿铭就提出，一个文明的价值不在于这一文明雄伟的建筑、繁荣的城市、舒适的家具、精巧的工具，甚至也不在于这一文明科学的发达、艺术的辉煌，而是要看这一文明"能够产生什么样子的人，什么样的男人和女人。事实上，一种文明所生产的男人和女人——人的类型，正好显示出该文明的本质和个性，也即显示出该文明的灵魂"③。显然，在辜氏那里，评价文明的标准应是人的道德标准，而不是物质水平。文明的核心是教养水平和道德标准："文明的真正

---

①　孔庆茂：《辜鸿铭评传》，百花洲文艺出版社，1996，第18~19页。
②　辜鸿铭：《中国人的精神》，陈高华译，陕西师范大学出版社，2006，第33~34页。
③　辜鸿铭：《中国人的精神》，黄兴涛、宋小庆译，广西师范大学出版社，2001，第2页。

涵义，也就是文明的基础，是一种精神的圣典。我所说的‘道德标准’，指的就是这个。……一国之民，如果是紧密团结的，那么，他们所创造的文明就应该达到——制定并发展上述圣典——也就是道德标准的地步。”“要想能够正确地使用文明的利器……必须有一个道德标准，也就是民族精神。”①易言之，人是衡量文明之优劣高下的标准。那么真正的文明究竟是什么？真正的文明应该培养出什么样的人？什么样的人才是文明的人？

　　在辜鸿铭看来，个体人、知识和文明都是有优雅和粗鄙之分的，而优雅的文明，其本质就在于道德；优雅的文明首先必须是一种成熟的道德文化。他说：“一个家庭或一个国家能够存在，他们必须首先具备某种道德准则，而这个道德准则就是我们所谓的文明。”②道德准则的形成，意味着文明的形成和进化，即文明就是人类在摆脱野蛮、蒙昧状态的过程中形成的道德准则。文明形成以后，它需要通过不断的道德教化，形成越来越强固的道德秩序，从而使文明发生有益于人类的社会作用。“文明的目标，正如罗斯金所说，就是使人脱离粗俗、暴力、残忍和争斗，成为文明的人。”③可见，辜鸿铭所谓的“文明”，就是道德教化，指向道德人格的塑造。而其所谓“文明之本”，则与爱默生所说的“爱与正义的法则”并无二致，被定义为中国的“君子之道”。④凭借这种“文明之本”（君子之道、爱与正义的法则），能使大部分人生活在和平与秩序当中，并由此产生一种宗教，即“良民之教”。⑤辜鸿铭深受西方浪漫主义者卡莱尔、爱默生等大师的影响，同样认为，凡是能够引领人们臻于道德之善的都是宗教。奉行君子之道的宗教所产生的“良民”并非宗教意义上的教徒，而是道德君子。因此，在辜鸿铭那里，文明实际是“道德”的代名词。作名词用，指道德规范、道德准则；作动词用，指道德教化。文明的作用即在塑造道德人格，形成道德秩序。这与中国古代“文化”的观念极为相似。如《易经·贲卦》中就有“刚柔交错，天文也。文明以止，人文也。观乎天文以

①　辜鸿铭：《辜鸿铭文集》（下），黄兴涛等译，海南出版社，1996，第280页。

②　同上书，第185页。

③　Ku Hung-Ming, M. A. （Edin）, *The Spirit of the Chinese People*, second edition, The Commercial Press. Work Ltd. Peking, 1922, p. 100.

④　辜鸿铭：《辜鸿铭文集》（上），黄兴涛等译，海南出版社，1996，第525页。

⑤　同上书，第532页。

察时变，观乎人文以化成天下"的说法。孔颖达疏曰："'观乎天文，以察时变'者，言圣人当观视天文，刚柔交错，相饰成文，以察四时变化。若四月纯阳用事，阴在其中，靡草死也。十月纯阴用事，阳在其中，齐麦生也。是观刚柔而察时变也。'观乎人文以化成天下'者，言圣人观察人文，则《诗》《书》《礼》《乐》之谓，当法此教而'化成天下也'。"①所谓文化，即以《诗》《书》《礼》《乐》进行的道德教化，表明辜鸿铭已然将"文明"与"文化"合二为一了。

辜鸿铭把文明的本质限定为道德，认为充分发展的道德力不仅能促进物质力量的发展，而且能够统摄物质力量的良性运作。易言之，物质是文明的外在表现，道德则是文明的本质所在。道德教化和道德秩序是健康、优雅文明的基础与保证，对文明优劣的评价标准在于该文明所塑造的道德人格上。显然，这种文明观是先进而超前的，这比简单化的自然对应的人化世界、唯科学主义的文明观，都具有深邃而辩证的概念形态和实践价值。《中国大百科全书》给"文明"的定义是："文明是人类改造世界的物质成果和精神成果的总和；是社会进步和人类开化的进步状态的标志。"②这种定义显然是将人类所有的创造物，包括物质产品、文学艺术、典章制度都纳入文明的范畴里，而对这些创造物的好坏优劣却没有甄别或缺乏甄别的标准，以致模糊了取舍或效法的界限，造成泥沙俱下的局面，延缓了进步。实际上，文明中的物质和精神两方面，必须存在一种制衡关系，制衡得当，则进步有望，否则倒退无疑。辜鸿铭将文明的本质界定为道德，而把物质视作表征，强调了"优雅文明"是人类追求的目标，表明了他已经把中国古典意义上的"天文"和"人文"辩证地结合到一起，即"人文"根源于"天文"，"人文"必须符合"天文"的秩序与规则，而"天文"是"道"的呈现，因此"道"也就成了"人文"的评判标准。在辜氏看来，"道"是宇宙的秩序，道德律是宇宙的根本法则和根本规律。在《中庸》英译中，辜鸿铭对"道德"（morals）作了独特的阐释，认为它指向三个维度：首先，它指向天地，指向宇宙。它是宇宙之根本规律，

---

① 阮元校刻《十三经注疏》之《周易正义》，中华书局，1980，第25页。
② 《中国大百科全书》（哲学卷），中国大百科全书出版社，1987，第924页。

支配着天地万物的运行，并使宇宙和谐有序，成其伟大，化育万物。① 其次，它指向人类社会，是圣人根据"天道"所立之"人极"，即圣人根据宇宙之根本规律所制定的人类社会的道德秩序、道德法则，从这个意义上讲，它是"君子之道"，是国家之道。② 最后，它指向人性，指向人的精神世界，它是人秉承于天的道德本性，人性的根本法则。③ "道德"既是宇宙之秩序，类似于中国古典文化中的"天文"，又是人性的根本法则，那么人类所有的创造物——文明或"人文"——自然要以道德为旨归，要以道德为评判的标准。这种以道德为文明的评价标准，是针对启蒙以降文明发展的方向超出了道德的制约，一味侧重物质，以至于科学主义、物欲泛滥的现象而言，这就是辜鸿铭强调"道德是文明本质"的一个重要起因。

辜鸿铭还认为：真正的道德文明是没有中西畛域之分的，只要打开各自封闭的知识体系，整合中西道德文明资源，找到能体现"真正的理性"与"上帝的意志"的东西，然后"择善固执"，从而将儒家的标准和基督教的标准合二为一，消除道德相对主义，形成以道德知识为核心、以道德教化为目标的新的理论体系，并将之通过一种宗教式的教育灌输给全人类。正如他在所译歌德的《自强不息箴》一诗中所呈现的那样："不趋不停，譬如星辰，进德修业，力行近仁。"又说："卓彼西哲，其名俄特，异途同归，中西一辙。勖哉训辞，自强不息。可见道不远人，中西固无二道也。"④ 正是因为"中西固无二道"，会通中西重新形成的道德知识体系，就可以帮助中西人民共同"进德修业，力行近仁"。为了论证"中西固无二道"，辜鸿铭把西方的"打倒蛮夷，尊崇基督"与儒家的"尊王攘夷"等同起来。基督与上帝，在辜氏那里，就意味着道德，"上帝就是人心中所蕴藏的忠诚、信义、希望和慈爱，有了这些，就有了上帝，反之没有这些品质，也就没有了上帝"。⑤ 不难看出，辜鸿铭所谓的基督，就是道德，蛮夷就是文明与道德尚未得到开化的野蛮状态，故西方的"尊崇基督"与

---

① 辜鸿铭：《辜鸿铭文集》（下），黄兴涛等译，海南出版社，1996，第570页。
② 同上书，第541、539页。
③ 同上书，第527、526页。
④ 辜鸿铭：《辜鸿铭文集》（上），黄兴涛等译，海南出版社，1996，第474页。
⑤ Ku Hung-Ming, M. A. （Edin）, *The Spirit of the Chinese People*, second edition, the Commercial Press. Work Ltd. Peking, 1922, p. 47.

儒家的"尊王攘夷"在内涵上是一致的，而"尊王攘夷"也相应地成了欧洲真正的"骑士精神""尚武精神"。这样，中西之间就没有文明与道德之间的畛域区分，没有种族、民族之别处，中外一家、一视同仁，共建世界范围的道德秩序就完全有可能。不过，辜鸿铭强调说，虽然"中西固无二道"，但是，儒家经典与基督教经典都已成了僵化的教条，因为"中西文明都不是完美无缺的文明，真正的文明不在那些已经成为体系汇编的基督教和儒家经典中，那已经是僵死的教条"。那么，如何打破这些陈规旧俗的束缚，如何会通中西重新形成新的道德知识体系？辜鸿铭认为这一重任必须由有思想的人来承担，"事实上，在扩展的时代，最需要的就是有思想和懂得思想的人"。①这种有思想和懂得思想的人，在辜鸿铭那里，就是优雅的人，特别是优雅的中国人。他坚信优雅的中国人将能引导或团结全人类创造理想的道德文明世界。

文明有优雅、粗鄙之分，那么优雅的文明仅是指道德吗？辜鸿铭并非如此认识，他并非完全否定文明的物质性特征。在其代表作《中国人的精神》里，辜鸿铭对文明的起源曾有一段精辟的阐释："一切文明都起源于征服自然，即征服和控制自然界可怕的物质力量，使之无害于人类，但是，世界上还有一种力量比自然界的物质力量更可怕，那就是人类自身的情欲。自然界的物质力量对人造成的伤害，与人类自身情欲所造成的伤害相比，简直微乎其微。因此，除非这种可怕的力量，即，人的情欲，得到正确的制约与控制，否则，别说文明，就连人类的生存都不可能……而随着文明的发展，人们发现有一种力量对调控人的情欲比物质力量更为有效，这种力量名之为道德力。"② 在他看来，文明的进步并不在于其物质力量，而是在于一种比物质力量更强更有效的力量，他称之为"道德力"，而"近代欧洲的进步重点放在产业和机械工业的发达，古代中国则侧重于人的进步，人的灵魂的、理智的进步"③。因此，他把真正的中国人的特征

① Ku Hung-Ming, M. A. (Edin), *The Story of a Chinese Oxford Movement*, Shanghai Mercury Ltd., print. 1910, Preface, p. vii.
② Ku Hung-Ming, M. A. (Edin), *The Spirit of the Chinese People*, second edition, The Commercial Press. Work Ltd. Peking, 1922, p. 1.
③ 辜鸿铭：《辜鸿铭文集·中国古典的精髓》（下册），黄兴涛等译，海南出版社，1996，第329页。

概括为"优雅",认为这种优雅是同情与智能的产物。① 同情就是一种道德,智能就是一种物质力量。因此,辜鸿铭的所谓"文明"观,就是指"优雅的文明"的目标在于控制情欲与物欲,使物质力量在道德的统摄下,以适宜的尺度,朝向高尚的目标发展。至此,辜鸿铭已然承认了他所谓"文明"概念里涵盖了精神和物质两个层面。文明是人类征服自然所取得的物质力量,既可以包括人类改造自然的物质成果,也可以包括人类认识自然所积累的知识,如科学定理、规律的发现等。同时,文明还是人类调控自身情欲所形成的道德力量。物质力量必须在道德的统摄下才能朝向高尚的目标。只是由于欧洲现代文明过于偏重物质而失去道德力的统摄作用,辜鸿铭才一再呼吁道德,批判其物质主义。对此,他申辩说:"有人问我为什么这样讨厌西方文明,我在这里公开声明一下,我讨厌的东西不是现代西方文明,而是今日的西方人士滥用他们的现代文明。""我认为欧洲并未在发现和理解真正的文明,文明的基础、意义上下多少功夫,而是倾全力于增加文明利器。"②简言之,辜鸿铭的理想文明观中包含着精神与物质两大层面,它们之间的关系则是,精神是根本、是基础;物质是器物、是工具。文明作为一种征服自然的物质力量,它不能离开道德的制约;必须以德摄智,文明才能向着良好、健康的方向发展,达到理想的状态。

辜鸿铭将道德定性为理想文明的本质,具有统摄物质力量的内在规定性,是对中西文明(文化)的深刻比较中得出的一种结论。《中国人的精神》可说是辜鸿铭进行中西文化比较的早期成果,其中关于文化的五种差异观之视角是独特而有价值的:第一,在个人生活方面,他认为西方人是贪得无厌不知足,而东方人则是知足者常乐,故"欧洲人没有正当的人生目标",而"我们东洋人则早已全然领会了人生的目的,那就是'入则孝,出则悌'";他引用《大学》中的话"仁者以财发身,不仁者以身发财",指出东西方人生观的另外一个差异是,"欧洲人认为人生的目的在于运动,而我们东洋人认为人生的目的在于生活。西洋人为运动而生活,东洋人则

① Ku Hung-Ming, M. A. (Edin), *The Spirit of the Chinese People*, second edition, The Commercial Press. Work Ltd. Peking, 1922, pp. 2 – 3.
② 辜鸿铭:《辜鸿铭文集》(下),黄兴涛等译,海南出版社,1996,第279页。

为生活而运动。他们是为赚钱而活着，我们则是为享受人生而创造财富"①。显然，辜鸿铭在此暗示了文化融合，即东西方要走到一起，就需要双方取长补短，借鉴吸收。第二，在教育方面，他先指出了欧洲与中国教育目的的差异，他说，"欧洲的教育目的，在于怎样做一个成功的人，怎样做一个适应社会的人"，而中国的教育目的"在于为了明德，在于为了创造一个新的更好的社会而培养人才"，正所谓"大学之道，在明明德"，是为了使人自身心灵完善而教育。接着谈到了东西方教育方法的差异，"在中国，初等教育和高等教育有一个清楚的划线：在初级教育阶段主要是教孩子们使用他们的记忆力，而不注意让他们使用判断能力，首先让他们通晓祖先留下来的东西。而在西洋，从孩提时代起，就对他们灌输艰深的哲学知识，在中国则是在高等教育阶段方才对学生讲授深奥学问的"。②辜氏的这种教育观确实抓住了东西方教育中的一个关键点，即西方的教育更注重知识（知识即权力），而东方的教育更注重心灵，注重人自身的完善，从人文教化的意义上看，辜氏所期待的东西方互补论是有深刻的道理的。第三，他强调了东西方社会的差异，"东洋的社会，立足于道德基础之上，而西洋则不同，他们的社会是建筑在金钱之上的。换言之，在东洋，人与人之间的关系是道德关系，而在西洋则是金钱关系。在东洋，我们注重的是名分"。他甚至不无先见地指出："如果金钱成为社会的基础，那么社会就有堕落到这种状态的危险。"③第四，他谈到了中西方的政治差异，认为欧洲起初是通过基督教来统治人民的，后来随着文艺复兴运动的兴起，人民觉醒了，"人权"取代了"神权"，因而推行强权政治，权力成为制约每个人行动的准则，"实行'警察统治，依靠警察来保障社会的安宁和秩序'"；在东方，"我们既没有那样的对神的恐惧，也没有对警察的恐惧。那么我们怕什么呢？因为怕什么才维持了我们社会的秩序呢？那就是良心！那就是廉耻和道德观念！……当然，在中国也并非满街圣人，人人君子，坏人还是有的，所以警察也还是要的。我只是说，一般的纠纷，依据礼义廉耻就可以解决，所以警察用不着那么多。在这一点上，是值得

---

① 辜鸿铭：《中国人的精神》，黄兴涛等译，广西师范大学出版社，2001，第180页。
② 同上书，第181页。
③ 同上书，第182页。

欧洲人好好学习的"。① 第五，他讲到了东西方文明的差异，认为，"所谓文明，就是美和聪慧。然而欧洲文明是把制作更好的机器作为自己的目的，而东方则把教育出更好的人作为自己的目的。这就是东洋文明和西洋文明的本质差别。常有人说，欧洲文明是物质文明，其实欧洲文明是比物质文明还要次的机械文明"②。显然，辜鸿铭对机械文明所带来的弊端，带来了人性的异化、人与人之间的隔膜做了深刻的批判，这种批判在二战以后西方马克思主义理论家那里得到了更为深刻的整体阐释。不过，他再次强调文明本质是"美和聪慧"是不够的，一个文明至少是精神文明和物质文明的糅合体，既重视物质文明也重视精神文明才是人类发展的正道，两条腿走路总比一条腿走路强，可惜的是人类发展至今都是跛行在这两者之端，尤其对精神文明的忽视甚至贬抑，造成了人类文明进入资本主义社会不久就有两次世界大战的浩劫，难道还不值得反思和采信辜鸿铭的道德（良心、精神）驾驭物质发展的卓识远见吗？

不可否认，辜鸿铭以近乎极端的比较手法，从中西文化差异中全面赞扬中国文明而贬低西方文化，显然过于理想化和主观化，饱含着他的文化保守主义的自我中心色彩，但却明显具有为其"儒教救西"的文化策略进行基础性准备的政治意义。在瑕不掩瑜的前提下，对辜氏的中西文明比较中的某些疏漏确是有商榷的余地。首先，辜鸿铭对中国文明的认同及守成并没有不可理解的地方，这是一种文化路径的自我选择，但他对中国文化的偏执到极点，就容易显示出狭隘，可视为"深刻的片面"。譬如，他欲以中国文明来纠正西方文明时否定法治的问题，"今日欧洲文明的基本谬误，正根源于对人性的错误认识，即根源于对人性本恶的观念。因为这种错误的观念，欧洲的整个社会结构总是依赖于武力来维系。在欧洲，人们赖以维持社会秩序的有两种东西。一是宗教，再是法律，换言之，欧洲人民所以就范于秩序，主要依靠对上帝的敬畏和对法律的畏惧。这里畏惧本身就含有使用强权的意思"③。撇开对上帝的敬畏属不属于使用强权，就其对法律的"使用强权"判定而言，就已经是对理性的一种亵渎。既然"神

① 辜鸿铭：《中国人的精神》，黄兴涛等译，广西师范大学出版社，2001，第 183~184 页。
② 同上书，第 184 页。
③ 辜鸿铭：《辜鸿铭文集》（下），黄兴涛等译，海南出版社，1996，第 23 页。

权"与"法律"都是对"人权"的威胁，那么这一情形就应该受到必要的限制。他认为人是应该有恐惧的，但是他们恐惧的对象不应该是警察这类权威性的设置，而应该是自我的"良知"，即廉耻观念，因为"一般的纠纷，依据礼义廉耻就可以解决，所以警察就用不着那么多。在这一点上，是值得欧洲人好好学习的"。这种通过"内圣"来治理国家的心态显然是从孔子那里直接受益的。在世界各国都在寻求依法治国路径的今天，对辜氏的主张总有隔世之感。其次，辜鸿铭比较中西文明差异时明显有着情感倾向，与伦理关系极其密切的政治是辜氏重点强调的内容之一，而且他对西方社会将金钱置于首位的做法大为不满，认为西方人贪得无厌的原因在于他们不像东方人那样"知足常乐"，而是为金钱所累，故他为东方人那种为了享受而创造财富的悠闲人道态度而自豪。"知足常乐"意指不用科学理性去追求更大的快乐价值，不去从差异中寻求内在发展的内驱力，这与中国人精神世界里注重心灵教育、注重人的自我完善息息相关，然而，在讲求人道、享受的同时，如果将物质力量极大地丰富起来，不是对人的关怀更有力量与价值吗？以不满足为先决条件的追求又有什么不好呢？在清苦的环境中生活，在贫穷的条件下享乐，这是不是一种无奈式的精神胜利呢？因此，当辜鸿铭自以为找到救世良方——"义"和"礼"的时候，我们还是只能为他寻求精神意义的民族自尊而喝彩，在归根结底意义上，辜氏的"故事"虽多，但终究还是在民族性与时代性十字架上失衡的守成主义者。[①]

总之，辜鸿铭作为近现代史上一名文化学者，他在国外享有盛名，被认为是与托尔斯泰、泰戈尔齐名的代表东方文化的三位学者之一，也被评论为"中国孔子学说的最大权威"，他还在1913年被提名为诺贝尔文学奖的候选人。从西化教育原旨和文化血脉上看，辜鸿铭更像一个西方人；从文化传承与革新上看，辜鸿铭则是地道的中国人。谙熟欧洲文明而服膺儒家传统文化的辜鸿铭，以《中国人的精神》为主要载体，尖锐批判了西方群氓崇拜的物利主义，进而阐发了他的理想文明观，是在对中西文化深入

---

[①] 张宝明：《想象的理性：论辜鸿铭在20世纪思想史上意义》，《中州学刊》2001年第1期。

甄别基础上得出的美好结论。《中国人的精神》一书所贯穿的辜氏"儒教救西"的文化思想，是一种以道德拯救世界的构想。要之，他坚守"王道"的文明观，体现了儒家文化主"王道"，讲礼义，使人先义而后利的本质特征。这与西方文化的本质特征"霸道"、讲竞争、使人先利而后义等迥然不同。正如朱维铮先生所言："直到 1915 年撰成的《春秋大义》，才出现中国文明救世论，因为辜氏认为，欧洲大战表明基督教不再作为一种道义力量在西方起作用了，但唯有运用道义的力量才能制止以暴易暴的恶性循环，使军国主义失去存在的理由，而这种'良民宗教'仅存于'中国人的精神'的表征即儒家学说所讲的'名分大义'——他将这四个字英译为'荣誉和责任的重大原则'——之中。他宣称，如果世人都学会运用这个'君子之道'，或者叫做'绅士的法则'，那么还会喜欢打仗么？在他看来，这种道德淑世主义，并非中国文明所独有，只是在西方已失落了，但在中国还存在，因此西方人可以从中国文明中寻找回去。"① 在源远流长的中西文明较短长和最终走向融汇的新文化大道上，辜鸿铭是中国文化西传和东西文化交流的无冕使者。尽管在近代盛赞中国的道德文明，甚至主张中国式的道德文明向西"扩展"，颇具乌托邦之嫌，但用中国式的深沉、博大、纯朴与灵敏的道德规范来化解近代以降的西方式的武力崇拜和物化文明，在很大程度上有利于全人类的长远和谐健康的生存与发展，这在当代中国和平崛起的民族复兴进程中显得更加具有世界主义的文化价值。因此，有理由相信，道德救世，对中国有益，对西方有利，更是对人类文明锦上添花！

---

① 朱维铮：《辜鸿铭生平及其它非考证》，《读书》1994 年第 4 期。

# 国学教育及普及推广研究

# 我国文化遗产纪录片国际传播的应对之策[*]

曾耀农[**]

**内容提要** 由于地理位置与社会制度的不同，各个民族均有自己独特的认识自然、解释社会的"意义—符号"体系，并用这个体系来规范人们的思想，从而形成各民族独特的文化模式，呈现在各国文化遗产纪录片的内容与形式之中。这种模式以一种无形的力量渗透于生活在具体民族文化环境下的人们的认识与行为方式之中，作为一种普遍性心态规范、制约着该民族每一个成员的物质活动、精神活动与文化活动，甚至成为一种潜意识，成为一种全民族成员普遍认同的思维模式与行为方式。这种思维模式与行为范式，是人类在一定社会物质条件和文化传统影响下所形成的共同观念与心理动机的体系化表现，并在各个民族及国家的文化遗产纪录片中得到充分的彰显，为其国际传播打下了明显的印记。

**关键词** 文化遗产　纪录片　国际传播　"一带一路"

文化遗产纪录片国际传播首先来自西方国家。真正意义上的影视国际传播开始于 20 世纪初美国电影的输出和随后国际广播的出现。在 1914 年，全球 85％ 的电影观众就开始观看美国电影，并乐此不疲。而国际广播最早来自英国，由于语言文化的差异以及宗教和信仰的区别，特别是社

---

[*] ［基金项目］中央社会主义学院统一战线高端智库课题："一带一路"语境下文化遗产纪录片的国际传播方略研究（ZK20190220）。

[**] ［作者简介］曾耀农，1959 年生。博士，武昌理工学院文法与外语学院教授，硕士生导师。研究方向：影视美学与传播美学、文化传播。

会制度和新闻传播体制的不同，起初受到各国政府的抵制。由于传播技术先进程度不一，国际信息流动不可能是均衡与平等的，各国政府出于维护国家利益和宗教信仰的考量，均对影视作品国际传播制定了一系列的限制政策，我国清朝政府甚至发布政令阻挠外国电影在国内放映，认为它们"有伤风化"。

在儒家思想的主导下，我国自古就形成"以天下为己任，以苍生为己念"的哲学与伦理观念，历代传承，并延续至今。中国传统文人士大夫始终胸怀天下，"达则兼济天下，穷则独善其身"的名言流传千古，"先天下之忧而忧，后天下之乐而乐"被誉为至理。现代社会有国别、民族、政党、性别之分，但理想无高低贵贱之别。武术是中国传统文化符号之一，文化遗产纪录片《精武传奇》就介绍了武侠大师霍元甲传奇的一生。霍家祖籍天津，是武术世家。霍元甲吸收武术各家之长，融会贯通，独创一派。在上海滩，他依靠自己的毅力与功夫打败了众多外国拳师，为屡受欺压的华夏赢得了尊严。儒家讲究"修身齐家治国平天下"，在当今时代，天下就是人类社会与人世间的整体。那么，所谓国际传播就是向全世界进行的传播，关心天下服务苍生，也属于儒家文化的应有之义。

## 一　我国文化遗产纪录片国际传播的重要意义

作为影视作品的重要门类，纪录片具有很强的历史文献价值、社会认知价值、文化传承价值和艺术欣赏价值，对于完善我国公共文化服务体系、提升国民的文化素养和人文意识、提高公共文化服务水平、改进影视产业结构、提高影视产业国际竞争力都具有重要的意义。水稻是中国古代先民在驯化野生稻的基础上，经过历代改良而种遍全世界。稻米与小麦、土豆如今已成为世界三大主要食粮。文化遗产纪录片《稻米的故事》从遥远历史的角度寻找水稻种植的源流，结合城头山、河姆渡遗址的考古发现，以及世界各地对稻米的接受与传播，阐述了中华文明的悠久与繁荣，增强了中华民族文化自信与文化自豪。

党的十八大以来，中共中央高度重视中华文化"走出去"工作，并制定了相关法律法规。习近平总书记多次作出重要论述、提出明确要求。十八届三中全会对提高文化开放水平、推动中华文化走向世界作出重要部署，其后产生了良好的效果。2019 年 7 月 5 日至 6 日，在阿塞拜疆巴库举行的世界遗产大会上，共有来自 135 个国家的近 2500 名代表出席，可谓名流云集，学者众多，阿塞拜疆文化部长阿布法斯·加拉耶夫担任会议主席。会议共审议各国世界遗产提名项目 35 项，其中文化遗产 28 项、自然遗产 2 项、文化和自然混合遗产 5 项。中国黄（渤）海候鸟栖息地（第一期）和中国良渚古城遗址先后获准列入世界遗产名录。至此，中国世界遗产总数已达 55 处，总数位居世界第一。

"世界文化遗产"是一项由联合国发起、联合国教育科学文化组织负责执行的国际公约建制，是以保存对全世界具有杰出与普遍性价值的自然或文化处所为目的的名录。世界文化遗产是全世界文化遗产保护与传承的最高等级，世界文化遗产属于世界遗产总体范畴。1972 年，联合国教科文组织在世界文化遗产总部巴黎讨论通过了《保护世界文化和自然遗产公约》，专门成立联合国教科文组织世界遗产委员会，其宗旨在于促进各国之间的交流与合作，为合理保护和恢复全人类共同的遗产采取得力的措施，做出积极的贡献。中华人民共和国在 1985 年 12 月 12 日加入《保护世界文化和自然遗产公约》的缔约国行列，截至 2018 年 7 月，中国已有 53 项世界文化和自然遗产列入《世界遗产名录》，其中世界文化遗产 36 项、世界文化与自然双重遗产 4 项、世界自然遗产 13 项，在世界遗产名录国家中排名第二位（53 项），意大利排名第一位（54 项）。

文化遗产除了物质文化遗产，还有非物质文化遗产。随着社会的变迁与城市的拓展，众多的非物质文化遗产随着时间的推移而逐渐消失，慢慢地淡出公众的视野，非物质文化遗产的传承和保护也迫在眉睫。纪录片作为一种艺术形式，因其非虚构性的内容、纪实性与艺术性兼备的表现手法，是传承与拓展非物质文化遗产生命力与美誉度的有效形式。通过非物质文化遗产类纪录片传播，让"非遗"逐步走进大众视野，已经成为一种时尚，在全世界范围内引发了特别的关注。

如何应对全球化条件下文化交往给中国传统文化带来的挑战与冲击，避免以及淡化与其他文化的冲突，实现和谐生存与演变；如何充分利用普遍交往环境和条件促进中国文化的创造性转化与创新性发展，从而被世界所接受与采纳，是当代我国文化建设过程中面临的紧迫任务与焦点问题。

实现中华民族的复兴是研究文化交往及其规律的归宿，达成文化自信与文化自豪是研究文化遗产纪录片国际传播的目标。文化遗产纪录片《中国封面》讲述了《中国建设》这本主要面向海外读者杂志的创刊过程。新中国建立之后，宋庆龄向毛泽东主席汇报，希望创办一本刊物，使用多种文字向海外读者介绍新中国的建设成就。毛主席表示赞成，并推荐爱泼斯坦担任总编辑。爱泼斯坦本是美国记者，后来到延安采访四个月，见到毛泽东、周恩来、朱德等中国共产党领导人，为根据地的民主与平等所吸引。爱泼斯坦担任《中国建设》总编辑之后，用外国记者的眼光看待日新月异的新中国各方面建设成就，并提出"刚刚诞生的新中国，需要向全世界传播自己的声音"，发扬新闻专业主义的精神办好这本刊物。他亲自采访，观察中国的视角是独特的，也是公正的，报道赢得海外读者的首肯与赞赏。爱泼斯坦一直生活在中国，并加入了中国国籍，后又撰写自传《见证中国》，以多种文字在多个国家出版，传播中外。对任何事物规律的探索都是为了人类从自在王国走向自由王国，最后实现世界大同。文化遗产纪录片要发展，要进步，除了打破市场逻辑作为唯一标准的桎梏，还要从更广阔的文化视野中寻求突破，寻找创新的路径。文化人类学的体系建构、体验方式、工作方法、观察角度、话语特质等各个方面，都值得我国文化遗产纪录片借鉴，而将这些理念和方法贯穿到纪录片创作的前期策划、选题立意、收集素材、实地采访、现场拍摄、后期剪辑等整个过程中，可以提高纪录片创作的质量，提升其社会价值、历史价值、文化价值与审美价值，更好地发挥文化遗产纪录片的各项功能与审美价值。

文化遗产保护与利用是世界各国考古工作者以及政府部门所共同面临的重要课题，也是文化遗产纪录片从业人员日常思考的问题。我们要从国际文物保护的视野，汲取一些国家特别是发达国家的成功经验与教训，针对文化遗产保护中普遍存在的开发与保护的矛盾，实践与研究的关系，以及法律法规与公众教育等问题，结合中国纪录片的现状作出认真的比较和分析。吴哥窟是柬埔寨的国宝，也是世界文化遗产。文化遗产纪录片《中柬情谊》采用历史与现实交叉叙述的方法，从两国友好交往的角度看待与评价吴哥窟，揭示古老雕塑画面中隐喻的思想，预示两国关系未来光明的前景。

近年来，我国高度重视海外市场，重视媒体国际传播能力与水平建设，已将加强国际传播本领、打造国际一流媒体提上了议事日程，写进了政府工作报告。文化遗产纪录片作为对外文化输出的重要载体，对于弘扬华夏传统文化、提升我国国际传播水平有着重要的作用。新中国成立前，有关西藏的纪录片大都由西方国家导演拍摄，或多或少带有文化殖民主义的色彩；1949 年后，汉族导演拍摄的有关西藏的纪录片，涉及众多方面影像，用汉族人的视角看待西藏，于是多元化的西藏"想象"在不同层面予以呈现与展示。多元化的西藏确是汉族导演一种无意识的本能体验，它是中国纪录片不断向多领域和深层次拓展的一个缩影，其背后蕴含着深刻的政治、民族、宗教和文化等多种因素。近年来，随着藏族导演的日渐出场与自我身份意识的觉醒，他们极力排斥对西藏某些不真实的偏见，大多把视角转向藏族人民的日常生活状态，更好地还原植根于其中的西藏独特的宗教与民俗底蕴。纪录片无论是对藏族文化的原生性描写，还是表现西藏在世界潮流中难以抗拒的嬗变，都不同程度地反映了藏族导演自我意识的觉醒，并用镜头语言，在面对自己家乡众多不同的舆论传达中，寻求一种对本民族文化的坚守与突围。文化遗产纪录片《航拍西藏》的藏族导演利用无人机拍摄了西藏古老的寺庙以及信教的藏民，有力地驳斥了一些西方学者关于"中国政府毁灭宗教"的无耻言论，从宗教的角度向公众呈现了壮美雄浑的青藏高原，也向世界展示了中国"信教自由"的基本国策。

梁漱溟先生认为，传统中国社会与西方社会根本不同，是一个伦理社会，十分注重人伦情感。伦理社会特质有三：在社会结构方面，士农工商职业分途而又相互流转升沉，没有明显分化对抗的阶级集团；在社会关系方面，重视家庭，以伦理为本位而没有孤立的个人，强调集体意识；在社会秩序方面，以道德教化为主，人情味浓厚，没有吓人的宗教和刚硬的法律。西方社会讲究法律，遵守契约，但又好战与攻击，主张"私有财产神圣不可侵犯"。梁漱溟坚信，在中西文明冲突强烈、华夏文明破坏严重、西方文明大出问题的语境中，中国伦理社会将通过现代乡村建设的方式得以重建和复兴。如果走中国特色的城市化与现代化道路，我国将摆脱近代西方世界面临的危机。文化遗产纪录片《记住乡愁》阆中篇不仅讲述了四川阆中的历史典故，而且彰显了古城百姓的日常生活与道德坚守。俗话说

"一方水土养一方人"，道德养成需要传统文化的滋润与哺育，需要法律法规的规范与约束，更需要远大理想的指引与推动。

## 二 文化遗产纪录片国际传播面临的挑战

世界遗产分为世界文化遗产、世界文化与自然双重遗产、世界自然遗产3类。国际文化纪念物与历史场所委员会等非政府组织作为联合国教科文组织的协办机构，集聚了许多世界文化与旅游专家，参与世界遗产的甄选、管理与保护工作。他们还评选出世界十大文化遗产，这是全球古代最具代表性的文化遗产。1972年10月17日至11月21日，联合国教科文组织在巴黎举行第十七届会议，通过了《保护世界文化和自然遗产公约》，明确了评选世界文化遗产的基本标准：1. 文物：从历史、艺术或科学角度看具有突出的普遍价值的建筑物、碑雕和碑画，具有考古性质的铭文、洞窟以及联合体；2. 建筑群：从历史、艺术或科学角度，看其在建筑式样分布均匀或与环境景色结合方面具有突出的普遍价值的单立或连体的建筑群；3. 遗址：从历史、审美、人种学或人类学角度看其是否具有突出的普遍价值的人类工程，或自然与人类联合工程以及考古遗址等。中国万里长城与西安兵马俑就符合以上条件，被列入世界十大文化遗产名录。

中国在过去40多年的改革开放中既取得了巨大的成就，也存在一些问题，但西方主流媒体出于意识形态方面的考量，漠视中国取得的成功，却专注于寻找中国的缺陷，尤其喜欢在中国的人权、民主、对外投资、军事力量、环境污染等问题上做文章，进行了大量的不切实际的负面报道。纪录片是具有记录时代、影响社会、引导舆论等多重意义的文化样式之一，在文化产业市场越来越受到重视，在国际传播中也发挥越来越重要的作用。近年来，以真实性、历史性和客观性取胜的文化遗产纪录片在我国的国际传播与对外宣传活动中发挥着关键的作用，各级政府也愈加重视对纪录片产业的鼓励与扶持，广大从业人员也积极探寻文化遗产纪录片的国际传播路径与方法。

20世纪80年代以后，随着苏联的解体，美苏两个阵营之间进行了40余年的冷战宣告结束，整个世界迅速进入一个多极化政治、经济与文化竞争的时代。美国以其强大的经济和技术优势对整个世界经济甚至文化的发展产生了巨大的影响，欧洲各国为了能够在经济、技术上与美国竞争，迅速开始了欧洲政治和经济一体化的进程，成立了松散的政治组织——欧洲联盟（简称欧盟）。伴随中国经济实力的增强，全球影响力的提升，"中国威胁论"此起彼伏，这种论调受到意识形态、经济考量、人种优势和文化起源等多重因素的影响。西方主流媒体制作的有关中国的纪录片里一方面不得不表现中国社会发展的成就，另一方面也无意或有意地歪曲中国经济与文化，否定中国的社会主义制度，专注渲染与传播中国的负面形象。

近年来，随着中国传播技术的发展与国际传播能力的提升，在一定程度上改变了西方社会关于中国的刻板印象，但如何让世界了解真实、立体、全面的中国，尤其是理解华夏悠久辉煌的古代文明及现代传承，仍是我国文化遗产纪录片制作与研究人员面临的重大课题。

在全球化浪潮中，西方发达国家改变了过去单纯依靠军事力量对别国进行殖民的模式，而是利用其强大的科技力量、媒体优势以及传播渠道对第三世界国家进行社会制度和生活方式的渗透，实施隐形的文化侵略和精神洗脑，贩卖它们的价值观与审美观，试图摧毁和销蚀第三世界国家的民族文化，试图把它们逐渐纳入"西方中心主义"的文化一体化框架中。美国文化遗产纪录片《大逃亡》讲述了第二次世界大战中被德军俘虏的盟军飞行员逃亡的故事。在美国飞行员布舍尔少校的领导下，战俘们在战俘营秘密挖掘了一条100余米的隧道，逃出了纳粹的魔掌。布舍尔少校充分发挥每名战俘的技能，并由多名成员各负其责，最终逃出76名战俘，而他自己则死在盖世太保的枪口之下。这部纪录片塑造了美式英雄，宣扬了自由理念。我们从国际文化传播的视角，以美国、英国、日本、韩国的文化遗产纪录片为例，对文化帝国主义现象进行分析和批判；同时以中国为例，探讨发展中国家在文化遗产纪录片拍摄与制作中维护本国传统文化、保护民族文化、发展文化交流的方略与对策。

今天，全球化对伦理社会的冲击既是挑战，也是机遇。尽管全球化是无法逆转的世界大势，但随着西方社会诸多问题的出现，又必然转向东方文明，借助于伦理社会精神解决西方社会面临的难题。我们拍摄与研究文化遗产纪录片，加强对外文化传播，充分发挥以文化人、以文促情、以文建信的作用，把继承传统文化又弘扬时代精神、立足本国又面向世界的当代中国文化创新成果传播出去，发扬光大，让世界受众更好地了解和体验中华文化的博大精深。

塞缪尔·亨廷顿的著作《文明的冲突》一经发表就引起了国际舆论界与学术界的强烈反响。他认为现今世界格局的决定因素表现为七大或八大文明，认为冷战世界不断冲突的根源应为文化方面的差异。对于我们来说一方面应该看到"文明冲突论"的合理性，另一方面又不能把这个"冲突"无限扩大，"对抗冲突"是暂时的，而"交流互鉴"是永远的，和平与发展才是当今世界追求的终极目标。

面对西方资本主义国家的挑战，我们要有斗争精神，敢于迎接挑战，善于化解危机。我国文化遗产纪录片要把内容建设放在第一位，突出思想内涵、讲究叙述方法、彰显价值理念，不断增强中华文化的吸引力、传播力和感召力。推动中华优秀传统文化走出去，让国外受众触摸中华文化脉搏，理清华夏文明源流，感知当代中国发展韧性，理解我们的社会制度和价值观念，应当是我国文化遗产纪录片从业者和研究者的不懈追求与长远目标。

## 三 "一带一路"为文化遗产纪录片国际传播提供机遇

"丝绸之路经济带"是习近平主席 2013 年 9 月 7 日在哈萨克斯坦纳扎尔巴耶夫大学发表演讲时提出的，赢得与会者的强烈反响。他说："我们可以用创新的合作模式，共同建设'丝绸之路经济带'，以点带面，从线到片，逐步形成区域大合作。"同年 10 月 3 日，习近平主席在印度尼西亚国会发表演讲时进一步提出"共同建设 21 世纪'海上丝绸之路'"，将目光瞄准了浩瀚的海洋。2014 年，习近平主席在 APEC 会上将其概括为"一带一路"，并形成了理论体系，进一步拓宽了其内涵。

### （一）文化遗产纪录片是风险危机的化解良药

全球蔓延的新冠肺炎疫情给人民生命安全和身体健康带来巨大威胁，给全球公共卫生安全带来巨大挑战，还对全球政治、经济、金融、文化建设产生巨大负面影响。在这种背景下，习近平主席出席二十国集团领导人应对新冠肺炎特别峰会并发表重要讲话，强调"国际社会最需要的是坚定信心、齐心协力、团结应对，全面加强国际合作"，提出"坚决打好新冠肺炎疫情防控全球阻击战""有效开展国际联防联控""积极支持国际组织发挥作用""加强国际宏观经济政策协调"四点倡议，为全球凝聚起战胜疫情强大合力、携手赢得这场人类同重大传染性疾病的斗争，给出了中国方案与中国力量。近年来，随着"一带一路"倡议走深走实，中国铁路集团打造的"中欧班列"品牌显露出了巨大活力和光明前景，文化遗产纪录片也应该加以呈现与张扬。从最初的"一条线"，到现在的"一张网"，中欧班列在"世界舞台"的角色越来越重要。特别是在疫情之下，中欧班列打通全球战"疫"物资通道，体现了"一带一路"方案的预见性与现实性。我国以负责任大国的实际行动担当起人类命运共同体的交通使者，彰显了道德明珠与人性光辉，给世界人民以必胜信心。希望中国编导拍摄出反映"中欧班列"全过程的文化遗产纪录片，化解风险，消除误会，推动"一带一路"建设取得更大的成效。

（二）文化遗产纪录片是传统文化的优良载体

中国改革开放之后的经济发展得到了国际上的广泛认同，其文化遗产纪录片得到了世界观众的普遍喜爱，国家形象也得到大幅度的提升。国家形象构成要素的丰富性与权威性，与纪录片题材、内容与形式的丰富多样性相一致，这也是文化遗产纪录片塑造及传播国家形象的前提。构建人类命运共同体最根本的价值旨趣，不在于因这一过程的推进使中国成为全球的"领导者"或"主导者"，也不是所谓"中国中心论"的强势方案或"中国模式"的世界普及，目的在于"从文化上构建以多元文明为核心价值取向的人类共同体国际关系理念，取代以'西方中心主义'为价值取向的旧有理念"，打破西方对东方的文化"围剿"，实现世界人民的共同繁荣、自由交流和可持续发展，其根本宗旨指向经典作家所描绘的"自由人的联合体"，实现"大同社会"的美丽愿景与终极理想。

中国文化遗产纪录片《格萨尔的英雄草原》分为三集，讲述了被誉为古代藏族社会百科全书的史诗《格萨尔王传》所诞生的地域环境、民族变迁与文化渊源，在描绘格萨尔文化版图的同时，向世界呈现青藏高原独特的地理形态、宗教信仰、草原文明及格萨尔艺人的传奇故事，对国际友人也有很大的吸引力。而新媒体的崛起，改变了文化遗产纪录片的创作形态，也为其传播提供了一个崭新的广阔平台。融合新旧媒体构建立体交互式传播渠道，扩展文化遗产纪录片的传播途径，使"非遗"从特定的地域和民间群体走出去，使更广大的共建"一带一路"国家受众主动参与到对文化遗产的传承和保护中来，进入儒家倡导的"各美其美，美美与共"伦理与审美境界。

（三）文化遗产纪录片是对外传播的有力抓手

作为一种国际化程度很高的产品，纪录片具有对外文化传播的天然优势，高质量的文化遗产纪录片可以成为建构我国国家形象、提升中国国际影响力以及传播中国传统文化的重要载体和有效方式。文化遗产纪录片国际传播是国家近年来特别关注的重点领域，在经济全球化与信息全球化的今天，更需要具备跨越文化进行有效传播的文本，而文化遗产纪录片就具备了这样的功能。文化遗产纪录片在呈现华夏悠久历史与描绘人类美好未来，以及跨文化交流等方面起着独特的建构作用，能够在很大程度上提升国家威望和改善国际形象，也有利于"一带一路"建设的顺利实施。

习近平总书记总结历史经验与教训，强调要秉持"和平合作、开放包容、互学互鉴、互利共赢"的丝路精神，坚持共商、共建、共享、共赢的原则，以政策沟通、设施联通、贸易畅通、资金融通、民心相通为主要内容，立体式、全方位推进务实合作，与共建"一带一路"国家和地区形成利益共同体、命运共同体和责任共同体。在各个国家和地区的共同努力下，"一带一路"建设迅速从理念转化为行动、从愿景转变为现实，为改善全球经济治理体系、促进世界共同发展繁荣、推动构建人类命运共同体贡献了"中国智慧"与"中国力量"。7年多来，习近平总书记亲自策划、亲自指导、亲自部署，推动了"一带一路"按时间节点的建设步伐。按照"一带一路"原则开行的中欧班列不仅是运输载体，更是文化载体，不但增强了地域之间的经济互通，还增强了各国之间的政治互信和文化认同，架起了沿线人民生活的"幸福桥"与"连心桥"。

（四）文化遗产纪录片是"一带一路"的推动引擎

目前，围绕着"一带一路"建设拍摄和播出的纪录片，大多与时代主题贴合紧密，融入了共建"一带一路"国家历史文化、地理特征、人文风情等文化符号，深受受众的好评。如文化遗产纪录片《一带一路》和《奇域·探秘新丝路》，一部彰显官方叙事的特色，侧重权威性、主流化；另一部则突出民间叙事的风格，偏向文艺性、小众化。两部纪录片都是在做了大量的文献研究基础上进行文本分析、个案分析、比较分析、受众分析，做到资料翔实，叙述流畅。这两种叙事方式虽各有优势，但都存在一些不足，官方叙事过分强调权威性而失去生动性与趣味性，民间叙事侧重强调独特性但在叙事上不够系统和全面，尚未能展示出"一带一路"建设中的宏伟愿景与文化内涵。

从学理上说，跨文化传播（Intercultural Communication）指属于不同文化体系的个人、组织、国家之间所进行的信息传播与文化交流活动，带有一定的意识形态性，并具有一定的政治目的与经济目标。跨文化传播的核心是它的"跨文化"，旨在不同文化圈层之间的传播。这种跨越不同文化体系的传播行为在其发生、发展的过程中，参与者不仅依赖自己的代码、编码与解码方式，而且还要消除语言的障碍与习惯的误读，同时要了解并参与对方的话语建构。

中国改革开放所创造的发展奇迹如果仅靠西方媒体来报道，往往欠客观且存在偏见，甚至容易产生误解。目前，中国传播机构国际传播能力还比较弱小，严重制约了中国国家形象在国际舞台上的正面展现。在这种情况下，西方传播机构对中国的负面报道就成为国际舆论的主流。而文化遗产纪录片的国际传播就要打破这种不利的局面，面向世界受众实现有效传播。"一带一路"建设承载着共建"一带一路"国家和地区发展繁荣的梦想，更赋予古丝绸之路以崭新的时代内涵，也为共建"一带一路"国家和地区文化遗产的传承、保护与创新带来了新的机遇，开拓了新的渠道。

我们回望历史，丝绸之路上的驼队、郑和下西洋的宝船，带出去的不仅有精美的丝绸和瓷器，更有灿烂的中华文化与中国精神。我们要坚持文化自信，弘扬文化自觉，倡导文化自强，坚定不移推动华夏优秀传统文化走出去，积极参与世界文明对话与交流，互学互鉴，进一步丰富人类文明色彩，让世界各国人民享受更富内涵的精神生活与审美体验。

# 论先秦时期教育系统化的四重维度建构<sup>*</sup>

于 堃 张 洁<sup>**</sup>

**内容提要** 先秦时期已逐渐形成了较为完整的包含教师、教材、受教育者和教育场所等四重维度的教育系统化的建构。这一时期的教育呈现出重"德"兼"艺"的总体特征，受教育者贵族化的倾向和教育管理的专门化，以德育为教育的根本、兼习艺教的特色。教师的身份具有"官师合一"的双重性；教材经历了由模糊到具体、由一般到经典的选取倾向，主要是围绕"诸侯之德""诸侯之悌"等德育内容，教育的目的是达到政教目的和提升道德品质、个人修养；建立了一套相对完善的各级各类教学机构，但主要是"学在官府"；受教育是贵族子弟或宫中权贵等上层统治者的特权，出现了掌管不同教育职能的专门管理者。而后至《文选》出现后，才奠定了教育的重要目的之一是写作文章，也逐渐凸显了教育的教材选取逐渐典范化的倾向。

**关键词** 先秦 教育系统化 四重维度 《文选》

教育系统化是现代教育学意义上的概念，一般意义上主要包括教师、教材、教育场所、受教育者等四大要素。教育四要素是在不断发展变化和完善中的，先秦时期各个阶段的教育呈现出不同的发展特征和独特内涵，

---

\* ［基金项目］2019 年江苏省哲学社会科学规划项目：萧统传（19WMB001）。

\*\* ［作者简介］于堃，男，1985 年生，安徽阜阳人，广西师范大学文学院博士研究生，讲师。研究方向：先秦汉魏六朝文学。张洁，女，1989 年生，湖南娄底人。文学硕士，广西师范大学出版社编辑。研究方向：唐宋文学。

并逐渐形成较为系统化的教育科学体系，对后世的教育发展走向影响深远。现就先秦时期教育系统化的四大要素教师、教材、受教育者、教育场所进行讨论。

## 一 教师身份的"官师合一"双重性

"教育"在古代一般是以"教"单独出现，以表示教师"教授"的行为、"教材"或"所教授内容"的意思。什么叫"教"，《说文解字》这样解释："上所施下所效也。"① 可见，"教"的意思是"上"（即教师）施教，"下"（即受教育者）效仿老师。

第一，关于教师，先秦早期教育的施行者一般都比较清楚，一般由"有道者，有德者"来承担教师的职责，具有"官师合一"的双重性身份，但尚无明确的称谓。如《尚书·舜典》记载："帝曰：'夔！命汝典乐，教胄子。'"② 夔为尧舜时期的宫中乐官，帝舜任命夔掌管音乐事物，是以"乐师"的身份承担教师的职责。还有专门的教育祭祀音乐或乐舞的教师，如："磬师掌教击磬，击编钟，教缦乐、燕乐之钟磬。凡祭祀，奏缦乐。"③ 教授敲击编磬、编钟的"磬师"；"笙师，掌教吹竽、笙、埙、籥、箫、篪、笛、管，舂、牍、应、雅，以教祴乐。"④ 教授吹奏和声乐器的"笙师"；"舞师掌教兵舞。……凡野舞，则皆教之。凡小祭祀，则不兴舞。"⑤ 教授祭祀乐舞的"舞师"；"韎师掌教韎乐。"⑥ 教授祭祀东夷舞乐的"韎师"；"旄人掌教舞散乐，舞夷乐，凡四方之以舞仕者属焉。"⑦ 教授四夷舞乐的"旄人"；"籥师掌教国子舞羽吹籥。"⑧ 掌管教国子持羽吹籥而舞的"籥师"等。

---

① （汉）许慎撰，（清）段玉裁注《说文解字注》，上海古籍出版社，1988，第127页上。
② （汉）孔安国传，（唐）孔颖达等正义《尚书正义》，上海古籍出版社，1997，第131页中一页下。
③ （汉）郑玄注，（唐）贾公彦疏《周礼注疏》，上海古籍出版社，1997，第800页中。
④ 同上书，第801页上。
⑤ 同上书，第721页中一页下。
⑥ 同上书，第801页中。
⑦ 同上。
⑧ 同上。

第二，教育的施行者因教育对象和教育职责的不同随之出现了较为系统的固定称谓。教育臣民的"士"，《周书·吕刑》记载："士制百姓于刑之中，以教祗德。"① "士"用公正的刑罚制御百官之姓，实际上也承担了教导臣民遵守礼法、敬重德行的教育职能。负责教育卿大夫子弟的"宫正"，《周礼·天官·宫正》记载：

> 宫正掌王宫之戒令纠禁……会其什伍而教之道艺。（郑玄注）："郑司农云：道谓先王所以教道民者。艺谓礼乐射御书数。"（贾公彦疏）："谓若保氏云'掌养国子以道而教之六艺'，道则师氏三德三行也。艺谓礼乐射御书数者，亦保氏职文也。"②

"宫正"是掌管王宫中戒令、纠察违反禁令的人，还按照五人为伍、二伍为什的编制把宫中卿大夫的子弟会合起来，"教"他们"礼乐射御书数"六艺。可见，宫正在这里实际上是承担了宫中官员子弟的教师职能的。

负责教育后宫王后、九嫔、九御等的"内宰"，《周礼·天官·内宰》记载：

> 内宰掌书版图之法……以阴礼教六宫，以阴礼教九嫔，以妇职之法教九御。③

"内宰"是掌管有关登记宫中人员的名册，并负责绘制宫中官府地图的法则，以便施行有关内宫的相关政令的人。用"阴礼"即"妇人之礼"来教导王后、九嫔，用"妇职之法"来教导九御，内宰承担的是王后、九嫔、九御的教师职责。

身兼教师和受教育者双重身份的"九嫔"，如《周礼·天官·九嫔》

---

① （汉）孔安国传，（唐）孔颖达等正义《尚书正义》，上海古籍出版社，1997，第 248 页下。

② （汉）郑玄注，（唐）贾公彦疏《周礼注疏》，上海古籍出版社，1997，第 657 页上一页下。

③ 同上书，第 684 页中一页下。

记载："九嫔掌妇学之法，以教九御妇德、妇言、妇容、妇功。"① "九嫔"
接受"内宰"的教育，也在掌握了相关教育技能的同时承担教育"九御"
的教师职能。

此外，还有如"师氏""保氏"等文王世子、"大司乐"乐官等，也
是承担教师职责的施教者，《周礼》都有记载：

> 师氏掌以媺诏王。以三德教国子。②
> 保氏掌谏王恶，而养国子以道。乃教之六艺。③
> 大司乐掌成均之法，以治建国之学政，而合国之子弟焉。凡有道
> 者，有德者，使教焉。④

第三，教育的施教者——"师"，即教师被明确提出，其职责也被明
确确立。《礼记·文王·世子》记载：

> 凡学，春官释奠于其先师，秋冬亦如之。凡始立学者，必释奠于
> 先圣先师……入则有保，出则有师，是以教喻而德成也。师也者，教
> 之以事而喻诸德者也；保也者，慎其身以辅翼之而归诸道者也。《记》
> 曰："虞夏商周，有师保，有疑丞，设四辅及三公。不必备，唯其人。"
> 语使能也。君子曰德，德成而教尊，教尊而官正，官正而国治，君之
> 谓也。⑤

这里教师是作为世子的辅佐身份明确出现的，教师的职责是通过"教
之以事而喻诸德者"的方式来培养"文质彬彬"的"君子"，最终实现
"教尊""官正""国治"的"大德"。

---

① （汉）郑玄注，（唐）贾公彦疏《周礼注疏》，上海古籍出版社，1997，第687页中。
② 同上书，第730页中。
③ 同上书，第731页上—页中。
④ （汉）郑玄注，（唐）贾公彦疏《周礼注疏》，上海古籍出版社，1997，第787页中—788
页上。
⑤ （汉）郑玄注，（唐）孔颖达疏《礼记正义》，上海古籍出版社，1997，第1405页下—1407
页上。

第四，需要特别指出的是，先秦时期还出现了专门的女教师，即"女师"。一般在"公宫""宗室"专门负责与天子诸侯同姓的贵族妇女出嫁前三个月的短期婚前教育。据《礼记·昏义》记载：

> 是以古者妇人先嫁三月，祖庙未毁，教于公宫，祖庙既毁，教于宗室，教以妇德、妇言、妇容、妇功。教成祭之，牲用鱼，芼之以蘋藻，所以成妇顺也。①

郑玄注云："谓与天子诸侯同姓者也。嫁女者必就尊者教成之。教之者，女师也。祖庙，女所出之祖也，公君也，宗室宗子之家也。"② 孔颖达疏："云'教之者，女师也者'，即《诗·周南》云'言告师氏'。则《昏礼》注云'姆，妇人五十无子出者也'。"③ 在这里，郑玄明确提出"女师"的概念，孔颖达则更进一步解释"女师"即"姆"。

据以上可知，先秦时期的学术和教育基本都是由官府掌握的。教师一般都是"有道者，有德者"，即"古者有道德者使教焉"④，教师也都由具有"官职"身份的人来担任，即教师身份的双重性："官师合一"。之后孔子作为没有官职的普通教师广收弟子，是中国第一位具有独立身份的教师，教师的身份也逐渐由"官师合一"的双重性转变为单一的教师身份，使教师从官的身份中脱离出来而具有了独立性。

## 二 教材逐渐具体化、经典化和重"德"兼"艺"的特点

先秦时期教育的教材经历了由模糊到具体、由一般到经典的选取倾向，主要是围绕"诸侯之德""诸侯之悌"等德育内容，教育的目的是达到政教目的和提升道德品质、个人修养，教材呈现了重"德"兼"艺"的总体特点，即以德育为教育的根本、兼习艺教。

---

① （汉）郑玄注，（唐）孔颖达疏《礼记正义》，上海古籍出版社，1997，第 1681 页中。
② 同上。
③ 同上书，第 1681 页下。
④ （宋）王应麟撰《玉海》，（清）永瑢、纪昀等纂修《景印文渊阁四库全书》，台湾商务印书馆，1986，第 946 册，第 3 页下。

第一，先秦时期的教材记录经历了从无到有的发展。最早还没有明确的记载，如《尚书·舜典》云：

> 帝曰："夔！命汝典乐，教胄子，直而温，宽而栗，刚而无虐，简而无傲。诗言志，歌永言，声依永，律和声。八音克谐，无相夺伦，神人以和。"①

夔负责教导帝王或贵族的长子，使他们正直而温和，宽大而坚栗，刚毅而不粗暴，简约而不傲慢。这里虽然没有明确指出教的内容，我们可以知道应是"乐"，"教"的目的是最终达到"八音克谐，无相夺伦，神人以和"的和谐理想状态，但是具体用什么"教材"或教的内容此时还没有具体记载下来。

第二，逐渐出现具体的教育内容和教育达到目的的明确记载。如《周书·吕刑》记载："以教祗德。"② 士师负责教导臣民敬重德行，教的内容是"德行"或者"教"的目的是使臣民"祗德"。《周礼·天官·宫正》："宫正掌王宫之戒令纠禁……会其什伍而教之道艺。（郑玄注）：'郑司农云：道谓先王所以教道民者。艺谓礼乐射御书数。'（贾公彦疏）：'谓若保氏云"掌养国子以道而教之六艺"，道则师氏三德三行也。艺谓礼乐射御书数者，亦保氏职文也。'"③ "宫正""教"的内容是"礼乐射御书数"的"六艺"。《周礼·天官·内宰》："内宰掌书版图之法……以阴礼教六宫，以阴礼教九嫔，以妇职之法教九御，使各有属，以作二事，正其服，禁其奇邪，展其功绪。"④ 内宰教导王后、九嫔的内容是"阴礼"，即妇人之礼，教导九御的是"妇职之法"，使她们各有分属，以做好有关丝、麻方面的职事，端正她们的服装，禁止奇装异服，记录她们在妇职方面的成绩。可见，内宰"教"的内容和目的很明确，即"教"王后、九嫔妇人之礼，"教"九御职纴、组绅、缝线之事最终达到"正其服，禁其奇邪，展其功

---

① （汉）孔安国传，（唐）孔颖达等正义《尚书正义》，上海古籍出版社，1997，第131页中一页下。
② 同上书，第248页下。
③ （汉）郑玄注，（唐）贾公彦疏《周礼注疏》，上海古籍出版社，1997，第657页上一页下。
④ 同上书，第684页中一页下。

绪"的目的。《周礼·天官·九嫔》又说:"九嫔掌妇学之法,以教九御妇德、妇言、妇容、妇功,各帅其属而以时御叙于王所。(郑玄)注:'妇德谓贞顺,妇言谓辞令,妇容谓婉娩,妇功谓丝枲。'"① 九嫔负责"教"九御"妇德、妇言、妇容、妇功"等四德。《周礼》还有记载:教至德、敏德、孝德等"三德",教孝行、友行、顺行等"三行";教祭祀之乐舞;"教之六艺,一曰五礼,二曰六乐,三曰五射,四曰五驭,五曰六书,六曰九数。乃教之六仪,一曰祭祀之容,二曰宾客之容,三曰朝廷之容,四曰丧纪之容,五曰军旅之容,六曰车马之容。"② "以乐德教国子……以乐语教国子……以乐舞教国子……以致鬼、神、示,以和邦国,以谐万民,以安宾客,以说远人,以作动物。"③ 教六诗:"曰风、曰赋、曰比、曰兴、曰雅、曰颂。"④

第三,首次出现了较为清楚的或国家规定的"教材"或书目的文字记载。孔子以"六经"作为"教材"教化弟子,司马迁《史记·孔子世家》记载:

> 孔子以诗书礼乐教,弟子盖三千焉,身通六艺者七十有二人。……孔子以四教:文、行、忠、信。⑤

这里的"诗书礼乐",是指上古的各种史料,当时虽未成书,但相关资料已较完备,主要教以儒家"六艺"等,并且以"文、行、忠、信"为"四教"。又,《礼记·王制》记载:

> 命乡,论秀士,升之司徒,曰选士。司徒论选士之秀者而升之学,曰俊士。升于司徒者,不征于乡,升于学者,不征于司徒,曰造士。乐正崇四术,立四教,顺先王《诗》《书》《礼》《乐》以造士。春秋教以《礼》《乐》,冬夏教以《诗》《书》。王大子,王子,群后

---

① (汉)郑玄注,(唐)贾公彦疏《周礼注疏》,上海古籍出版社,1997,第687页中。
② 同上书,第731页上—页中。
③ 同上书,第787页中—788页上。
④ 同上书,第795页中—796页上。
⑤ (汉)司马迁撰《史记》,中华书局,1982,第1938页。

之大子，卿大夫元士之适子，国之俊选，皆造焉。凡入学以齿。①

由上可知，先秦时期已经形成了为《诗》《书》《礼》《乐》而教的"四教"。《诗》《书》《礼》《乐》已经明确成为周王朝规定的国学教科书，即教材。"造士"，孔颖达疏："学业既成，即为造士。"②《汉书·食货志上》："诸侯岁贡少学之异者于天子，学于大学，命曰造士。"③学业有成就的士子都要教以《诗》《书》《礼》《乐》。《左传·僖公二十七年》引赵衰曰："说《礼》《乐》而敦《诗》《书》。《诗》《书》，义之府也；《礼》《乐》，德之则也。"④均显示了"四教"的德教作用。关于《诗》《书》《礼》《乐》的作用，《礼记·经解》曰：

> 孔子曰："入其国，其教可知也。其为人也，温柔敦厚，《诗》教也；疏通知远，《书》教也；广博易良，《乐》教也；洁静精微，《易》教也；恭俭庄敬，《礼》教也；属辞比事，《春秋》教也。故《诗》之失，愚；《书》之失，诬；《乐》之失，奢；《易》之失，贼；《礼》之失，烦；《春秋》之失，乱。其为人也，温柔敦厚而不愚，则深于《诗》者也；疏通知远而不诬，则深于《书》者也；广博易良而不奢，则深于《乐》者也；洁静精微而不贼，则深于《易》者也；恭俭庄敬而不烦，则深于《礼》者也；属辞比事而不乱，则深于《春秋》者也。"⑤

可知，一国（诸侯国）之风，即为人的"温柔敦厚""疏通知远""广博易良""洁静精微""恭俭庄敬""属辞比事"的品质可以分别通过较为固定的"教材"——《诗》《书》《乐》《易》《礼》《春秋》即"六经"的教育来达到，说明了这"六经"教育缺失其中一种或某一种教育没有做好会有什么样的后果，阐释了"六经"教育对具体的个人的品质培养的重要性和对一个国家（诸侯国）的重要性。

---

① （汉）郑玄注，（唐）孔颖达疏《礼记正义》，上海古籍出版社，1997，第1342页上。
② 同上书，第1342页中。
③ （汉）班固撰，（唐）颜师古注《汉书》，中华书局，1962，第1122页。
④ （晋）杜预注，（唐）孔颖达疏《春秋左传正义》，上海古籍出版社，1997，第1822页下。
⑤ （汉）郑玄注，（唐）孔颖达疏《礼记正义》，上海古籍出版社，1997，第1609页下。

但是以"六经"教化贵族子弟、臣民并不是孔子的始创，两周时期用古籍教育和教化已经蔚然成风。《国语·楚语上》记载：

> （士亹）问于申叔时，叔时曰："教之《春秋》，而为之耸善而抑恶焉，以戒劝其心。教之《世》，而为之昭明德而废幽昏焉，以休惧其动。教之《诗》，而为之导广显德，以耀明其志。教之《礼》，使知上下之则。教之《乐》，以疏其秽而镇其浮。教之《令》，使访物官。教之《语》，使明其德，而知先王之务用明德于民也。教之《故志》，使知废兴者而戒惧焉。教之《训典》，使知族类，行比义焉。"①

讲的是楚庄王委派士亹教导太子箴，士亹向申叔时请教。申叔时谈教育太子箴时说："教他春秋大义，使他懂得褒善贬恶的道理，以诚勉其心；教他读先王世系谱牒，使他知道有德行的人能名声显扬，昏庸的人要被废黜，来鼓励和约束他的行为；用诗歌来教育他，对他宣扬先王的德业，来开拓他的志向；用礼仪来教育他，使他知道尊卑上下的法度；用音乐来教育他，来洗涤他身上的污秽，使他稳重而不轻浮；用法令来教育他，使他懂得百官的职事；用治国的嘉言来教育他，使他发扬美德，知道先王务必以德对待百姓；用史书来教育他，使他懂得历代成败兴衰的道理而引起警戒；用先王的训典来教育他，使他知道宗族的发展繁衍，使行为符合道义。"申叔时开出列了非常明确、较为固定和系统的"教材"书目，其中包含了《春秋》《世》《诗》《礼》《乐》《令》《语》《故志》《训典》等九种古籍，"教材"的明确出现和记载是教育系统化发展成熟和科学完备的最重要的环节之一。

由上可知，先秦时期教育的教材是有一个较为清晰的发展轨迹的，即由模糊到具体、由一般到经典的教材选取倾向。无论是"四教"，还是"六经"，教材基本上是围绕"诸侯之德""诸侯之悌"② 等内容，教育的

---

① 徐元诰撰，王树民、沈长云点校《国语集解》，中华书局，2002，第485~486页。
② （宋）王应麟撰《玉海》，（清）永瑢、纪昀等纂修《景印文渊阁四库全书》，台湾商务印书馆，1986，第946册，第5页下。

目的是达到"父子、君臣、长幼之道得，而国治"①的政教目的和提升个人的道德品质和修养，即以德育为教育的根本、兼习艺教的教育特色。

## 三 "学在官府"的相对完善的各级各类教学机构

先秦时期的教育有不同的场所，即有各级各类教育机构或者学校。据《礼记·王制》记载：

> 有虞氏养国老于上庠，养庶老于下庠；夏后氏养国老于东序，养庶老于西序；殷人养国老于右学，养庶老于左学；周人养国老于东胶，养庶老于虞庠，虞庠在国之西郊。②

"庠""序""学""胶"等在此均指古代的学校，即教育的场所。此外，从虞舜到夏商周三代，伴随学校出现的"养国老""养庶老"（孔颖达疏引熊安生云："国老，谓卿大夫致仕者；庶老，谓士也。"③）的贵族官员养老制度也随之产生了。

高等学校等各不同层级教育机构出现并呈现出较为完善的系统性，《礼记·王制》记载：

> 诸侯，赐弓矢然后征，赐铁钺然后杀，赐圭瓒然后为鬯。未赐圭瓒，则资鬯于天子，天子命之教，然后为学。小学在公宫南之左，大学在郊。天子曰辟雍，诸侯曰泮宫。④

又《礼记·昏义》载：

> 是以古者妇人先嫁三月，祖庙未毁，教于公宫，祖庙既毁，教于

---

① （宋）王应麟撰《玉海》，（清）永瑢、纪昀等纂修《景印文渊阁四库全书》，台湾商务印书馆，1986，第946册，第5页下。
② （汉）郑玄注，（唐）孔颖达疏《礼记正义》，上海古籍出版社，1997，第1346页中。
③ 同上书，第1346页下。
④ 同上书，第1332页中—页下。

宗室。①

"然后为学"之"学",显然与《学记》"国有学"之"学"相同,而又区分为"大学""小学",可见"大学"确是国家高等学校,只是正式名称不直接叫"大学"而已。"大学"当是学校之名,所以又有与之相对的"小学"之名。各种学校所处位置又有不同,"小学"的位置在"公宫南之左","大学"的位置在"郊"。古时妇女在出嫁前的三个月,如果与国君还是五服以内的亲属,就在国君的"祖庙"里接受教育;如果已经出了五服,就在宗子"宗室"的家里接受教育。《汉书·董仲舒传》云:

> 古之王者明于此,是故南面而治天下,莫不以教化为大务。立大学以教于国,设庠序以化于邑。②

又,《汉书·食货志》载:

> 八岁入小学,学六甲五方书计之事,始知室家长幼之节。十五入大学,学先圣礼乐,而知朝廷君臣之礼。其有秀异者,移乡学于庠序;庠序之异者,移国学于小学。诸侯岁贡小学之异者于天子,学于大学,命曰造士。③

"十五入大学",可见大学确是"大人"之学。大人之学,即"学之大者"。这里"学"是名词而非动词,是教育机构,即学校,是显而易见的。《礼记·学记》又载:

> 古之教者,家有塾,党有庠,术有序,国有学。比年入学,中年考校,一年视离经辨志,三年视敬业乐群,五年视博习亲师;七年视论学取友,谓之小成;九年知类通达,强立而不反,谓之大成。夫然

---

① (汉)郑玄注,(唐)孔颖达疏《礼记正义》,上海古籍出版社,1997,第1681页中。
② (汉)班固撰,(唐)颜师古注《汉书》,中华书局,1962,第2503页。
③ 同上书,第1122页。

后足以化民易俗，近者说服而远者怀之，此大学之道也。①

可见，周代的教育制度最为完备，从天子到诸侯、到大夫之家、到乡间闾里，皆有教育，都设有各种层级类别的学校。这里的"塾""庠""序""学"，都是教育机构，是从中央到地方的各级学校的名称。古者"学在官府"，中央之学必待天子命名而后成，其名称又有辟雍、成均、上庠、东序、瞽宗之别，大学、小学之异。《王制》曰："天子命之教然后为学……大学在郊，天子曰辟雍，诸侯曰泮宫。"② 王应麟《玉海》卷一百十一引："礼象曰：辟雍居中，其南为成均，北为上庠，东为东序，西为瞽宗。"③ 士大夫年老致仕，归教于塾学；贵胄世子，则七岁入小学，教以人伦；十有五岁入大学，师儒"顺先王《诗》《书》《礼》《乐》以造士"，进而实现了知识的传授和对士人《礼》《乐》《诗》《书》等能力的培养。后来随着春秋时期周王室的日渐衰微，教育的"学在官府"逐渐被私人讲学所代替，由"学在官府"逐渐转变为"学在四夷"了。

## 四　受教育者贵族化的倾向和教育管理的专门化

先秦时期的受教育的权利一般是贵族的特权，下层民众被排除在学校教育之外，缺乏教育的公平性和广泛性。第一，受教育者首先主要是帝王或贵族的长子。如《尚书·舜典》云"教胄子"④，帝舜任命夔负责教导帝王或贵族的长子。第二，受教育者是国之子弟、公卿士大夫等贵族子弟。如《周书》记载"士师"教导臣民敬重德行，《周礼》有记载："会其什伍而教之道艺。（贾公彦疏）：'谓若保氏云"掌养国子以道而教之六艺"。'"⑤"宫正"把宫中卿大夫的子弟会合起来接受教育；又如"以三德教国子""以乐德教国子"等。第三，受教育者是王后、九嫔等后宫嫔妃。

① （汉）郑玄注，（唐）孔颖达疏《礼记正义》，上海古籍出版社，1997，第1521页中。
② 同上书，第1681页中。
③ （宋）王应麟撰《玉海》，（清）永瑢、纪昀等纂修《景印文渊阁四库全书》，台湾商务印书馆，1986，第946册，第8页上。
④ （汉）孔安国传，（唐）孔颖达等正义《尚书正义》，上海古籍出版社，1997，第131页中—页下。
⑤ （汉）郑玄注，（唐）贾公彦疏《周礼注疏》，上海古籍出版社，1997，第657页上—页下。

如《周礼》记载："以阴礼教六宫，以阴礼教九嫔，以妇职之法教九御。"①
"内宰"负责教导的对象是王后、九嫔等，九嫔负责教导九御。第四，受教育者也有民众，但是具有特殊政治祭祀用途。如《周礼》记载："舞师掌教兵舞。……凡野舞，则皆教之。凡小祭祀，则不兴舞。"② 贾公彦疏曰："掌教兵舞谓教野人使知之。""舞师"负责教"野人"，即民众学习祭祀的乐舞。

同时，与受教育者相对应的，还随之出现了掌管不同教育职能的不同类别的专门管理者，学校和教育机构是由国家管理的。如乡学由管理民政的"司徒"负责总的领导；由"大司乐"掌管大学政令："大司乐掌成均之法，以治建国之学政，而合国之子弟焉。"③ 大司乐负责掌管大学（董仲舒云五帝之学）的教学法，建立并掌理着国家有关学校的政令，聚集国子到学校里学习。由"乐师"掌管小学政令，教公卿子弟年幼少时之小舞："乐师掌国学之政，以教国子小舞。"④ 由"大胥"掌管学士的名册，春季入学教祭先师舞蹈，秋季负责颁布学习成绩："大胥掌学士之版，以待致诸子。春入学舍采，合舞；秋颁学，合声。"⑤ 由"小胥"负责协助大胥发布征召学士的命令、考核人数，惩罚迟到者，巡视舞蹈的队列，挞罚怠慢之人："小胥掌学士之征令而比之。觥其不敬者，巡舞列而挞其怠慢者。"⑥由"乡师"负责管理治下之乡的教育："乡师之职，各掌其所治乡之教，而听其治。"⑦

由此可见，由于先秦时期受教育是权贵阶层才能享受到的权利，所以其主要群体基本集中在：首先是最高阶层的帝王或其子弟，其次是国之子弟、公卿士大夫等贵族子弟，再次是后宫中的王后、九嫔等后宫嫔妃等，最后是与祭祀乐舞有关的参与祭祀的民众。而且还随之形成了一套等级森严、分配严密的掌管不同教育职能的不同类别的专门管理制度，不同的教

---

① （汉）郑玄注，（唐）贾公彦疏《周礼注疏》，上海古籍出版社，1997，第684页中一页下。
② 同上书，第721页中。
③ 同上书，第787页中。
④ 同上书，第793页中。
⑤ 同上书，第794页中一页下。
⑥ 同上书，第795页上。
⑦ 同上书，第713页下。

育管理者分别承担着不同的逻辑严密的管理职能，以保证教育的正常进行和教育体系的正常运转。可见，先秦时期的普通民众很少有机会接受国家和官府掌握的稀缺的教育。贵族子弟要接受教育，就必须到官府学习，平民接受教育的机会也随着"学在官府"逐渐被后来出现的"学在四夷"的私人讲学所代替而逐渐成为一种可能。

## 余论 《文选》与教育教材选取的典范化倾向

先秦时期的教育是有着较为完整的系统化建构的，教师、教材、受教育者、教育场所这四要素是在不断发展过程中逐渐完善的。而之后的教育在先秦时期建立的教育系统延续下不断发展、变化，直至隋朝创立了科举考试制度，教育发生了较大的转向。隋唐的科举考试以诗赋为主，唐代进士科要作杂文，即作诗赋各一篇，后来进士科已经偏重于诗赋取士。科举考试注重诗赋也就客观上给符合"略其芜秽，集其清英"标准的诗文总集《文选》以更大的传播空间。进士科的评选标准严格，也进一步促进了《文选》成为重要的师授教学的"教材"；而文人士子主观上的主动选择使得《文选》成为学习的自觉自学"教材"和家庭教育的"教材"。

《文选》成书并被广泛传播和接受后，使得教育最关键的三大要素教师、教材、受教育者，都和《文选》产生了紧密的联系，并逐渐出现了教育选取教材的典范化的倾向。教师主动以《文选》为教授的教材；因科举考试的推行和诗题的指向性，《文选》也被选择为教材；受教育者及其家庭也就因为科举考试的导向而主动以《文选》为学习的典范和写作的范本，这也奠定了教育的重要目的之一是写作文章。当然，这都是在先秦时期的教育系统建立之后发生的，随着政治的变异和文学发展传承，教育也必然随之发生某种程度上的变化。这种变化很大程度上是教育系统中某一个或某几个因素的转向或变迁，如教师的主体性变化、受教育者群体的变化或扩大化、教材的不断出新和典范化，但基本都是囊括在先秦时期逐渐建立并成熟的教育系统和四大要素中的。

# 地方本科院校国学教育的探索与实践[*]

## 周平尚[**]

**内容提要** 随着党和国家对传统文化的重视，国学逐渐复兴，国学教育迎来了发展热潮，地方高校以此为契机开展国学教育，融入地方经济文化建设，大有可为。本文以湖南科技学院国学院加强国学教育的探索与实践为例，力图为国学教育助推地方文化经济建设提供一个可供借鉴的蓝本。

**关键词** 地方高校 国学教育 实践

习近平总书记在纪念孔子诞辰 2565 周年国际学术研讨会暨国际儒学联合会第五届会员大会开幕会上的讲话中指出，"优秀传统文化是一个国家、一个民族传承和发展的根本，如果丢掉了，就割断了精神命脉"[①]。2017年 1 月，中共中央办公厅、国务院办公厅印发《关于实施中华优秀传统文化传承发展工程的意见》，意见指出，"围绕立德树人根本任务，遵循学生认知规律和教育教学规律，按照一体化、分学段、有序推进的原则，把中华优秀传统文化全方位融入思想道德教育、文化知识教育、艺术体育教育、社会实践教育各环节，贯穿于启蒙教育、基础教育、职业教育、高等

---

\* ［基金项目］2020 年度湖南省高校思想政治工作研究项目阶段性成果；2020 年湖南省普通高等学校教学改革研究项目阶段性成果。

\*\* ［作者简介］周平尚，1982 年生，湖南隆回人。湖南科技学院国学院副院长，讲师。研究方向：中国哲学、新媒体、学生思想政治教育。

① 习近平：《习近平谈治国理政》第 2 卷，外文出版社，2017，第 313 页。

教育、继续教育各领域"①。近年来，随着党和国家对传统文化的重视，国学逐渐复兴，国学教育迎来了发展热潮，地方高校以此为契机开展国学教育，融入地方经济文化建设，大有可为。湖南科技学院积极响应党和国家的号召，敢为人先，率先在省内高校成立国学院，推动国学教育落地生根，取得了较好的效果。本文以湖南科技学院国学院加强国学教育的探索与实践为例，力图为国学教育助推地方文化经济建设提供一个可供借鉴的蓝本。

图 1　国学院外景局部图

## 一　湖南科技学院国学院基本情况

湖南科技学院国学院是湖南科技学院于 2015 年 12 月批准筹建的兼有教学与研究性质的实体院系，是湖南省内第一所教学实体设置的国学院，也是国内地方普通高校中第一所教学实体设置的国学院。国学院的前身是 2011 年 6 月批准成立的国学研究所，至今已有 9 年的发展历史，取得了丰富的教学经验与科研成果，在国学学科发展上走入前列。目前，国学院课程设置基本完成，团队组建基本完成，学生管理及招生状况良好，设施设

---

①　《关于实施中华优秀传统文化传承发展工程的意见》，http://www.gov.cn/zhengce/2017 - 01/25/content_5163472.htm，2017 年 1 月 25 日。

备基本到位，软件硬件磨合稳定，学院的方针、方法、学风与中长期规划基本形成，业已取得了一批显著的科研成果，对外交流顺利开展，获得了学术界、文化界、地方社会和本校师生的良好评价，国学院初创阶段已经顺利完成。四年以来，师生共发表论文 100 余篇，其中核心刊物 10 余篇，出版著作 10 余种，参加国内外学术会议 10 余次，新华社、《中国教育报》、《湖南日报》、湖南卫视、湖南教育电视台、红网等国内主流媒体纷纷报道国学院特色办学模式。

## 二　构建知行合一的国学系列课程

（一）全省首开"国学理论精粹 + 中华优秀传统文化育人"模式专业核心课

国学院在国学学术理念、人才培养和国学课程设置上，有自己的独特思想。国学院以培养德智体美劳全面发展，适应我国特别是地方经济与社会发展需要，具有扎实的文史哲基本理论、基础知识和基本技能，在文、史、哲融通的基础上彰显专业主攻方向和个性专长，既有良好的人文通识素养，又有较强实践应用能力和创新精神的应用型专门人才为目标。在课程设置上，国学院一方面将研习传统经史子集四部之学，融汇文学、史学、哲学为一体，另一方面特别注重教学实践，开设有古琴、汉服缝制、书法绘画、石刻传拓、古籍整理、田野考察等特色课程。国学院敢为人先，在全省高校中首先开设了经部概论、史部概论、子部概论、集部概论、国学概论等"国学理论精粹 + 中华优秀传统文化育人"模式的专业核心课。国学是国家学术，是开国、立国、建国、治国、保国的学问，既是古人核心价值观的生动体现，也是社会主义核心价值观的文化根基和有效载体。学院在习近平总书记"四个讲清楚"的重要指示精神指导下，讲授专业核心课时创新教学理念，精心挖掘中华优秀传统文化的理论精华，向青年大学生讲清楚中华优秀传统文化是中华民族的突出优势，是我们最深厚的文化软实力；学院将专业课程的育人功能发挥到最大，让国学精粹化为新时代青年大学生形成高尚人格的强大动力，引导大学生树立文化自信，潜移默化地将正确的价值追求和理想信念传递给学生。2019 年 11 月，本科教学审核评估专家在评估期间听取了学院的专业课，课后高度评价了学院课程思政育人的功效。

（二）别具匠心开设"修身养性＋润物细无声"的国学选修课程

学院面向学生开设了汉服入门、九疑古琴入门、摩崖传拓、茶艺入门、书法入门、传统雅乐欣赏与实践、国画入门、篆刻入门、学术规范与论文写作等国学通识教育选修课程，这类选修课程将核心价值观引领、传统技艺和艺术熏陶熔为一炉。从四年的实践来看，系列国学选修课程均取得了较好的成效。通过四年的摸索与改进，国学院的汉服缝制课程取得了预期的效果，不仅每个学生能够在课程结束后成功展示出自己亲手量体、裁剪与缝合的汉服，而且自己缝制的汉服作为院服，和研究与传承优秀传统文化的国学相得益彰。如今，在拜师礼、成人礼、师生相见礼、儒家传统祭祀一些重要的活动与仪式中，国学院的学生们都会自信满满地穿着自己亲手缝制的汉服，向师生展示传统文化的巨大魅力。

**图 2　师生纪念孔子诞辰合影留念**

通过四年的摸索与改进，国学院的摩崖传拓课程也取得了理想的效果，通过制作拓碑工具、田野实践考察，提高学生的动手操作能力。学生在开展摩崖传拓实践的过程中，不仅体会做学术的艰辛与细致，也会遇见山河美景，受到自然的熏陶。课程的考察内容主要涉及永州的摩崖石刻，对永州的石刻进行实地考察，包括画示意图、编号，统计数量，拍摄照片、视频，制作拓片等具体步骤。

图3 学生动手缝制汉服

图4 师生考察朝阳岩摩崖石刻

　　国学院九疑古琴教学与其他音乐类学院的教学目标大不相同。九疑古琴第四代传人欧阳平彪首先要求学生要具备浓厚的人文底蕴，要有乐观向上的精神，要有琴以载道的观念，要有天人合一的情调，因为九疑古琴派创始人杨宗稷认为古琴具有怡情养性、延年益寿之功效。国学院是研修本国学术、传承优秀传统文化、提升学生人文素养与学术实践能力的场所，国学院的学生首先要从杨宗稷的《琴学丛书》入手，深刻学习领悟九疑古琴的博大精深，融儒家、道家等文化为一体，体现出中国哲学中的诸如"天人合一""大音希声"等精髓思想文化内涵。古琴是有德君子所御之器，君子修身养性之具。杨宗稷先生主张："琴，道也，非艺也。"国学院开设古琴入门课程的宗旨是琴以载道。国学院的九疑古琴社积极培养古琴艺术人才，开展古琴文化交流，影响逐渐辐射到整个学校与地方社会。四年来，九疑古琴社已与永州圆道书院、凤和书社、潇湘意美术馆以及一些中小学校开展合作办学，多次深入社区举办九疑古琴雅集活动，为韩国训蒙斋儒林学者举办古琴表演，在九疑山紫霞洞举办"天籁箫韶、九疑琴韵"古琴专场音乐会，在纪念周敦颐千年诞辰暨理学国际学术研讨会上演奏周敦颐谱曲的《太极游》等，产生了良好的社会反响。

**图 5　师生举办九疑古琴雅集**

学院积极参与全校地方文化公开必修课，院长张京华教授参编《湖湘文化概论》校本教材并为全校学生上公选课。学院 2020 年还推出了《论语》《孟子》导读、《老子》《庄子》导读、《史记》导读、九疑派古琴艺术欣赏、潇湘摩崖石刻传拓、国学智慧与和谐人生等全校公选课，进一步引导学生将中华优秀传统文化内化于心、外化于行。这些国学选修课程深受学生喜爱，加深了大学生对传统文化的理解，涵养了学生性情，起到了春风化雨润物细无声之育人功效。为了进一步拓展国学通识教育选修课外延，每双周周五晚上面向全校学生举办国学学术沙龙，先后邀请了复旦大学骆玉明教授、首都师范大学陈明教授、湖南师范大学冉毅教授、韩国训蒙斋山长金古堂教授、韩国建国大学郑相峰教授等开展了 20 多场次国学学术沙龙，4000 多名学生参与国学学术沙龙，极大提升了学生的人文素养。

图 6　国学院首届毕业生着汉服合影留念

（三）实施小班制＋导师制＋现代学徒制

国学院实行小班教学制，求实效不求规模；实行导师制，教学相长，注重教学与科研的紧密结合；实行师徒制，学做一体。注重培养学生的兴趣，发掘学生的潜力，提升学生的人文素养和学术实践能力。国学院已招生四届，2015 级学生为校内二次选拔招生，2017 级学生至 2019 级学生均为高考招生，每届一个班级 20 名招生计划，生源均为全国 A 区城市，湖南省内生源 8 名左右，山东、江苏、江西、湖北、河南、陕西等外省生源 2 名左右。暑假招生尘埃落定后，国学院会组织专任教师立即联系新生建立新生 QQ 群，开启暑假读书计划，布置文史哲相关书籍若干，要求学生暑假学习并做好读书笔记。国学院的暑期读书计划对于大一新生来说，是一个认知自己将要学习的专业知识的好机会，可以事先对自己将来所要面对的学习生活有一个准备，另外国学院也希望所有大一新生来国学院后的第一件事，是立一个志向，思考自己要怎么样实现更高的价值，对国家民族有用，让自己的生命放光。国学院新生来校后，国学院会组织专任教师代表给学生开展入学专业学术讲座，让每名新生了解每位教师的研究方向。在学生深入了解教师情况后，国学院会召开新生与导师见面会，实行导师学生双选制，给每名学生配备导师，实现每名导师带 1~2 名本科生。实施导师制拉近了教师和学生的距离，师生间形成了一种融洽、和谐的人际氛围，导师在政治上引导、在心理上疏导、在学习上辅导、在生活上指导，对学生进行全方位的专业指导、政治思想引导和教育。导师在早晚自习期间、课堂上随时随地对学生答疑解惑，营造浓厚的学习氛围。此外，学院还实行新型"学徒制"，老师带领学生亲身参与学术研究，以培养学生的学术创新能力。小班制、导师制和师徒制的实行，密切了师生情感，和谐了教育氛围，师生之间的关系显得亲密无间。

图 7 "一带一路"留学生体验国学课堂

## 三 打造国学社团实践、国学活动育人、国学服务地方文化三大平台

（一）积极弘扬优秀传统文化，服务地方经济文化建设

国学院积极响应中央号召，推进中华民族伟大复兴，建立了国学科普

基地，弘扬优秀传统文化。依托湖南省濂溪学研究基地、湖南省社会科学普及基地和九疑派古琴非物质文化遗产传承基地，开展国学普及活动。承担地方各级横向课题，如与零陵区合作，承担"零陵书法与石刻文化档案的抢救保护与利用""潇湘八景档案的整理与利用"等课题研究，推动科研成果转化落地落实，促进永州地方经济社会文化建设大发展。国学院建立了"潇湘·无极"和"永州摩崖石刻"两个微信公众号，将其定位为纯文化类传播公众号，倾力打造成一张外面世界看永州地方优秀传统文化的学术外宣平台。国学院积极在国内外开展文化交流，与韩国、新加坡、日本学术来往密切，应邀参加韩国精神文化财团主办的"二十一世纪人类价值论坛"，发表《周濂溪与湖南——东亚国家自己的普适价值观念》；应邀参加韩国栗谷研究院主办，韩国栗谷学会、韩国朱子学会承办的"纪念周濂溪诞辰 1000 周年国际学术大会——濂溪学的展开与栗谷学"，并发表《儒学是近古东亚的普适价值》《濂溪学在朝鲜半岛的传播与影响》。国学院与韩国儒林训蒙斋有着深入的文化交往，曾邀请韩国训蒙斋书院文化考察团一行 20 人两次来永访问，拜谒濂溪祠祭祀周敦颐，考察月岩，并举行经典吟诵和学术座谈。应训蒙斋之邀，国学院连续两年派出师生参加韩国游学活动，师生们跟随训蒙斋山长古堂先生等韩国儒林老先生们学习儒家文化，了解儒学道统。其间，韩国淳昌郡郡守黄淑周接见了师生，师生向郡守赠送了永州九疑山斑竹毛笔，并介绍了理学鼻祖周敦颐濂溪故里的情况。国学院与湖南图书馆联合举办"周敦颐诞辰 1000 周年纪念系列活动"启动仪式暨"千年一脉话濂溪——纪念周敦颐诞辰 1000 周年"学术论坛，论坛由凤凰国学网直播，PC 端 16 万人，客户端 64000 人；与湖南图书馆联合举办"道南正脉千年纪"——纪念周敦颐诞辰 1000 周年"4·23 世界读书日"活动和"千年之约，圣迹之旅——纪念周敦颐诞辰 1000 周年游学活动"；与湖南省社科联联合举办的"湖湘大学堂·湖湘气派，濂溪一脉"在湖南卫视播出；承办了周敦颐诞辰 1000 周年纪念国际学术研讨会，邀请海内外 100 多名学者专家参加学术研讨。这些活动的顺利开展极大地带动了永州文化和旅游的深度融合，促进了永州文化旅游产业的发展和永州知名度的提升，以实际行动促进永州优秀传统文化进行创造性转化、创新性发展，为文化强市、文化强省添砖加瓦。国学院还成立了"潇湘文旅研发大数据中心"，力争将国学院十余年来积累的大量学术基础成果，开发、转化成为直接服务于永州地方文化、经济、旅游、教育的资源。国学院打造"互联网 + 文化"的新模式，打通学术科研成果转化落地"最后一公里"，力争将国学院具有知识产权的关于理学文化、舜文化、柳文化、摩崖石刻文化等著作、项目报告、学术论文等，进行数字化处理，使之成为全社会共享的特色资源，并最终与国家大数据相联接。国学院通过大量的研究，梳理出周敦颐与湖南的关系，系统挖掘湖南历史文化旅游景观，通过历史文化名人带动地方旅游产业发展，进行濂溪文化产业与永州旅游发展的关系及资源开发对策研究，为湖南、永州政府和企业在文化产业开发、历史文化名城建设等方面的决策提供理论支持，把周敦颐故里濂溪书院、濂溪祠、月岩、蘋洲书院、潇湘古镇等，打造成文化殿堂、旅游胜地、教育基地，为推动地方经济的发展、增强城市的活力，做出更大的贡献。①

**图 8　国学院师生赴韩国训蒙斋书院开展游学**

（二）国学院打造国学社团实践平台，增强学生文化认同

学院以国学读书会、九疑古琴社、次山扪石社、潇湘七兮汉服社、灵犀书法协会、灵犀棋牌社、西山文学社等学生社团为载体，大力开展"习

---

① 周平尚：《以加强国学教育助推地方文化建设》，《湖南日报》2018 年 12 月 9 日。

国学经典修琴棋书画"国学社团实践活动，让学生在参与国学社团活动中增强对中华优秀传统文化的认同感。国学院打造国学活动育人平台，唤醒学生文化自觉。学院组织开展了诸如百人着汉服诵国学经典、拜师礼、成人礼、纪念孔子诞辰、师生相见礼、"一带一路"留学生体验国学等丰富的国学系列活动，让大学生在活动中受到潜移默化的国学文化熏陶教育。国学院打造国学服务地方平台，树立学生文化自信。学院师生们利用专业所学大力开展"濂溪书院国学经典讲读""中小学生国学课堂公益体验活动""九疑古琴非物质文化遗产进中小学"三项品牌活动，服务地方文化建设。"濂溪书院国学经典讲读"已经开讲26场次，道县当地4000多名中小学生获益，师生累积下来的讲义成功出版了一本22万多字的《濂溪书院国学经典讲读》教材，通过让大学生亲身参与国学经典讲读，拓展了大学生思想政治教育的渠道，在濂溪故里形成浓烈的国学经典诗文诵读氛围，以实际行动促进了永州优秀传统文化进行创造性转化、创新性发展，提升了大中小学生思想政治教育的实效性；中小学生国学课堂公益体验活动已经举办3场次，国学体验分为"汉服礼仪""九疑古琴""碑刻传拓""国学小讲座"四个课堂，帮助当地中小学生接触国学、学习国学、传承国学，让他们感受优秀传统文化的温润与美好，零陵300多名中小学生参

图9 国学院师生为道县中小学生举办国学经典讲读

与受益；九疑古琴非物质文化遗产进中小学雅集活动已经举办 6 场次，400多名中小学生参与受益。国学院师生让国学教育充分走进当地中小学，培养了中小学生的民族自豪感和乡土情怀，提高了学生的人文素养和审美情趣，让中小学生形成正确的世界观、人生观和价值观。

**图 10  国学院师生为永州市中小学生举办国学公益课堂体验活动**

学 者 访 谈

# 书院的任务就是改造学校教育

## ——龚鹏程先生访谈录[*]

### 杜华伟[**]

**受访者简介** 龚鹏程，江西吉安人，1956 年生于台北，当代著名学者和思想家。台湾师范大学国文研究所博士毕业，历任淡江大学文学院院长，台湾南华大学、佛光大学创校校长，美国欧亚大学校长等职。曾获台湾中山文艺奖、中兴文艺奖、杰出研究奖等。2004 年起，任北京师范大学、清华大学、南京师范大学教授。现为北京大学中文系教授，山东大学文学院专任讲席教授，美国龚鹏程基金会主席。出版有《书院何为》《中国文学史》《国学十五讲》《龚鹏程讲儒》《龚鹏程讲佛》《龚鹏程讲道》《有文化的文学课》《饮馔丛谈》《武艺丛谈》《书艺丛谈》《华人社会学笔记》等著作 150 多本。办有大学、出版社、杂志社、书院等，并规划城市建设、主题园区等多处。讲学于世界各地，并在北京、上海、杭州、台北、巴黎、澳门等地举办过书法展。

素有"天下第一才子"、"当代孔孟"之称的龚鹏程先生，作为著名学者、教育家和思想家，融通儒释道三教，兼治中外古今之学术，曾任台湾

* [基金项目] 2018 年教育部人文社会科学研究规划基金项目：古代书院个体品德培育对当代高校思想政治教育的启示研究（18YJA710010）；福建省教育厅 2017 年度中青年教师教育科研项目：文化自信视野下的当代书院内涵建设研究（JAS171032）；北京大学翁洪武科研原创基金项目：当代书院研究。
** [作者简介] 杜华伟，女，1975 年生，甘肃庆阳人。哲学博士，兰州交通大学副教授、硕士生导师，中国书院学会理事。研究方向：中国书院文化、思想政治教育。

佛光大学与南华大学的创校校长，《国文天地》总编辑、台湾学生书局总编辑等。2004年起龚先生定居大陆，先后任清华大学、北京师范大学、南京师范大学客座教授、特聘教授，现为北京大学中文系教授、文化资源研究中心主任，中国非物质文化遗产推广中心主任，龚鹏程国学院院长，杭州马一浮纪念馆馆长。著有《汉代思潮》《唐代思潮》《中国文学批评史论》《红楼丛谈》《中国道德智慧十五讲》《中国传统文化十五讲》《龚鹏程讲儒》《龚鹏程讲道》《龚鹏程讲佛》《国学入门》《书院何为》等150多部作品。他设立文化教育机构十余处，遍及海峡两岸、欧美及东南亚，近年又在大江南北重建了数十所古代书院，践行着一个当代知识分子的职责。笔者有幸于2018年10月访谈龚鹏程先生，向他请教当代书院及相关问题。在谈到当代书院的定位时，龚先生明确指出："书院的任务，就是改造学校教育！"

**杜华伟**（以下简称杜）：龚先生您好！首先非常感谢您接受我的访谈！我读过您的多部著作，尤其是《书院何为》这本书，探讨了儿童读经、生活儒学、传统文化进校园、孔庙新模式和书院精神等问题，让我受益匪浅。我之前的研究方向是古代书院的德性培育，近年开始关注当代书院发展，希望对当代书院的定位、功能、机制以及古代书院精神的传承等问题进行全面系统的研究。您作为当代第一所书院制大学的创办者，后来又恢复重建多所书院，在这方面肯定有着深刻的思考与丰富的实践经验。所以想请您谈谈当代书院发展及相关问题。

**龚鹏程**（以下简称龚）：好的，其实我在很多场合多次讲到当代书院的宗旨、任务以及目前存在的问题等，希望能引起更多书院创办者与研究者的重视，也希望能使我们的书院教育真正发挥它应有的作用。尽管目前效果并不十分明显，但我今天还是愿意就这一问题再讲讲我的看法和思考。

**杜：**教育部于2014年3月制定并发布的《完善中华优秀传统文化教育指导纲要》中指出，加强中华优秀传统文化教育，是构建中华优秀传统文化传承体系，推动文化传承创新的重要途径。2017年1月，两办联合印发的《关于实施中华优秀传统文化传承发展工程的意见》中明确指出：文化是民族的血脉，是人民的精神家园。文化自信是更基本、更深层、更持久的力量。2018年9月25日，教育部、国家语委印发的《中华经典诵读工程实施方案》强调，要通过开展经典诵读、书写、讲解等文化实践活动，挖掘与诠释中华经典文化的内涵及现实意义，引领社会大众特别是广大青少年更好地熟悉诗词歌赋、亲近中华经典，更加广泛深入地领悟中华思想理念、传承中华传统美德、弘扬中华人文精神。在您看来，这一系列关于传统文化教育政策的出台，对于当代书院意味着什么？

**龚：**传统文化是中国人的根与魂，是中华民族长期发展过程中积淀的智慧，每一个中国人都应该努力学习并积极传承。传统文化教育是一个系统工程，它需要学校、家庭和社会教育的有机结合。但家庭教育因父母自身能力的差异，不一定能为孩子提供系统的传统文化知识，而目前学校教育又过于偏重知识灌输，从而忽略了学生的心性养成与人格培养。当代书院，若能真正继承传统书院大儒主持、自由讲学、质疑辩难和师生关系融洽的教育精神，在传统文化教育中则可以大有作为。

**杜：**近年来，当代书院在全国各地纷纷创立，而且呈现一种快速增长之势，您如何看待这一现象？

**龚：**台湾于90年代开始尝试将传统书院和现代大学相结合，以经典教育、通识教育和礼乐教育为主要内容。近十多年大陆的书院重建、孔庙复活等现象也有类似的脉络，这是一个很好的发展势头。但目前存在的问题也很明显，很多号称"书院"的机构，其实只是挂了个书院的名号而已，既没有藏书，没有学生，也没有大儒主持，没有学术宗旨，这怎么能叫做书院呢？一些私塾、学堂，甚至俱乐部、会所、楼盘也叫书院，这就很容易混淆视听，让大家不知道书院到底应该是什么样子的。所以，在书院热的同时，名不符实是目前的一个大问题。我们必须明白真正的书院精神是什么，我们要向古代书院学什么。

**杜**：有的书院以国学公益讲座为主，有的以青少年才艺培训为主，有的作为全日制民办教育机构，为三至十五六岁的孩子提供经典教育。那么，您认为当代书院的使命应该是什么？

**龚**：古代书院是为反对科举而创设的。当时，官学的教育体系已经相当完备，有州学、府学、县学等各个不同层级的学校，但为什么还要办书院呢？就是为了反对学校、反对科举！因为科举把人导向利禄之途，读书是为了做官，为了扬名。所以，大儒才兴办书院，藏书刻书、讲学论道，让大家静下心来读书做学问。后来清朝时，书院被国家收编而成为官办，书院不得已向政府妥协，也去应对科举，但这不是书院的精神所在。现在我们创办书院，就是因为体制教育有很多顽疾，所以我们要继承古代书院精神，改造现代学校教育，在国家教育之外真正走出一条学术之路，这才是书院值得我们今天发扬的地方！如果都像清朝那样培养科举考试人才，那又何必要办书院呢？有人说，书院教育是对学校教育的补充，这种观点根本就是错误的！学校的教育体系已经很完备、很详细了，有什么好补充的？目前我们学校教育的每一个细节都是错的，所以，我们要用书院教育来反对学校教育，改造学校教育。

**杜**：古代书院最初是为反对科举而创立的，结果最后走到了自己的对立面，变成了自己所反对的对象。现在一些当代书院努力想要被国家体制所认可，您如何看待这个问题？

**龚**：这种努力想进入体制的想法和做法本身就是错误的，如果最终还是要进入体制，那学生直接进体制学校学习就可以了，为什么还要来书院呢？清光绪二十九年（1903）之后，书院被废除，现在为什么又要拿出来谈呢？就是因为当初书院改学堂，政府是抱着很高的理想来办现代教育的，但最终发现这一百年来理想破灭了，我们的体制教育是没有生机、没有出路的。"眼前无路想回头"，所以，我们现在办书院，并不是发思古之幽情，而是因为现代教育出现了很多问题，我们必须针对现实问题，提出新的解决方案。当代书院的创办者，最初可能还有一些想法，想要真正培养有学问、有担当的人才，可到最后为了经营，不得已走到了自己的对立面。朱熹早就说过："学校废而后有书院。"读读明末黄宗羲《明夷待访录·学校篇》就知道，书院的目的就是改造学校教育。

学校与书院有很多不同之处，比如学校现在都是灌输式教育，而书院则是启发式的，学生先自学，有疑问、有想法，再来问老师；学校是向学生收费的，而传统书院会提供膏火供生徒来学习。教育的本质是什么？对个人来说，我有责任从一个无知的人变成有知的人，从不懂道理的人变成懂道理的人。对社会来讲，社会有责任培养子弟读书，如同父母有义务教育孩子而不能向孩子收费一样。培养人才是社会的责任，文化要传承要延续，就必须培养有情怀、有担当的文化人，怎么可以要求使用者付费呢？学校住宿的地方叫宿舍，跟工厂的工寮没什么两样，而古代书院住宿的地方叫"斋"，斋是什么？斋就是用行动来表现一种对事物恭敬的态度。住在斋里，日常时时刻刻都在学习、在用功，他在这里斋心，而并不是白天去教室上课，然后回宿舍上网打游戏。所以，书院教育所有的环节、细节都是对现代教育的提醒，兴办书院不是为了复古，是为了解决当前的实际问题。

**杜**：您于1999年创办的南华大学，作为第一所现代书院型大学，它在课程设置与教学管理方法上有什么独特之处？

**龚**：当时台湾的大学已经够多了，我为什么还要集合一大批人力来办一所新学校，每一分钱都从社会上去募集？就是因为不满台湾当时的教育状况。在创办之初，我们就下定决心："将传统书院的内涵体现在现代大学的制度里面，用古代书院精神开展现代大学教育！"这样的办学思路与模式，至今我仍然认为是成功的。这样的大学，当时在社会上，之所以能得到那么大的支持，就是因为这个理想大家已经期盼很久了。大家都觉得现代大学有很大的问题，所以希望能恢复书院传统。书院传统的回归，成就了这样的大学。在南华大学，一名学生会有两位导师辅导他，全校实施通识教育，学校图书馆 24 小时开放，且没有任何门禁，借书、还书不用登记，学校职员上班不打卡，也没有什么加班制度，等等，一切都不一样。

它的独特之处在于：一是经典教育。每个学科的核心都是经典课程。学生在四年学习过程中，至少要详细读完八本中西经典书目（中的图书），经典教育贯穿整个教育过程。二是通识教育，全人格教育。本科生在大一、大二都是不分专业的，所有学生进行的是一套通识教育。通识教育的推广，2000 年以后也得到很多学校的支持，但所有学校都是在专业教育的体制内进行一部分通识教育，而我们不是，我们全校都是通识教育，结构完全不一样。所以传统文化修养是每个学生都会的。譬如我的学生，不管哪个科系，都会弹古琴。古琴课每个学生都上，其他通识教育的课程就不用说了。为什么要学古琴呢？因为学校提倡礼乐教化，所以要恢复中国传统礼乐。三是管理学的人文化。最先南华大学只是一所管理学院，办的都是管理学科，但是我们开创了管理学的"整体人文化"。不仅仅是中国化而已，还是整体的人文化。所以我们开创了艺术管理、非营利事业管理、殡葬管理、出版学、环境管理、旅游事业管理等新学科，这些也延伸了刚刚讲的管理学的中国化，把它全部改造，出现了人文管理学的一个新学群。南华大学是大学跟书院重新磨合，因为过去切开了，重新接合，得创造出一个新模式来。

**杜**：当代书院在发展过程中暴露的诸多问题，其根本症结在哪里？

**龚**：因为我们的传统断了，大家都不懂，不懂又不愿意虚心学，只是想尽快做点东西出来，急着去占领市场。比如说全球祭孔联盟找我做顾问，我很愿意做，很愿意服务，我开班大家来学，不是挺好嘛！但其实他们并不来学，只是送个聘书而已，表明他们的组织有很厉害的专家做顾问，这太急功近利了！其实要学习不是很难的，既然我会，只要你认真，你也会的。祭孔在中国是一个大典，文献非常完备，历朝历代都有记载。比如我在都江堰恢复孔庙，我就把都江堰的《灌县志》印出来，里面就有

《学校志》呀!《学校志》里就有学校祭孔的记载,每个县的都有,何况全国的呢!全国的比如《泮宫礼乐疏》《南雍志》,没有人愿意认真研究。其实传统并没有真正断掉,因为还有文献典籍。《论语·八佾》说:"夏礼吾能言之,杞不足征也;殷礼吾能言之,宋不足征也。文献不足故也。"朱熹集注:"文,典籍也;献,贤也,"讲得很清楚,"文"就是指有关典章制度的文字资料,"献"是指像我这样的长老,掌握熟悉典籍掌故的人。文献俱在,为什么不来了解呢?

过去书院的祭祀、会讲、辩论是有规矩的,文献上都有记载。关于祭孔,山东省孔子研究院、济宁市办公室秘书处、孔子文化节总导演、祭孔办公室主任来找我,待了三天,只是走过场而已,根本没有静下心踏踏实实地学。现在办书院的人整天只是想做宣传、做旅游,根本不懂书院的精神,只是拿一个名号来装点门面,根本不能静下心来,不懂也不来问,充分表现出了知识分子那种傲慢和自以为是。

**杜:** 在全日制民办书院学习的孩子,家长又会担心未来的出路问题,您怎么看?

**龚:** 出路就是一个假问题。首先,你学不好怎么会有出路呢?孔子早就说过:"君子谋道不谋食。耕也,馁在其中矣!学也,禄在其中矣!"出路是看学问的,你学问做好了,就不愁没有出路。学问做不好,读什么科系和专业也没用。尽管你学的专业很时髦很热门,同样不也没有出路嘛。我是读中文的,但我的出路很广呀,可以做教授,做校长,可以做官,是因为我学的好,真的下苦功夫去学习了。所以,要复兴中国文化,只能来问我了。(笑)

我上大学时会给自己定任务,并没有把自己限制在中文这个专业里,我读大学,就是找了一个场所来自己学习。除了修完学校规定的课程,每年我会选择做一个题目。大一时读《庄子》读不太懂,就下定决心自己做《庄子注》,把图书馆里有关庄子的书都借来读,市面上能买到的关于庄子的书全看过了。《庄子》三十三篇,我一篇篇地注、一个字一个字地注,翻来覆去地修改,写了好多遍。大二做《谢宣城诗研究》。大三做《古学微论》,中国古代的儒家、道家、名家、法家、墨家、阴阳家等等九流十家，每一家的所有上古文献，我全都看过了，最后自己写出一本古代文献整理。大四写《近代诗家与诗派》。从十七岁进大学到现在为止，我每年做研究不低于七八十万字，这个习惯一直保持着。现在很多父母把孩子送到私塾、送到书院去，都是一种功利心，他不是真的去学一些本事，只是想借此获得功名利禄。

杜：当代书院有很多种类型，开展活动的方式也多种多样。您对其中的乡村儒学怎么看？

龚：乡村儒学，乡下老百姓读书吗？农民大多不识字，他们根本不读书的。当然，对这一群体讲讲传统文化是可以的，知识分子下乡，表达大家对农村的关怀，也体现了知识分子对农村建设的关注，但要谨防变成一场只注重形式的道德运动，只是拿着一些口号、一些道德教训到农村去推广，说我们要讲伦理、讲道德，这些很重要呀！从前古代农村是有耕读的，但现在乡村儒学有耕读吗？没有，只有耕没有读呀。比如当时曾国藩在乡下，人家的家族是有读书的，既教子弟有伦理，也教他们要有传承。《曾国藩家书》、《曾国藩家训》及《经史百家杂钞》都很有名。读书之后，国家有事就出来救国。我们现在在农村搞道德运动，伦理孝道是很重要，但社会结构发生了变化，现在大多数小孩都不在父母身边，传统的孝道不可能实施，这就要发展新社会的新伦理。农村也在变，城市也在变，不是拿僵化的道德教条、道德形式来绑架个人，而是要适应现代社会结构与现代人的生活模式。

杜：那么，当代书院可以向传统书院学什么？

龚：首先，书院是要有宗旨的，每个书院，即代表一个学派或一位大师在此讲学。其次，书院是要讲学的，要有大儒主持。传统的学校是不讲学的！古代学校就跟我们现在的小学、中学一样。它们讲学吗？只有考试啊！让学生反复练习要考试的内容，反复背诵、反复记忆、反复做习题，然后周考、月考、期考，慢慢让你学到一套答题的技巧、应答的本领。因为它们不讲学，故不需要谈什么宗旨、讲什么学问。书院却要讲学，所以跟学校迥异，而且山长本人是要讲学的。

第三，书院的活动是有仪式感的。比如讲会前的仪式，以刘宗周《证人社会仪》为例，其讲会皆有一位司会，也就是主持人。司会宣布讲会开始后，敲云板；云板三声之后，司赞，也就是司仪，命童子歌诗。歌诗毕，再敲云板三声，主讲人才开讲。

第四，每个书院还要祭祀，这代表着文化的传承、学脉的延续、学术宗旨的确定。现在书院也搞释奠礼、释菜礼，会在 9 月 28 日这天举行祭孔大典，但其实根本就不懂，有一些根本就是错的。书院祭祀是要跳舞的，要研礼，要习乐。现在很多人就是叶公好龙，并不是真的喜欢，释奠释菜礼不懂、三代礼乐不懂，礼器、乐器搞不明白，连作揖也不会，大拇指竖起来作揖，这根本就是学电视的，全是错的。看起来是书院热，其实内涵上一塌糊涂，都是骗人的，不懂的骗更不懂的。

第五，注重自学。古代书院讲学只是指点性的启发教育。像王阳明讲《大学》只讲其中一句，学生由此去想去思考，整本书就能够掌握了，不必从头到尾把《大学》一章一句地串讲一遍。从头到尾串讲下去，是小学或蒙学才做的事，不是"大学之道"。现在大学便是从头到尾讲，一章一句地串讲。书院教育是启发式的，辩论、启发、指点而已。山长亦不常讲，学生基本上只是自学。自己学，自己下功夫，学到某个地步，老师才给个指引或做个印证。这才是书院教学的方式！其实山长主讲并不常有，跟我们现在大学每个礼拜老师都要讲课不同。书院山长大概一两个月讲一次，平常并不讲，那么平常书院的精神是什么呢？是自学！就是你自己学习。

**杜**：关于当代书院发展的具体运作层面，您能否给一些好的建议？

**龚**：首先建议书院主事者要提升自己及运营人才的素质。因为我前面说过，古代书院是要有大儒主持的，是要讲学的，要讲学自己就得先读书，有学问，才能去教别人。

其次古代书院是有课程的，每天大家自修、自习，自习不是自由散漫的，是有读书分年日程的。比如像宋儒，有功课，自己或书院定的功课。清朝的书院定期有月课，要做试帖诗，要做八股文，要习作。我们现在的书院，学生来了读什么书呢？不知道读什么书。有些书院把《弟子规》作为经典反复教授，老实说，《弟子规》是中国自有蒙书以来最差的一本，比《三字经》《千字文》还差好多。而且它出现的比较晚，清末才出现。古人从来没读过《弟子规》，谁读过呀？书院是大人之学，那蒙学如儿童读经之类的能叫书院吗？简直就是笑话。

第三，要善于联合同道，协同发展，且要坚持信念、立稳脚跟，才能迎接书院发展的大时代。目前当代书院发展的大环境很好，国家关于传统文化教育的若干政策与文件，为书院发展提供了支持和平台。

第四，要很好地发挥书院的社会教化功能。

**杜**：请您再具体谈谈当代书院的社会教化功能。

**龚**：古代书院除了日常讲学、学派会讲之外，还有对外宣讲，属于社会性的讲学。有时即使在书院讲，但听众不限书院本有的师生，还有外面社会上的人士。这种宣讲，和讲会或山长的主讲不一样，连说话方法都不相同。像王阳明就教学生说：你们讲学，都拿着个圣人去和别人讲，别人看见圣人来了，都吓得跑了！所以你要像观世音度化老百姓一样，要跟老百姓是一样的，人家才听得进去。这种面对社会的讲学，旨在教化，目的是让社会风俗更为淳美。

中国书院讲学至少有两套语言：一套是书院内部的，像《朱子语类》这种说理、论辩式的语言；还有一套是教化世俗的，像泰州学派这些。它们为什么能在社会上产生很大的作用呢？就是因为书院面对社会公众时，有一套老百姓的语言体系，能产生非常大的作用。所以，我们讲传统文化，必须设法让它跟我们的现代生活脉络连接起来，对古代书院教育传统、教育精神要进行梳理，得把它实际践行于我们的教育工作中，这样传统文化才能跟现代生活重新结合起来。

**杜**：在推动传统文化复兴的路上，您每年都有新的行动，2012 年设立龚鹏程国学院，2013 年主持都江堰文庙，2014 年主持杭州马一浮纪念馆，恢复复性书院，2015 年在北京办明道私塾，2016 年在尼山圣境发起中国首届国学院长高峰会，2017 年受聘为全球祭孔联盟顾问，今年您又指导建立国内最大的民间图书馆兼书院——湖南逸迩阁书院。

**龚：**是的，我已经讲了十几二十年，写了很多书供大家参考，也做了很多事情，但现在很多人还是一窍不通、自以为是。如今每个地方办书院，立一个小山头，把一个读书人的傲慢、急功近利表现得淋漓尽致，动不动就说要"为往圣传（继）绝学"，传（继）什么绝学？压根就不懂！就好像一个小学生在古书上写写画画，声称要"取其精华、弃其糟粕"，你连什么是"精华"、什么是"糟粕"都不懂，怎么取舍？所以，我就是迫切地想通过自己的不断努力，能让更多人了解书院、理解书院，参与书院教育，真正来做成人的教育，而不是为了考试、为了做官、为了就业的教育。

**杜：**您对当代书院的定位和思考，以及您自己在讲学、办学过程中的丰富经验，相信都可以为当代书院提供参考和借鉴。非常感谢龚先生百忙之中接受我的访谈！

## 结　语

书院，近些年已成为社会和文化的热点。形式不同、活动各异的书院遍地开花，它们在为民众提供学习传统文化的平台、提升文化素养方面发挥着一定作用，但也确实存在名不符实、鱼龙混杂的现象。龚鹏程先生一直在致力恢复书院左庙右学的形制，以充分凸显当代书院祭祀讲学、藏书读书、论辩思考的精神，以此改造学校教育中的弊端，使教育真正成为培养人的教育，培养善良的人，能独立思考的人，对人生有想法、对未来有想法、对社会有想法的人。期待更多的当代书院创办者和管理者也能静下心来认真读书和深刻反思，使书院成为有学术宗旨、有大儒主持、学生实现成长的新型教育模式和机构。

# 求学之路漫谈

## ——邓小军教授访谈录

### 杨阿敏[*]

**受访者简介**　邓小军，1951 年生于成都，首都师范大学文学院教授、中国古代文学博士生导师。2001 年安徽师范大学中国诗学研究中心学术委员会委员，2003～2004 年香港浸会大学中文系访问学者，2012 年国家图书馆文津讲坛特聘教授，2016 年安徽师范大学中国诗学研究中心特聘教授。著有《唐代文学的文化精神》《儒家思想与民主思想的逻辑结合》《诗史释证》《古诗考释》《古宫词一百二十首集唐笺证》《董小宛入清宫与顺治出家考》。发表论文百余篇。

## 求学经历

**杨阿敏**（以下简称"杨"）：请谈谈您小时候的家庭生活情况？

**邓小军**（以下简称"邓"）：我父亲魏尧西老师，他是 1917 年出生的，四川邛崃人。我父亲是农家子弟。我祖父是农村人，但是后来有点钱，就在邛崃县城开了个餐馆。我老家，就是祖父的老家，现在在邛崃县城，现在作为一个古迹保护，其实不大，就一个小半院，也就一排房子一个天井。但是它是古迹，而且关键就是梁上、窗户上有文字。祖父就是以魏了翁为祖师，为宗主，崇拜宋明理学，他经常做善事，被称为魏善人。我都没有见过。我祖父这一代、我外祖父这一代我根本没见过。我从小跟我父

---

　　* ［作者简介］杨阿敏，1993 年生，江西吉安人。《中华瑰宝》杂志编辑。

亲分散。

我父亲从小就聪明，从小就写诗，20多岁的时候，就认识了当时因为抗战避居邛崃附近夹江、青神、眉山的商衍鎏。商衍鎏《同尧西晓发眉山并和其原韵》："乘兴高吟上驿程，才华喜见马长卿。推敲一字诗心细，扫荡千军笔力横。"但是他自己立志做学者，他不满足于做一个诗人，因为当时是旧时代，诗人多，学者少。学者他觉得宝贵，所以他就结交了很多学者，像任二北，像缪钺。他29岁在当时威望很高的《东方》杂志上发表了《邛窑》这篇考古论文，是至今中国陶瓷史上有地位的一篇论文。邛窑，像钧窑、汝窑这些，是中国瓷器史上著名的瓷器生产地。杜甫称赞大邑的瓷碗"大邑烧瓷轻且坚，叩如哀玉锦城传"，就像玉器那样的叩击声音悦耳，那样的薄，那样的轻，而又坚固。唐代大邑县属于邛州（今邛崃），大邑瓷多白色，邛窑则以青、绿、紫、黄釉和彩绘瓷为主。

后来父亲1949年在商务印书馆——我都看到过校样，商务印书馆已经排出来了——将要出版他的《李清照年谱》，但是后来中断了，因为解放这个事情停止了。1954年11月7日他在《光明日报》发表半版的《宋代的鼓子词》。50年代前期他在《舞蹈学习资料》《舞蹈丛刊》上面发了一系列关于宋代音乐舞蹈的论文。

但是后来北京的刊物就不再发他的文章，就说"你们学校党支部来信，不要发"。他就跑去找党支部书记，说"我的历史问题和学术问题是两码事"，得罪了人。1958年，我父亲出事，当然主要是因为他自己的历史问题，在《光明日报》《舞蹈丛刊》等发表论文也遭忌。1981年平反的时候，发现档案材料就说不予戴上历史反革命帽子、不够戴帽子、照戴帽子办。

母亲邓佐平老师，是1919年出生的，四川安岳人。我母亲家成分是贫民，外祖父是个裁缝，家里非常贫苦，安岳那个地方也很穷困。母亲是读的教会学校，是免费的，从小学到中学，读一段，教一段教会学校的书，比如说教会小学等，然后再读书。她后来大学念的是国立女子师范学院，是公费的。所以她读出来年龄也比较大，结婚时已三十出头。她在国立女师院念书，她的一位同学是后来我的博士导师霍松林老师的夫人、师母胡主佑老师。我的硕士导师宛敏灏老师，那时也在国立女师院任教。

国立女子师范学院在重庆黄桷坪（1946 年以后）。它后来和重庆的几个别的学校四川省立教育学院、相辉学院（卢作孚创办、于右任任董事长）、勉仁文学院（梁漱溟创办）合并，是在解放以后，就改为西南师范学院（1950 年），也就是后来的西南师范大学（1985 年），今天的西南大学（与西南农业大学合并，2005 年），在重庆北碚。

我出生的时候是 1951 年 1 月 30 日，当时父母在成都教中学，我出生之后不久他们就到了大邑县文彩中学教书，后来又到了新都县师范学校。

我是在 1958 年上小学，就是在新都师范附小。第二年 1959 年，我父亲因为历史问题，回到了他的原籍邛崃乡下。我母亲为了我们两兄弟（我有一个弟弟）的前途将来不受影响，就和我父亲离婚了。从 1959 年父母离婚到 1981 年父母复婚前，22 年，由我母亲一个人抚养我们两弟兄长大。到了 1963 年，我母亲就从新都师范调到了新都县的新繁中学（新都二中）教书，我们一家就到了新繁。我的初小是在新都上的，高小是在新繁上的。1964 年，我高小毕业以后，因为家庭问题，尽管父母离婚了，但是还是没有能够考上中学。

1959 年父母离婚以后我就从母亲姓改姓邓。那么后来 1981 年，我已经上大学，我是七八级，父母破镜重圆之后，我也就因为年龄已经大了，也就没有再改回来姓魏。

**杨**：您作为知青下乡插队多久，当时念完了中学吗？

**邓**：我在小学毕业第二年 1965 年考上了新繁民办中学。也就是说我是初中六八届的学生，本来应该是六七届，但是没录取，耽误一年。读了一年的书，就遇上"文化大革命"。"文化大革命"过了一段的时候，全国所有的各届毕业生响应毛主席的号召，到农村去，下乡安家落户。我和我弟弟是 1969 年 1 月下乡到四川新都县新农公社——也就是新农乡——八大队五队，我在那里一直待了七个年头，从 1969 年 1 月到 1975 年夏天招工调出来。那个时候我被招工调到城里当工人，是因为当时有一个政策就是照顾父母身边无人。因为我弟弟那个时候已经当工人了，在彭州，我母亲就身边无人，符合这个政策。所以我在当了知青六年半以后就被调起来做新都县新繁镇运输社（新都第二运输社）的工人，在那里干了三年，直到

1978 年考上大学。我不是做装卸工，是柴油机三轮车驾驶员，跑运输。我的知青和工人生涯一共是整整十年，也就是"文革"十年。

1969 年下乡，我所在的生产队是新农公社八大队五队，离新繁镇有四里地。我下乡的时候还没满 18 岁，当时非常艰苦的。刚下乡的时候，干的是给油菜苗浇粪水这个工作，挑一担粪桶，那是大概百十斤重的，肩膀肿成一个馒头。但是后来除了技术最高的育苗这类的活之外，所有的农活我都愉快胜任，毫无问题。比如栽秧、打谷子，甚至挑箩筐，担一百好几十斤的谷子上晒坝、碾子，这些我都没问题。还有割麦子、打麦子，担麦子那也是很沉的。

生产队有一百多亩田地，一百多号人，二三十户人家，平均一人有一亩多田，绝大部分是水田，都是良田，没有冬水田，有极少数的小块的台地，叫做旱地，那就是分给各家各户的自留地，种菜什么的。这些田地是一年两季，冬春大面积是小麦和油菜，其余是苕菜，作饲料和肥料。在 5 月份小麦和油菜收起来之后，同时在 5 月份之内，就要把全部的一百多亩田插上稻秧，旱地已种上玉米、红苕。所以到了秋收的时候，普遍的是收稻谷。田是非常肥沃的，黑土，都江堰自流灌溉。

尽管如此，那个时候还是比较困难的，到了二三月青黄不接的时候，多数的家庭基本上没有粮食，就要靠返贷粮食来煮粥，所以就盼着四五月早熟的青稞——其实不好吃的——来救济。然后到 5 月份，小麦收了就很好。同样八九月，种的早稻收了救饥，早稻收的早。人民公社学大寨，它实际上还是有问题的。像我们那个地方天府之国，一年两熟，自流灌溉，从古到今都是鱼米之乡，都是天府之国。但是实际上到了春二三月青黄不接的时候，多数人粮食还是短缺。这就是当时存在的问题，当然比起食堂化完全是两回事，已经是相当好了。在 1962、1963 年就取消食堂了。我下乡，1969 年到 1975 年，是在食堂化扭转之后，已经很好了，但是还是存在一定问题，比如说粮食不足，但已经不是严重缺乏。一个生产队，只有极少数几户人家是比较殷实的。一般就是干部，以及个别特别能干的人家。他们粮食四季可以毫无问题。

我下乡以后适应了所有的农活，后来我学开拖拉机，在公社学会了开丰收 -27 型方向盘轮式拖拉机，除了到青白江四川化工厂和新都氮肥厂拉氨水，还能够用拖拉机犁田、打田。打田就是把田里的土坯耙得很细，比如说秋耕种油菜或者播种小麦的时候，土地打得粉细，农民都喜欢得不得了。因为用锄头费很大劲也很难达到那么细，而且它的深土都很松软，细土会达到很深的层面。

1977年恢复高考第一届，我本来想参加高考，但是当时的规定是只许老三届的高中毕业生，也就是高六六、高六七、高六八届参加高考。但是这个规定在1978年得到了改变，就是老三届包括初中三届都可以参加高考。我就参加了高考。我当时在运输社，备考两周。之前早儿年，我也曾经想报考工农兵学员，但那个时候肯定是不行的，在那个时候我母亲已经请中学的其他老师来教我。我学完了初中的数学、地理、历史。当然我的语文或者说其他方面，比如像哲学这些，那是我自己已经有了相当的基础。英语没有学，所以我的高考分数当时是靠语文、历史、地理、政治拉起来的，数学只有很少的分，英语没有分。我这个分数，如果当时我属于应届的话，就可以上重点大学，比如川大等。但是我不是应届生，年龄已经27岁，按当时规定能上的最好的学校就是西南师院。所以我就上了西南师范学院，后来的西南师范大学。

## 读诗学艺

**杨：** 在上大学之前，您主要读些什么书呢？有没有对您影响比较大的著作？

**邓：** 那么之前我读书的情况，就是说我父亲在离开我们以后，他留下很多书，很大的书架。后来在1960～1962年困难时期，我母亲为了补贴生活，我还记得经常在星期天——新都县离成都十几公里，有火车——就用一个油布裹了大约一立方米的书运到成都收购旧书的一个小店去卖，那个地点就在成都人民公园——就是辛亥烈士纪念碑——对面一个很小的门脸卖了书，换一点钱。但是留下了一小箱书，对我来说是非常宝贵的。其中最重要的就是30年代上海大达图书社出版的《陶渊明全集》，实际上就是陶澍的注本，还有一部就是商务印书馆的《杜少陵集详注》。这些书是留下来了，当然对我是非常宝贵的教科书。我现在还记得这两部书都是用白报纸印的，大字正文大概就5号字，小字注文就是小5号字，排得很密，密密麻麻的。

我印象很清楚的就是我读到密密麻麻的正文和注文所排列的陶渊明的《归园田居》，尤其是第三首《种豆南山下》，一看就完全明白。现在想起来陶渊明这首诗在东晋后期完全是一首白话诗，它全都是明白如话，在遣词造句上并不存在语言难关；但实际上它又是文言的，具体说它不是后来或者我们今天所说的这种大白话。但是它完全是白话诗文，没有难字难词难句。这个说明就是白话文和文言文之间，它肯定也有交集，也有重叠的地方。这两部书对我的古典文学（素养）实际上是起到了奠基的作用。

还有一本书我早已读得更熟，我讲的这个是在初小、高小阶段。50年代曾经把中学或中师语文分科，分为两门课程——时间大概很短暂——就是语言和文学。我家里曾经有一本比较厚的文学教科书，我记得里边杜诗选了很多，至少几十首，可能是一百多首，就是杜甫最重要的诗都选入。我读得最熟，因为它是横排，大概半是简化字，在文字上阅读起来困难很小。从初小开始阅读，到高小的时候，我就已经开始自己来手抄《魏晋南北朝诗选》之类的诗选。

我在初小阶段以及在高小阶段，是新都师范图书馆和新繁中学图书馆的常客，我当时在里边力所能及几乎看了个遍。在初小阶段，新都师范图书馆的规模，就是一整间教室那么大。新都师范图书馆，我当时初小，就自己跑进去，因为管理员老师都很熟，陈老师。新繁中学图书馆管理员老师是金老师。当时就跑去借书，用我妈妈的名义借回家。初小阶段，新都师范图书馆里面我读的最多的是翻译苏联小说，像《旅顺口》，尤其苏联的侦探小说，那一大串书名我现在还背得出来，以及抗美援朝志愿军的作品，像《志愿军一日》这些。在高小阶段，我开始对古典文学感兴趣，就读了那些古典小说，像《水浒传》《三国演义》。到知青时代，"文革"后期，《红楼梦》已经重新出版了，中学图书馆已经可以借到。中学图书馆是在我们下乡之前，也就是最乱的1967、1968年，图书荡然无存，就是被这些学生全部拿走了，"文革"后期又重建。

我的古典文学基础其实是受我父亲遗留下的这些陶诗、杜诗，还有其他一些古典文学作品的影响。还有一本王瑶的《李白》，它里面引用很多李白的诗歌原文，我也非常喜欢。那个时候我就看里面引的作品，看到它里面引用陈寅恪，我是觉得有点肃穆的感觉，但不会念（恪）那个字。

杨：您早年师从赖高翔、周重能先生学诗是在什么时候？

邓：我在农村的时候就非常喜欢仔细阅读。陶渊明写的"孟夏草木长""夕露沾我衣"，和我在眼前、在农村看到的情形完全是一样的。夏天薅秧子的时候，我们那是一望无际的成都平原，一望无际的稻秧，秧尖秧叶上全部是水珠，那个水珠非常浓厚，所以秧田就像一大床水做的被子。你从田坎中间走过的时候，两边的秧苗上的露水就把你裤子大腿以下全部打湿，就像从河里蹚了一趟，走了上来那个样子。所以读到陶诗"夕露沾我衣"，我也觉得非常亲切。这个时候就开始学写诗，读陶诗，读杜诗，都非常喜欢，那是喜欢得不得了。为什么？感同身受。

那么在70年代的时候，我插曲说一下，再回头说这个诗。那个时候当然也对生活发生思考，而且那个时候所能够读到的书这方面又很方便，所以我就对马克思列宁主义下了很大功夫。我阅读了《马克思恩格斯全集》《列宁全集》的很多卷，选集、全集情况，我都非常熟，通过购买，借阅。尤其精读了《资本论》《哲学笔记》。也非常熟悉相关的著作，像《克鲁普斯卡娅回忆录》、《马克思传》、赫鲁晓夫二十大以后报告、苏联《政治经济学教科书》第三版，这些都非常熟悉。对马克思主义的政治经济学，尤其是哲学、辩证法，那是下了非常大的功夫。我曾经在知青时代，写了一篇论文，叫《论辩证逻辑》，后来上大学给我们的政治课老师看，她喜欢得不得了。因为后来据我所知，这个在我们国内的马列哲学界，至少在当时还是稀有的。她拿去，说是她上马列课的收获。后来那个文章我没有收回来，因为后来我已经完全转向。

那么知青学习时代，当然主要就是学写诗，写了很多，后来都没了。写了好多本，写眼前农村生活。我记得有一句"天涯七见菜花黄"，就是在天涯，在乡下，七次看见了遍野的菜花黄了，七个春天了。后来我通过朋友认识了新都中学的当时已经年老退休的周重能老师，退休之后，他住在新都县谕亭巷。我让我朋友——叫张学渊，因为他写诗，所以经人介绍认识了他——带我去看周老师。周老师给我们看他的诗，我们也给他看我们写的诗。经常这样子，实际上就是耳濡目染，一种身教，也是言教。我记得当年和张学渊请教周重能老师的诗："绿野苍烟两少年，斜阳绚映谒师还。"这成为当时一个主要爱好，写诗写了很多。这是 70 年代的事情。

改革开放，我是 1978 年上大学，1981 年我母亲、父亲复婚。1981 年，周老师去世，他一辈子的至交好友，是赖高翔先生。周老师去世，我们又实际等于是认赖老师为老师。1981 年我就跟张学渊到成都东郊沙河边农家院子去拜访了赖老师。第一次看到他，我当时感到震惊和惊喜，因为这个人完全就是当代的陶渊明。他和周老师都是 30 年代成都高等师范学校（成都高师，也就是川大前身）的学生，他们最亲近的老师是林山腴（林思进，字山腴）先生。除了赵尧生（赵熙，字尧生，于 1948 年去世）先生外，林山腴先生在解放前后是四川古典文学的耆宿，四川本地头号老前辈，学养和诗歌创作都有很高的成就。他可以说是王闿运的学术和诗歌路子的传人。

晚清王闿运主持成都尊经书院，他作诗提倡的路子就被称为湖湘派，他和当时中国诗歌主流的同光体不一样。同光体是学宋诗、黄庭坚这个路子，然后形成自己的面目，代表是陈三立，还有郑孝胥、沈曾植、陈衍这些诗人。不同于同光体，湖湘派的路子是这样子，它的古体是学六朝、魏晋南北朝诗，比如曹植、阮籍、陶渊明这样一个路子；它的近体诗是学唐诗，走唐诗路子；因此它和同光体面貌是很不一样的。但是你从文学史角度看，这个路子实际上是很正大的，它是六朝诗，是唐诗路子。在这个路子上取得了很高成就的，除了王闿运，后面还有不少人，晚近一点的像瞿蜕园，注《李白集校注》这一位，他的诗成就也很大。林山腴先生也就是这个路子，所以赖高翔老师他们也是这个路子。

赖高翔先生是林山腴的高弟，以前在成都有很高的声望，几个大学都请他去教书。当时成都树德中学不景气，他就接手，办得很好。他是做中学校长，解放初就退下来了，他不是地主，也不是国民党员，他啥都不是，很清白的。当时退下来，就下到成都近郊的沙河边的农村去当农民去了，一直当了几十年。50 年代，成都纺校请他去教书，但是大概没几个月，他就合不拢，又辞职还乡。他跟我讲，他当天就回家，那时候还算年轻，背了一个拌桶——收获稻谷时，两个人抬到田里打谷子的大型木制农具——到院坝里去，造了一架床。除了这一次短暂的出来教书，从此再没有出来,一直是当农民,三十多年。一直到了改革开放以后,他才应聘为四川省文史馆的馆员。他当时已经很老了,80多岁,生活难以自理,文史馆就在成都市区内文殊院旁边给他一间小房,他在那里住下。他的学问非常精深,人品非常好,非常高洁的一个人。他诗也作得非常好。

周重能老师在解放以后一直教书,教中学。赖先生的性格非常特立独行的,他啥都不干,当农民当了几十年。所以我从他那里身教和言教所受到的教诲影响是最大的。我也有怀念他的诗,其实当时写诗完全是朦朦胧胧的,不假思索就写出来。他看了很高兴,他也写了两首诗送给我和张学渊、胡晓明。所以受他的影响是非常大的。"古来几人学渊明,谁得其粗与其精。唯有东坡差相似,东坡而后见先生。先生归田谁能解,耕种丘山云霭霭。"这就是我当时写下的诗,他是很开心的。他送给我的诗:"由来才士成亏梦,尽在英年锲舍心。"自古以来,人才能不能够成功,完全取决于他自己在青壮年时期努力还是松懈,每次看到(这句诗),我都感到很警惕,很鞭策,要去用功努力。

你想我从小就父母离异,母亲为了保护我们,只有母亲这一半的天抚养我,然后考中学头一年也没考上。实际上我当年考初中,后来高考,我听说,我的成绩在我们县里都是最前面的,头一二名,在文科里面。然后下乡、当工人又十年,非常不容易的,所以要努力很自然就不需要思考。上大学以后就非常拼命地念书。我们那个时候西南师大有个长明灯教室,就是77、78级的学生,往往都在那个教室,学校也开放,就是教室不灭灯的,一般刻苦用功的学生都在里头,读书到半夜过后。我是那里的常客了,也占了位置,很用功。拼命读书根本就不用说了,实际上从那个时候到现在,我长期几十年都是每天工作到半夜两三点,但实际上这个不好。当时因为打倒"四人帮"以后,改革开放初,有一句话"要把失去的时间夺回来",这是当时民族的一个集体思维,是这么一个情况。

## 大学时代

杨:中文系有哪些老师对您的影响比较大,本科毕业论文写的什么题目呢?

邓:我上大学以后,在西师期间,是非常急迫的,非常用功。我刚才已经讲到，我从新都的周重能老师，后来从成都郊区的赖高翔老师学习。实际上从新中国成立后到90年代以前，全国各地都有遗留下来的读书人，优秀的有那么几位。我知道这个情况，我也知道向老辈请教的重要性。我1981年去见我父亲，那时候我已经上西南师大，到大邑去见他，然后他就领我在大邑拜访了好几位老前辈，都是读书人，都是能写诗的。我知道这个情况，所以我上了西师以后，就想了解，想拜师西师的旧学好的老师，后来就知道了曹慕樊老师。曹慕樊老师实际上也是我大学阶段，以至一生中，继赖高翔老师以后对我影响最大的一位老师。

曹慕樊老师是四川泸州人，中央大学毕业。他是学目录学见长，古典文学非常好，《庄子》，尤其佛学，功夫非常深。他曾经在1949年和梁漱溟一起到重庆北碚缙云山闭关修行藏传佛教的功法。梁漱溟日记里面多次记载，慕樊最单纯，最勇猛精进，最有成绩，最有见地！他向他请教这些情况。他是被梁漱溟在新中国成立前就聘请到勉仁文学院教书。他其实是地下党外围，"左"倾的，但是他后来家庭非常苦，他的父母长期重病，他长期侍候，自己身心都快要垮了，在这种情况之下，他就向往佛学，就向当时在四川的熊十力求教。熊十力就把他叫去了。他就先在五通桥，四川乐山五通桥黄海化学社所负责的，也就是受实业家资助的，熊十力办的中国哲学研究所，在那里学习佛学。后来熊十力又应梁漱溟之请，到重庆北碚勉仁文学院，曹慕樊也就到了勉仁文学院。梁漱溟后来就聘曹慕樊为勉仁文学院副教授，后来合校，他就成了西南师院的教师，后来做图书馆的副馆长，做中文系的老师。但是1957年他因为言论，提意见，被打成右派，那就非常艰苦，极其艰苦，很惨。但是他从牛棚解放之后就开课。他当时课很不容易选上，他开杜诗选修课。后来要轮到我们那一届才能选，之前我们都不能选。

我们那届开始我就选了他的课，我当时已经去拜访他了。我的杜诗选修课的成绩，他给我打了一百分。我文学概论课的考分是98分，是年级最高分。所以我后来在川师大教书的时候，有一个非常优秀的学生易晓——后来她是优秀教师，重点中学川师附中的特级教师，后来又调到省教育厅去了，做指导性的，巡回的那种工作——这个学生当时的作业也就是写的文章，我非常满意，也是唯一一次，我给她打了一百分。当时川师中文系管教学的副主任曾永成老师说："哎，邓老师，我们这里从来没打一百分的。"我说我在本科就有一次得了一百分。

我向曹老师请教。曹老师对杜诗、佛学、庄子非常精深，外国文学、外国哲学他也是非常熟悉的。他对我的影响很大。他当时就跟我说，"你将来要读宋明唯心论哲学"。我当时听了大吃一惊，因为那个时候虽然改革开放，但是说到唯心论这些还是负面的。"你将来读宋明理学，宋明唯心论哲学"，等等，他就是这样对我教诲的。

大学阶段，还有对我影响很大的一位老师，谭优学老师。中文系的谭优学老师，他著有《唐诗人行年考》《唐诗人行年考续编》，是一位唐诗专家。他解放前读中央大学，50年代在南京大学（解放前的中央大学）读胡小石的研究生，和周勋初是同学，当时叫作副博士研究生。受他的影响，在唐诗的历史考证方面，他当然也是我的前辈。谭老师给我们78级上古代文学课，让200多名同学轮流去他家背诵古文，几次背诵，一共背诵了几十篇，每次他听了背诵打分，作为考试的一部分计分。背诵古文，让所有同学得益非常大。

我毕业以后，一直到曹老师90年代去世，每年寒暑假我都要到西师去，住在招待所，去与他谈话。得教益处，往往就是在座谈之间。有一次去，他就跟我讲相宗要义——就是佛教唯识宗的基本哲学理论——我笔记。一次一次去受教，我就住在招待所。

**杨：** 大学四年，您是如何安排自己的学习和生活，有哪些让您印象深刻的人和事？

**邓：** 在西师的时候，我的兴趣就完全转到了古代文学。那么因为曹老师提示，我开始对儒家思想、儒家哲学，对经学方面留意。所以在1982年我考上安徽师大以后，就开始发生作用。

我在西师念本科的时候，所有的课，除了公共课我都去听，都做笔记，以便将来考试。当时我全力读古典文学。我当时对周邦彦的诗词做了一个长编，两大本，后来我写了一篇论文，作为我的本科论文，就是《周邦彦及其词》，有10万字，油印本。当时很傻，寄给了一个高级刊物，这个就不去说。后来有个观点和我是一样的。我当时只是个本科生。我父亲说我："未必你一辈子就搞词吗？"我长期在重庆、芜湖、西安读书和工作，每年寒暑假回去跟父亲谈话，实际上也是请教父亲，但是并没有能够真正地了解父亲，比如他新中国成立前的经历我都没有问过，都没有谈过。但是他经常给我很重要的指点。

上大学以后，我读《左传》《论语》，尤其上研究生以后，我读儒家的《十三经注疏》。当时我已经30出头了，父亲跟我说："现在背书不算晚，那些重要的章节，你可以一小段一小段地背。"那个时候老辈的话我都听，所以我背了很多段落，但其他也熟读。

我因为只念了一年初中，也没学过外语，所以我在考研的时候遇到极大的困难，因为要考外语。当时那些老辈还在，我当时就认定必须要报考这样的导师，他是很有学术名望，肯定新中国成立前就很有名的，他在该校能够说上话，能够破格录取我，不顾我的外语分很低。但是对我的外语，我是非常拼命的。

在西南师大时，我除了睡觉都是在看外语，背诵课文，背诵单词，默写，每天无数遍。我在考研之前一年，全部时间主要是用于这个事。但是外语毕竟不是一下子能够突上去的，所以外语分是很低，大概到二三十分，当然当时外语考试还是比较难。所以我当时就认定，我必须报考一个很有名望的学术权威，他在当地学校能够说上话，那个时候制度没有现在这么严格，能够促使那个学校破例招收我。

## 问学名师

**杨**：本科毕业后，为什么选择报考安徽师范大学中文系唐宋文学阶段的硕士研究生，研究生时期听说您学习刻苦出了名？

**邓**：我在读大学的时候，有一次霍松林老师来到西师来讲学，他讲唐诗艺术鉴赏水平是非常高的。他当时讲贾岛"松下问童子"，还有一首杜诗《石壕吏》。我去听了。我当时非常佩服，就给他写封信，写了一首诗："先生讲学下渝州，满座清风暑意收。远影孤帆碧空尽，高山常在水长流。"我把我的信和我的诗集、论文寄给他，他说："我很想收你这么个研究生，得天下之英才而教育之，一乐也。但是我们这里是轮流招生，今年我招了，明年我就不招。我以后可能会招博士生，你以后来考我的博士吧。"

后来我就看中了宛敏灏老师。因为宛老他是词学家，30 年代在商务印书馆就出版了《二晏及其词》，商务的国学丛书，而且他又长期当过安徽师大的教务长。我就决定报他。他和刘学锴老师、余恕诚老师是一个指导组，但是他实际上早就退休了，当时已年近 85 岁。当时我想他可能就能说上话，所以我报考安徽师大，果然这样子就把我录了。外语很低，二三十分就把我收去。我当时就说我必须要考上研究生，我不管什么学校，必须要考上，我才能够不中断我已经开始的求学的路子，是这么一个思维。

我在芜湖安徽师大的时候，三天两头图书馆和资料室轮流跑，就像我在小时候跑中学、师范图书馆一样，三天两头跑，大量地阅读，古今中外。与此同时我还提前一年完成了我的硕士论文《盛唐诗史述论稿》，这样子我就赢得了一年的时间。那个时候还没有想到考博。这一年我干什么？因为这个时候已经发生了一个情况。我在安徽师大图书馆，有一天我先是看到了 80 年代 90 年代影印的一批新中国成立前的杂志，比如徐复观办的《学原》，是 40 年代后期一个学术刊物，质量很高。

我就在上面看到熊十力的一篇论文，就是谈新唯识论的一篇论文。熊十力他文字风格是非常精炼而有力，非常有力量。我看的时候，它里面主要就是讲中国哲学的本体论，就是"万物并育而不相害"（《中庸》）。他解释这个意思非常深透。我由于早就有哲学的训练，马列辩证法的训练，我是非常熟悉的，有心得。所以我对本体论哲学是非常敏感，应该说是在行。我一看就把我吸引住了。我们中国哲学原是这样子，中国哲学本体论是这样。辩证法它认为这个世界的本质和发展的核心是矛盾、冲突、斗争，中国哲学它认为世界的本质是万物并育而不相害。

后来我又读到了生态平衡的理论、生态平衡学说，它就认为所有的生物种群有一个相互平衡的关系，如果一些种群消失的话，整个生态链就会失衡，就会导致灾难。它实际上就是说必须万物并育，保持一个平衡，所有的生命，所有的种群，所有的个体生命，所有的群体生命，它都应该得到一个各自的、共同的生存和发展。中国哲学就认为这个是世界的本质、本体，所以我对这个感到非常新鲜。

本科时候我已经读了《左传》，已经读了《论语》，但实际上是表面的，没有深入到哲学层面，但语感上，一般的意义上还是很好的学习。一读熊十力的文章我就震动了，震动之后我就到安徽师大图书馆找到新中国成立前出版的熊十力的《新唯识论》（后来才出了新版），我把它抄了一遍。然后这个假期（第一个寒假），我从芜湖坐轮船一直坐到重庆，一直坐了十几天，我就见到了曹老师。曹老师就抱出了一部这么大的开本，八开本，旧报纸包的，打开四大本，梁漱溟的《人心与人生》的抄本，艮庸抄本，梁漱溟60年代写的，当时还没有出版。"你拿回去读。"他非常高兴。我就去读。

读梁漱溟的书对我震动也很大。如果说读熊十力的书，使我了解中国本体论和辩证法不一样之外，是可以多元呈现。《人心与人生》在历史观上面给我同样的震动。因为按照唯物史观的话，决定人类社会发展的主要因素是生产力。梁漱溟讲了，推动社会发展，除了生产力——他当然是赞同的——他说还有就是文化，比如中华民族的发展，它是通过文化，"远人不服则修文德以来之"，通过文化的同化融合来使中华民族和平地发展壮大，包括人口和空间。文化也是社会历史发展的因素之一。我觉得很在理，这个就是事实。还有其他因素，比如说人的个体的自由发展等等。所以这个历史观对我震动也很大。然后我就开始进入儒家。我当时毕竟已经30出头了，我知道应该怎么做，我就以《十三经注疏》，以经学为第一，以宋明理学为第二来读书。

在读硕赢得出来的这一年时间里，我逐字逐句读了中华影印世界书局本的《十三经注疏》中的"九经"，也就是说《易》《诗》《书》《礼记》《左传》《论语》《孟子》《孝经》《尔雅》，或者说除了《谷梁》《公羊》和《仪礼》《周礼》之外的经典。我是逐字逐句读经文连注疏，而且还通读了《史记》。其他的那些经，因为我都已经熟悉了注疏的体例，所以以后阅读和查阅的时候也都非常方便。

如果说我这几十年求学和治学的生涯里面受益最大是什么的话，那就是经学训练。因为它是中国文化的核心和源头，它提供了中国文化的哲学思想，这是思想哲学层面。从学术层面来讲，它提供了中国学术的原始典范。就是说从文字训诂，到历史考据，到经典解释，它提供了一整套典范。这些学术典范实际上是中国文学和史学的非常重要的来源之一。

我一生受惠最大的另外一个学术源头就是现代学术，最主要就是陈寅恪。先接着说读《十三经注疏》完全改变了我的整个生命。在知青时代，那个时候的思想，是做一个真正的马列主义者，在这个时候是完全自己认同是做一个儒者，所以才有后来的《儒家思想与民主思想的逻辑结合》这本书。这本书是90年代前期写的，这个按下不表。我读先秦儒家经典之余，同时也读宋明理学，比如说《二程集》《朱熹集》《朱子语类》《陆九渊集》《王阳明集》，这些我都非常喜欢。熟习他们的一些经典著作，比如《西铭》《大学问》《象山语录》等等。这个里面确实有它非常精彩的地方，教我怎样做人，这就不说了。现代学术我受影响最大的是陈寅恪，其次像新儒家熊十力、梁漱溟这些曹老师指引我的，当然也是头等重要。他们下一代唐君毅、牟宗三、徐复观，我也非常喜欢和非常用功地来读。

**杨**：在安徽师大，您师从宛敏灏、刘学楷、余恕诚先生，他们是如何指导您读书治学的？硕士论文研究的什么课题？

**邓**：宛老、刘老师、余老师都是非常好的人，学问也都是非常好的。刘、余两位当时正值中年，在治学路上猛进，他们的《李商隐诗歌集解》就是那段时间做的。我考到安徽师大，具体指导我的是刘、余两位老师。

刘学楷老师是50年代前期北大的研究生，林庚先生的弟子，他是林庚的路数。林庚讲盛唐之音，讲艺术体会鉴赏，他是这个路子。但实际上刘学楷老师还不太一样，他当时大概也学文献学——他和傅璇琮他们差不多是一届——所以他主要是作校注，做集注，但是他也非常喜欢艺术这个路子，也有很高的鉴赏力。他就按照他当时在北大读书学习的模式，来带我们研究生。我是他的第二届。第一届周啸天、汤华泉，第二届就是我、丁放。他要求你在读研期间，做什么之前先读完一批唐宋文学的主要作家的别集，我就读了几十种，每一种都写了笔记，一个笔记就是一个长篇的笔记或者是一篇论文。后来一篇我就写了几大本，他们对我还是满意的。

**杨**：在西南师大读书时，假期返回成都，您常请益于缪钺先生，请谈谈缪先生给您的印象和教诲？

**邓**：我和父亲1981年重逢之后，父亲跟我说——我刚才讲到——拜访请益老辈是非常重要的。他在大邑带我去拜访各位老辈，我现在想起来简直觉得那些人真是非常了不起。其实我当时没有完全弄得很清楚。所以我知道每个地方那个时候老辈都还在，也就是后来人们讲的所谓民国学者。他就带我到川大去拜访缪钺先生。这个原因是什么？我父亲在解放前，做过很多工作，他主要在建国中学当老师，他同时是当时成都一家报纸的文史副刊——刊名就叫《文史》——的编辑，他因此就认识缪先生，向他们组稿。

他50年代那个时候最熟悉、最亲近、最友好的学者，应该算忘年之交，是任二北先生。任二北做唐代音乐文学，我父亲就开始做宋代音乐文学，所以我父亲在新中国成立前和新中国成立后50年代发表了好多这方面的文章。90年代我到平安大街支路上，中国舞蹈研究所去，居然就在资料室已经打捆、准备搬家的书里边，找到一本50年代的《舞蹈学习资料》，来复印我父亲当时发表的论文《宋代队舞》。父亲晚年著有两部书稿，《宋杂剧金院本新证》《姚淑诗集笺证》，待出。

我上大学时，父亲就带我去川大拜访缪先生。缪先生看我的诗，他说你的诗有清气，所以他后来让我硕士毕业以后去做他的文学助手。我就干了一年，在川大历史系。缪先生非常称赞王国维和陈寅恪，他的意思很明确，最重要的是要学习、要读陈寅恪的书。这是最重要的，对于中国现代学术、文史之学。好，我就读陈寅恪。1980年上海古籍刚刚出版陈寅恪的文集，我就都买了，在重庆解放碑古籍书店买的。先读他的编年事迹和诗集，一读就非常喜欢。读陈寅恪的书几十年，陈寅恪对我影响是最大的。1996～2000年我几次到台湾，我当时还是属于新儒家，我到台湾参加新儒学的会。后来发生一些情况使我转向，我就放下新儒学，放下熊十力、梁漱溟的路子，而回到了陈寅恪的路子。这就是我90年代后期以后到现在的主要路子，文史这个路子，而不再是新儒家。也就是说《儒家与民主》那本书出来以后，放下新儒学，但后来也写过这方面论文。比如说前些年，北外召开罗哲海（德国汉学家，写过《轴心时期的儒家伦理》这本书，在中国出版）国际学术会议。罗哲海他就通过北外西方中国学研究所负责人，他的学生，邀请我去参加这个会，我又写了一篇长篇论文《儒家、道家思想与人权观念》去参加。所以新儒学后来也没断，但是我主要精力显然是走到陈寅恪这个路上。

本科时去拜访缪钺先生，他就叫我这样子学习。安徽师大硕士毕业，缪先生就提出来要我到他那去做助手，我就到川大历史系教授古代汉语（以王力的《古代汉语》作教材），同时做他的文学助手。一年后，因为当时我妻子是在重庆，我要到重庆去，就调到了西南师大，到曹慕樊老师所在的西南师大文献研究所又干了一年。我到西南师大，帮他们制定了古籍整理计划，得到了批准，也就是现在的所谓项目。这是1986年到1987年间，我的《韩偓年谱》就是那个时候做的，我开始感觉到可能还是要读个博士。

1986年冬季，我接到了上海辞书出版社汤高才先生的电报：《唐宋词鉴赏辞典》亟待出版，请你来协助解决疑难问题。可乘飞机来，越快越好，费用全部由我社承担。我就到上海。我当时只不过是一个讲师，或者讲师也不是，他们就把我请去了。

当时很流行写诗词鉴赏，我跟宛敏灏老师合作写了几篇，在袁行霈先生《古诗文鉴赏集成》上面发表，所以上海辞书出版社就注意到我，来电报把我请去了。我住在龙华的一个宾馆里边，一待就是20多天，替辞书出版社修订，其实后来主要就是那些要不得的，我来重写。我写了10万字，60多篇。我二十多年本科和研究生讲课，古典文学，最主要的时间和精力是用在解释和鉴赏上。这个上面我下的功夫是最大的。我的艺术鉴赏根基，一个来源于我为《唐宋词鉴赏辞典》写稿，后来写到魏晋南北朝，光是《唐宋词鉴赏词典》，我就写了10万字。再一个就是我讲课背后，我主要的精力是用在艺术鉴赏。我的古典文学第一擅长是在这个上面。你从我的文章就可以知道。

## 读诗之法

杨：请您谈谈如何阅读和理解古诗词？

邓：第一，养成诗的语感和鉴赏力：能够一见便知诗中的好句尤其是神韵之句；能够贴切地、条理地说出为什么好。一首歌曲，有最优美的乐句，同样，一首诗，也有最好的诗句。

李白《西岳云台歌》："黄河如丝天际来"，一见便知是诗中的好句。

为什么好？因为写出了远望中黄河如丝的纤细、飘逸和奔流而来的气势磅礴，神来之笔，韵味不尽。

杜甫《望岳》："齐鲁青未了"，一见便知是诗中的好句。为什么好？因为写出了远望中泰山那一抹青绿的颜色——空灵淡宕，和泰山绵延齐鲁两国大地而无尽的雄姿——大气磅礴，神来之笔，韵味不尽。

有的好句，隐藏的意思更深，需要更加仔细地体会和分析。陶渊明《归园田居》："种豆南山下，草盛豆苗稀。晨兴理荒秽，带月荷锄归。道狭草木长，夕露沾我衣。衣沾不足惜，但使愿无违。""带月荷锄归"的"带"，口语，有两个意思：①带领、带路。②携带。"但使愿无违"的"愿"，是指躬耕自养，保全自己的独立自由人格的大愿。按照带领的意思讲，"带月荷锄归"，就是我走月亮也走，月亮跟我走，我把月亮从田野上带回家，好像是把好友带回家。这是拟人化的写法，亲切。按照携带的意思讲，"带月荷锄归"就是把月光从田野上携带回家，象喻把"但使愿无违"的希望和光明带回家，风趣。两个意思都通、都好。"带月荷锄归"，神来之笔，画面生动传神，言有尽而韵味无穷，言有尽而意义无穷。

张若虚《春江花月夜》："昨夜闲潭梦落花"，"闲"，在此训为悠闲自在，没有牵挂，没有忧愁。诗言昨夜梦中，思妇本不知愁，闲步江畔，忽见一片飞花——却撩起"可怜春半不还家"的悲伤。王昌龄《闺怨》："闺中少妇不知愁，春日凝妆上翠楼。忽见陌头杨柳色，悔教夫婿觅封侯。"出自"昨夜闲潭梦落花，可怜春半不还家"。《闺怨》是写实，《春江花月夜》是写梦，更为空灵。"昨夜闲潭梦落花"，画面生动传神，而相思无处可逃，意在言外，韵味空灵荡漾。

王维《鸟鸣涧》："人闲桂花落，夜静春山空。月出惊山鸟，时鸣春涧中。""人闲桂花落"，"闲"，在此训为静。《文选》卷十一孙绰《游天台山赋》李善注："王逸《楚辞》注曰：闲，静也。""桂花落"，是听见的，不是看见的，因为此刻是月出前的黑夜，什么也看不见。桂花细小，落地无声无息，可是诗人却谛听到了桂花落地无声无息的声息。刘长卿《别严士元》"闲花落地听无声"，出自此。"人闲桂花落"，画面生动传神，而夜万籁俱寂，心静如止水，意在言外，无迹可求，韵味不尽。

神来之笔，画面生动传神，意在言外，韵味不尽，这就是神韵。神韵是中国诗的高标准。能够直觉地认出一首诗中的好句，尤其是神韵之句，并能够贴切地、有条理地说出来为什么好，是诗歌鉴赏力的高标准。

每读一诗，就训练自己当下直觉判断好句，并训练自己贴切地、有条理地说出来为什么好。如有不够贴切、不够有条理，便加以修订，不厌其烦，千锤百炼，直至臻于贴切、臻于条理清楚、臻于完善。次次如此自我训练，久而久之，就培养起了这种不假思索、直凑单微（就是直至精微）的诗歌审美判断能力。好像贾宝玉一见林黛玉，是什么样的人，不需要思考，一见便知。

第二，联系上下文，了解诗的言外之意。陶渊明《归园田居》："种豆南山下，草盛豆苗稀。晨兴理荒秽，带月荷锄归。"看了下文的"晨兴理荒秽，带月荷锄归"，从清早锄草到月出，便知道现在不再是上文的"草盛豆苗稀"，而是草尽豆苗出了。虽然诗中并没有直接写出这个意思，这却是实实在在的言外之意。其实也不需要写出来，因为那是画蛇添足。

第三，学会解释诗歌的历史进路和语言进路：历史的进路，就是以诗史互证；语言的进路，就是词语训诂。

中国诗气象万千，千门万户。神韵与诗史，是中国诗两个巅峰。没有诗歌的艺术鉴赏力，诗史互证就无从说起。没有诗史互证的功夫，单纯地使用艺术鉴赏力，有时就会是隔靴搔痒。诗史互证的前提，是熟悉相关历史时代的史部书籍目录，学会使用史部文献相关材料，并熟悉和学会使用相关历史地理文献、历史地图。

词语训诂，是阅读诗歌的最基本的功夫。除必须阅读诗集注释外，更必须学会使用字书如《说文解字》《玉篇》《康熙字典》《汉语大字典》等，韵书如《广韵》《集韵》等，辞书如《尔雅》《辞源》《汉语大词典》等，类书如《佩文韵府》等，学会使用其中词语的适用训诂。当某一词语没有现成训诂时，还必须学会自己搜集同一词语例证，自己根据多个例证立训。具体说，根据每个例证的上下文语境立训，根据多个例证的相同训诂立训。

李白《永王东巡歌十一首》其一："永王正月东出师，天子遥分龙虎旗。"李白这两句诗，非常有气派，盛唐气派；又非常有讲究，细节贴近历史实际，从而蕴藏着后来被掩盖了的历史真相。

"天子遥分龙虎旗"。

先说语言的进路。

"遥"，远也。汉杨雄《方言》卷六："遥，远也。"

"分"，付也，授与也。梁顾野王《玉篇》卷十三"分"："赋也，与也。"

再说历史的进路。

《旧唐书》卷一百七《永王璘传》："天宝十四载十一月，安禄山反范阳（今北京）。十五载六月，玄宗幸蜀，至汉中郡（今陕西汉中），下诏以璘为山南东路及岭南黔中江南西路四道节度采访等使、江陵郡大都督，馀如故。璘七月至襄阳（今湖北襄樊），九月至江陵（今湖北荆州）。"

《旧唐书》卷一百九十下《文苑列传下·李白传》："禄山之乱，玄宗幸蜀，在途以永王璘为江淮兵马都督、扬州节度大使。白在宣州谒见，遂辟从事。"

《册府元龟》卷七百三十《幕府部·连累》："李白，天宝末为永王璘江淮兵马都督从事。"

《旧唐书》卷九《玄宗本纪下》天宝十五载："秋七月……庚辰（二十八日），车驾至蜀郡（今四川成都）。"

根据《旧唐书·永王璘传》记载，天宝十五载（756）六月玄宗入蜀至汉中郡时，任命永王璘为山南东路等四道节度采访等使、江陵郡大都督。这是玄宗入蜀途中对永王璘的第一次任命。

根据《旧唐书·李白传》《册府元龟·幕府部·连累》记载，天宝十五载七月玄宗入蜀途中到成都之前，又任命永王璘为江淮兵马都督、扬州节度大使。这是玄宗入蜀途中对永王璘的第二次任命。这时，永王璘正在自汉中奔赴江陵途中后半段的荆襄道上。

"天子遥分龙虎旗"，诗言玄宗远隔蜀道与荆襄道之间千山万水，授予永王璘江淮兵马都督之旗号。不是指玄宗授予永王璘江陵郡大都督之旗号，因为那是在汉中当面授予，不得曰"遥分龙虎旗"。

永王璘奉玄宗之命并获得肃宗同意率领水军东下扬州，是为了渡海取幽州。唐肃宗后来宣布永王璘擅自出兵东下是为了谋反，而加以镇压。唐肃宗为了掩盖真相，就在《玄宗实录》中完全删去了玄宗在入蜀途中对永王璘的第二次任命，即任命永王璘为江淮兵马都督之记载。从而，在两

《唐书·玄宗本纪》以及《资治通鉴》中，这事连个影儿都没有了。两《唐书·玄宗本纪》以及《资治通鉴》玄宗部分的主要史源，是《玄宗实录》。

李白《永王东巡歌》"天子遥分龙虎旗"，与《旧唐书·李白传》《册府元龟》所记载玄宗入蜀途中任命永王璘为江淮兵马都督，相互印证一致，可见解释清楚"天子遥分龙虎旗"，包括这个"遥"字，对于揭示这一段历史真相，关系多么重要。反过来，了解了这一段历史真相，就会体会到"天子遥分龙虎旗"之句，又是多么的有分量，多么的余味不尽。

解释诗歌历史进路和语言进路的原始典范，是《毛诗正义》，包括序传笺疏。最佳篇章，是《燕燕》。

微言诗和一般诗在表现手法、理解方法上都有所不同，另当别论。曹植《赠白马王彪》、阮籍《咏怀诗》、向秀《思旧赋》、陶渊明《述酒》《饮酒》、杜甫《北征》《洗兵马》、李白《上皇西巡南京歌》《经乱离后天恩流夜郎忆旧游书怀》、元结《大唐中兴颂》等，都是微言诗或包含微言的诗，我都有论文加以讨论，或可参看。

## 博士阶段

杨：博士阶段，您跟随陕西师范大学霍松林先生读书，请讲述一下读博生活？

邓：上海辞书把我邀去的时候，霍老师已经开始招博了，我就去报他。当然报他，有一个考虑，就是我的外语问题。他在陕西师大的地位肯定还是可以的，我外语肯定也不行，只有他能帮我。第二年，1987年我就考上了霍老师的博士，就到霍老师那里去念博了。没有宛老师、霍老师，就没有我的研究生和博士，我现在可能不知道在干什么，可能是在一个中学。

霍老师是西北天水人，他这个人有几个特点。第一个，他从小是一个才子。他是甘肃山沟里出来的读书人，还是一个才子，家里还是相当贫苦的，小时候放牛，但是靠他父亲的家学渊源，后来考上了中央大学，得到陈匪石、汪辟疆的赏识。他的抗战诗篇，当时激动人心。他在大学阶段就在《中央日报》副刊、周刊，还有很多刊物上发了很多古典文学文章，都是很好的，功力很深。那时他很年轻，解放的时候他不到30岁，二十八九岁，我父母那时候30出头。他有很好的才华和基础。另外一个，他也因此受到于右任的赏识。于右任是大诗人，中国早期的大记者，国民政府的立法院院长。于右任看他穷苦，就让他到立法院去，给他个差事干，给他一份薪水救济他，非常欣赏他。新中国成立前夕，他曾经跟着于右任坐飞机到广州，又返回了，没跟着去。

返回来之后，新中国成立前夕，霍老师在重庆南林学院教书，系主任是陈匪石。1951年，霍老师两夫妇应侯外庐之聘，就到了西安陕西师大（当时为西北大学师范学院，1954年改为西安师范学院，1960年改为陕西师范大学），教文艺学。他是第一本中国人自己编写的系统完整的《文艺学概论》（属于文学理论、文艺理论）的作者。在这个领域，中国第一本系统完整的文艺学概论著作是霍松林写出来的。他这个《文艺学概论》是50年代出版的。当时压倒性的绝对权威，是苏联季摩菲耶夫《文学概论》三大部。

霍松林的文学理论特色或者他的贡献在于：第一，它（《文学概论》）里边著录了很多中国古典文学作品，使它中国化；第二，也是最重要的，是有他自己的独创和对苏联学说的修正。季摩菲耶夫这个学说的问题，前两年霍松林去世，我发在《光明日报》上的纪念文章，讲了这个事。按照季摩菲耶夫，按照苏联文学理论——苏联文学理论来自西方文学理论、欧洲文学理论，它们是一以贯之——认为文学包括抒情诗的本质特征是想象，是虚构，这跟中国诗基本上是牛头不对马嘴的，跟中国史传文学完全不符合。霍松林把这个学说改了，在我说出来之前可能没人说过。

以前批判、打倒霍松林就是因为他的形象思维学说。霍松林把文学和诗歌的本质特征的学说修改了，他不说文学包括诗歌的本质特征是不是虚构，他明白说文学包括诗歌的本质特征是形象思维，他就用形象思维——形象思维可以是虚构的，也可以是写实的——代替了苏联文学理论的虚构这个特征，也代替了西方文学理论的虚构这个特征。（这个我在《古代文学理论研究》前两年发表的《中国诗歌的基本特征：写实还是虚构》这篇论文里面交代得很清楚）霍松林把苏联和西方文学理论中的文学本质特征学说修改了，这是他非常大的一个贡献，体现了追求真理，也体现了民族自尊和民族意识。他后来就是因为形象思维，主张文学理论维护文学本身的特点，维护形象思维——而后来红卫兵认为形象思维是坏的，是修正主义——他就被批被整，发到泾河北岸的农村去劳改去了。他去劳改，那是很惨的。

他后来恢复教书，就开始招研究生，后来我到他那去念博。我是1987年考上去的，我都36了。霍老师给我充分的学术自由。他早年有中央大学、从于右任游这些经历，他原来政治抱负很高的，他有一种很大的气度。他给我充分支持。我后来写博士论文，要到山西去做实地考察。那时很穷，研究所也没啥钱，我也拿不出那个钱，到山西很近的，就在河津。火车票大概十几块钱，或者几十块钱，就到韩城，然后坐汽车过去。我没有那个钱，我就提出来，他就支持我去。我去了第一次，回来之后，还想去，没解决完问题。第二次去，他又同意我，一口就答应。所以霍老师对我实地考察支持、帮助是非常大的。

他也给我充分的学术自由，没有按照什么当下流行学术风气的要求来要求我。我在安徽师大的时候，一位同学后来是一家学术刊物的主编，他说，"陈寅恪的写法就是一条一条的原始材料列下来，然后自己下结论的。已经过时了，你这样写这种格式，没有杂志会给你发表的。"而现在格式又是如何。但是我这几十年，论文写法主要就是陈寅恪这种格式，也发表过来了。当然这个原因不一，不去说。霍老师对我帮助是很大的，给我充分的独立自由。

**杨**：博士论文为什么选择《唐代文学的文化精神》这个题目，主要内容是什么，请您谈谈当时写作博士论文的过程？

**邓**：我当时对古典文学有长时期训练了，又已经受新儒家影响，在之前已经受到扎实的经学训练，所以选题我就想把唐代文学和儒家结合起来，看看唐代文学、唐代历史的文化精神是什么，我当时企图心还是很大。从探讨贞观之治开始，唐代历史，唐代文学，总而言之，唐代政治和唐代文学中体现了什么样的文化精神。Ethos是文化人类学的一个观点，任何一个民族的文化，它有个核心精神，所以叫做文化精神，实际上就是它的哲学本体论和它的核心价值观念。我就要了解儒家这个东西在唐代主要历史现象、主要文学现象中的体现。文化精神是文化人类学的术语——我当时看影印的台湾的文化人类学著作，当时大陆还没有恢复，里边讲到的——我觉得这个还不错，所以我就选这个题。

隋唐文化连起来有四个文化主峰，一个是河汾之学，一个是贞观之治，一个是杜诗，一个是韩愈的古文和儒学复兴运动。这四个主峰，它们都体现了在当时现实重大挑战下的运用儒家思想对现实重大挑战作出回应，从而提升儒家思想到新的高峰。这就是我《唐代文学的文化精神》这本书的主要内容。

陈寅恪50年代在《论韩愈》中写道："世传隋末王通讲学河汾，卒开唐代贞观之治，此固未必可信。"我就没有管这个说法。我最后的结论，是我通过文献和实地考察得出来的。文献方面，比如我穷尽了所有相关的第一手隋唐的史料，《隋书》、两《唐书》、《唐会要》、《文苑英华》、《全唐文》、《金石萃编》——其中一系列宝贵材料是首次使用，以及台湾出版的《石刻史料新编》，还有地方志，已经从传世文献上面来确认了，王通是真实的，这是第一点。第二点，王通的弟子和他的思想，参与了贞观之治，塑造了贞观之治。因为武德九年，唐太宗刚刚即位，讨论将来唐朝走什么方向，走法家刑政、高压统治，还是走儒家仁政，这一点上，魏征和封德彝针锋相对，核心依据就是人性恶还是性善。这时候魏征就是主张性善论和仁政，这个就是来自王通。贞观之治就采用、实行了这个观点。我已经从史料上证明，比如说王通的弟子薛收、杜淹、魏征等都参加了唐初开国创业和达成贞观之治。而且王通的也就是儒家的思想是几百年来第一次运用到重大政治上面，决定一个朝代的政治方向，自汉代以来没有过，以前也没有过这样的事。性善还是性恶论，从而因为性善，所以仁治；因为性恶，所以刑治。儒家思想在这个核心问题上参与落实到现实重大政治、治国方向上，这是非常罕见的。秦是法家政治，汉是霸王道杂之，唐才是大体上行儒家。

这些问题我已经从史料、从文献上解决了，但是我看到元明清历代地方志上面记载，河津县（就是隋唐的龙门县）黄颊山（吕梁山脉南端）山上，有文中子隐居的讲学洞，洞前有很多碑刻，有的都断了，有的倒了，天！我心里打鼓，我必须要去看这东西，因为它（地方志）都不记录这些碑文、摩崖石刻铭文。这些石刻铭文对我的王通及其河汾之学与贞观之治关系的真实性，到底是反面还是正面证据？不管是反面还是正面证据，我没看到这个，心里面是打鼓的，是不实在的，所以我就要去。我去了之后，这些石刻非常有力地印证了我通过史料、文献考证得出的结论，而不是推翻。

实地考察文中子讲学洞最早的石刻文献，是明代万历年间的，但是联系到隋唐之际至明代，比如王绩、吕才他们的相关史料，表明对文中子黄颊山上隐居讲学以及通化乡王通故居，这些记载都完全一致。也就是说，从隋唐之际吕才、王绩的文献记载一直到宋元明清的方志记载，一直到现场万历三年以来的石刻文献，都一致证明此事的真实性。而在王通的家乡通化有王通后人几家，有家藏的明代敬忍居所刻的《中说》版片，全套木制印版。第一次去，1989 年，看见《中说》明代印版堆了一屋子。2011年，我带了 11 个研究生重上黄颊山，我又去了通化，重睹印版。

传统文化精神，我就是要来证明它的价值和作用，因为 80 年代我写这个论文时候，中国思潮是全盘西化，认为中国一切罪恶、落后，都来自儒家、传统文化，儒家思想反动。那个时候就是要走向未来，走向西方。承认儒家、传统文化，是后来的事。所以我当时就是要通过对唐代历史文化的考察，证明儒家思想在历史上所起到的重大正面的作用和进步作用，包括在政治、历史和文学上面。

## 实地考察

**杨**：您是怎么关注到王通的，并请您再详细谈谈考察王通遗迹的经历？

**邓**："世传隋末王通讲学河汾，卒开唐代贞观之治，此固未必可信。"我一看陈寅恪此言，至少这个时候就知道了，王通不能不注意，唐代文学的第一家就是王绩，王绩就是王通的老弟，初唐四杰之首王勃，就是王通的孙子，你能不注意到吗？陈寅恪《赠蒋秉南序》，那是我们时代最好的古文之一，它里面讲，他的梦想就是想学习王通讲学河汾，"幽居疏属之南，汾水之曲"，以现在这个世道，我的梦想岂是能实现的？陈寅恪尽管在论文里面说王通这个传说还未必可信，但是在诗里面他多次表达他以王通为自己的梦想，为理想，为典范，为学习榜样。我能不注意到王通？实际上我的《唐代文学的文化精神》，除了王通、河汾之学、贞观之治，这个部分就有 10 万字，占全文 48 万字的 1/5 强，重点还有杜甫、韩愈，包括柳宗元，我都有自己的也许是非常重要的讨论或者发现，咱们不去说它。

到山西去考察，到河汾之地去考察王通遗迹。刚才讲到起因是因为看到元明清历代地方志里面记载，就是在河津县，也就是隋唐龙门县以北黄颊山（它是吕梁山脉南端）高山之上的文中子讲学洞，隋末王通隐居在此，这个洞前有很多摩崖石刻和石碑，有的已经倒掉，很多都已经断掉，这个使我产生极大的注意。就是说这些石刻的铭文，对于我现在做的主题，文中子及其河汾之学与贞观之治，每一点的真实性究竟是否有正面或者反面的证明作用，也就是说这石刻铭文是什么年代，什么内容，对我的考证有什么作用，我必须去看。再有就是我已经从元明清历代方志看到在河津县南、汾河南岸的通化乡——这个地方在解放以后是属于万荣县，在隋唐是属于龙门县，也就是今天的河津县，通化乡即王通所教化的意思——通化乡有王通后人几家，当地有文中子祠和文中子墓。这个事情，当时我的直觉就是我必须去看。这一去就连续两次，这就开启了我以后做学术考察，要做实地考察，其中重要内容就是石刻文献考察的先路。（我到河汾一共四次，1989 年 4 月第一次去，到了黄颊山下、通化；第二次去，上了黄颊山到了文中子洞；1992 年第三次去，再到通化；2011 年第四次去，再上黄颊山文中子洞，并第三度到通化。）

1989 年 4 月我第一次到河津，我首先到县城找到了县志办。县志办的人给了我一张小幅的 32 开的彩印河津地图。他让我去黄颊山下张吴乡，这里离文中子洞最近，就在山脚。我是从县城坐汽车一段北行，然后坐拖拉机一段右行就是往东去，然后再步行一大段，大约五十里地到达山脚史家窑村。这个村西半头是属于河津县，东半头是属于稷山县。我找到村主任，说我要上文中子洞去看，请帮我找一个向导。我当时很傻。村主任说地县两级领导来，要上去看，上不去，上面没有人烟，当天下不来。我就又走路又坐拖拉机，又坐汽车就返回河津。

返回河津之后我就马上到了通化。到通化已经是黄昏了，我住进了一家鸡毛店旅馆，硬板床，很多臭虫的。然后我就马上走到通化街上，一脚跨进了一个糖果铺，进门就是一排柜子。我说文中子后人家怎么走，"这样走这样走，左拐右拐走到底。"我确实就这样真的找到了文中子后人家。

通化有王通后人几家。王通后人老大王西恩家——按照中国嫡长子继承制——保存了《中说》明代雕刻的印版的全套。"文革"批林批孔时没收了，后来退还，损失了几片，全套基本完整。老大家有女无子。我到通化的第二天，在王通后人王有全家看到了印版。摆在山西农村青砖的高大房子里。你走进他家房子里边，很大一个长方形房子里，一地都是重重叠叠堆满这个印版。（今据王西恩女儿王英说，1972 年她是村团支部副书记、妇女主任，看到雕版被运到通化革委会，当作生炉火的柴烧毁，心痛，就将雕版藏在大衣里，陆续偷回。以后一直讳莫如深。——2020 年 4 月 14 日补记）

那天傍晚，我首先到的是王通后人王印全（王有全弟）家。他在 40 年代参加了共产党八路军，已退休，退休之前是西安音乐学院老干部，当时他在老家。他的毛根儿朋友（就是说从小好朋友）有两个，一个姓庞，庞印泉，一个姓王，王世芳，都是村民。非常了不起，他们一辈子朋友。这位王通后人，中共退休老干部，他立即就带我去拜访村里一些老辈。第二天早上，他带我到原野上走了七八里。那个地方看似平原，实际上就是高原，你没走到断崖的时候就忘了这是黄土高原。一望无际的麦田里，有文中子墓的遗迹，有明代墓碑。村里有文中子祠的遗迹，匾、碑都还有一些遗存。印版是明代的，这墓碑也是明代的了。王世芳老人告诉我，通化王家很怪，从隋代到现在，不灭也不多，就是三五家。而别的姓从明代自山东到通化已经发展到几十户，他这家不多也不少，就这么几家。

我在通化待了几天，和当地的父老乡亲以及乡政府（他们也保存一些东西——匾）已经有相当充分的交流。临行前那天晚上，旅馆老板来找我："你愿不愿意见我们当地最有威望的，道德最高的一位老人？"我说要啊。他就用自行车把我驮着，在村里找他家、他子女家几个地点，找他不在，就说，他是守林人，在守林。月黑风高，自行车驮着我在高原上也就是平原上走了好远，到了一个守林人的小屋里，见到了庞印泉先生，须发皆白，精神万丈。我只说他三点：第一就是他非常信仰儒家，他完全是村民，他非常信仰儒家，熟悉《中说》，这是非常罕见的。第二他出身贫苦，本来是文盲，他小时候听说文盲，"文盲啥意思啊？"后来听说是这个意思啊，他感到非常羞耻。他通过刻苦自学达到什么程度呢？达到数学、几何很好。村里修水利工程，修一个大礼堂，修一个剧院，这些设计、画图都是由他来完成，通过自学到此程度。第三就是他对儒家，对中国现代史，他的了解非常了不起。

姓王这个老人，叫王世芳，就是普通村民，去他家里，他一边谈话一边写字，卖点香蜡纸钱为生。他在40年代和王印全一起去投奔八路军，王印全最后就成了一个高级干部。王世芳他就没有参军，当农民几十年。他送我一本有孙望的文章的1957年的《学术月刊》，一篇关于王通的文章，他送给我。乡村要收藏这种学术刊物，可不容易。可见他们热爱王通，熟悉王通。

回到西安以后我心不死，因为我没有上到文中子洞，虽然到通化已经有很大收获了，看到了明刻《中说》印版，见了文中子后人。没过几天我跟霍老师提出我想再去一趟，霍老师说"可以"，一口答应。我又去坐火车到韩城。从韩城坐汽车到河津要越过黄河天险龙门口，就是鲤鱼跳龙门这个地方，巨大的落差，黄河咆哮的轰鸣声在几里路以外，就已经把破旧汽车挣扎轰鸣的发动机的声音完全压住了。有了第一次的铺垫，我就找到了河津中医院院长，他是王通后人家的女婿。他借了我一辆自行车，这样我就不用坐拖拉机、走路，一骑车就骑到五六十里外的史家窑村。见了村主任，我马上掏出10块钱（那个时候博士生一个月的工资是30块钱）交给他。他马上在院子里叫了一个老人，叫史安安，"你带着他上山"，我就跟着向导上山去了。

到了文中子洞，当时也没有相机，我自己还带了拓片的全套工具，但是没有用，我就笔录石刻铭文。2011年重上文中子洞，核对铭文，22年前我的笔录没有错。现场有大量的石碑，有的碑还立着，有的碑已经倒了，有的断了，有的碑重叠压在一起。文中子洞左右两边有很多摩崖石刻。所有石碑和摩崖石刻的铭文，最早是明朝万历三年的，一直到民国都有。附近有三处文中子梯田，已经风化。这些都写进了我的博士论文，1993年台湾出版，10年后2印。文中子洞在吕梁山脉南端，海拔1300多米，上去是很难走的，有的路段（很短），需要攀崖，四肢并用才能上去。有一段是鲤鱼背，这段路实际上是山脊、山梁，两边是万丈悬崖，这个路就只有一二尺这么宽，像平衡木一样，十几米或者二十几米长。向导跟我说，他们进山打柴——山里面确实没有人，再里面就是原始森林——他们背柴下山，回去经过这个地方，如果起风是不能走过去的，必须爬过去，要不会被风刮下去。

文中子洞、文中子故里的收获完全都是正面印证了传世文献。考察的结论就是进一步证明了文中子及河汾之学的真实性。

2011 年，山西有人来找我，跑到中文系。他原来下海之前是山西省委宣传部的干部，后来是一个商家。"我们在文中子洞，在黄颊山发现有新的石刻，请你去。"当时院里正好发给博导一笔钱，2 万块钱，只能报销差旅费。我就带了 11 个学生，还有毕业在山西高校教书的，一共是 13 人，第二次上黄颊山。后来我才发现由于炸山取石，山体改变了。我当年上山那个路大部分都是缓坡，少数路段是攀崖和平衡木、山脊鲤鱼背。山顶是从山脊上去，相当平缓的坡。可是因为炸的比较多，山形改变了。这一次他带我们上去，前呼后拥的，叫了很多向导，当然是很感谢。有一两个小时，一二十里的爬山，完全是攀崖，没有路，没有草木，有一棵草，你一抓，是松的，全部这样爬。回过头去一看，万丈陡坡，万丈悬崖。我当时就差点生气了，就在半路上休息。因为我带这个群体，我要为他们的生命负责。我之前哪料到这个情况。——我出发前就说，要死盯住每个人，然后编组，每个人的行动不能处于这个组的视线之外，不能出事，必须随时向我报告。如果有任何情况，你们应该早告诉我。——就在半路上休息的时候，有个女生坐下去就流泪了，怕起不来。有的女生表现很好，就是农家来的，一直扶着她慢慢走。到后来这个女生恢复过来，站起来走，我松口气，我想：天啊！幸好下山不走这个路，没法下山，不堪设想！下山走山背后，山背后是山坡，中间是个平缓的洞槽。洞槽很安全，密集的草木可以抓，下山就很好。这是第二次上山。（下山后，回北京后课堂上，我讲了，为了安全，女生不能做田野调查。）

第二次上山因为有了十几个照相机、手机，所有的景观、石刻咔咔咔全部都拍下来了，所以我最近就发表了《释文中子讲学洞摩崖题字石刻"裴（垂）长庚在"》这篇文章。

1989 年两次山西河汾考察，包括吕梁山脉南端黄颊山文中子洞的考察以及万荣通化文中子后人家、文中子祠墓包括家藏明刻《中说》印版的考察，在以后的岁月里使我非常注重学术研究中的实地考察。当然我的文学和历史研究是以传世文献为主，并且都能够解决问题。但凡是有相关的实地遗迹，尤其是通过搜索知道当地可能会有早期文献、口述历史或石刻文献存在的情况下，我是一定要去的。那么后来就有了江西南昌市新建县望城镇青山村陈宝箴崝庐遗迹的考察，有了南昌县板湖村永木黎村与永王璘墓的考察。

根据黎村《黎氏族谱》宋代程大昌的序，"唐肃宗朝，黎昕领左军尉，受命讨东南逆藩永王璘"，黎昕是一个军官，左军尉，追杀永王璘到江西。可是黎昕"兄子干"，"其子度，为虔化令，即今宁都州，卒于官，子孙因家于此"，自唐代黎度以后就世世代代居住在永木黎村，也就是在永王璘墓的旁边，为永王璘守墓，一千多年直到今天，而且黎村人全部姓黎。这个事情你说奇不奇怪。黎村的祠堂保管告诉我，他在网上已经看到这个墓的照片，在卫星地图上已经看到这个墓的圆圈。我到了永木黎村之后，等到下午见了保管人黎医生。他下班回来，我就把《文学遗产》翻到《永王璘案真相》送给他。我说我现在想看族谱——他就告诉我，他们黎村世世代代，相传永王璘是冤枉的，所以他们为他守墓。族谱有几十代，都清清楚楚记载下来。所以，这个事情也从一个侧面，见出永王璘冤案真相。而且永王璘的墓——这是黎村，这是永王璘墓——周围的村子都是坐北朝南，都是这样子排的方位。黎村——家家户户，从而全村——是坐西朝东，就是在卫星地图上也一目了然，从而永王璘墓，卫星地图上它这个圆圈，也是坐西朝东，背向长安。唐代韩偓他的墓在福建泉州南安县丰州镇，那个墓就朝西北，朝长安，坐东朝西。他死后心向长安，他和闽政权王审知是不合作的，他忠于唐朝，是唐遗民。可是永王璘的墓，它是背向长安，它和这个守墓黎村都是坐西朝东，和中国传统的古建民居、陵墓的坐北朝南是不一样的。我认为他冤枉，他死后背向长安，背向唐朝。所以这些实地考察都是非常重要的，它会提供实地遗迹、文献遗存，包括传世文献、口述历史，尤其是石刻文献，尤其是早期原始石刻文献，对研究是非常有用的。

做原始石刻文献考察的例子还有就是《顺治出家考》里边的，考察河南民权白云寺的康熙御匾五道、已见铭文八面，以及山东鄄城郭水坑村的、河南民权白云寺的众多相关原始石刻铭文。在顺治出家研究里，这些原始石刻铭文起到了决定性的作用。除此之外，我还有其他的与重大学术研究有关的实地考察，这些实地考察的足迹上到东北，下到华南（广东），它们的工作量和规模远远不下于我上述的对文中子、对陈宝箴、对永王璘、对顺治出家的这些历史遗迹、石刻文献的考察，不过我还没有发表，也就没有说。所以实地考察，包括原始石刻文献，在我的学术研究工作里边，它有几十年，有从 1989 年到现在前后三十年的历史。我在《顺治出家考》所作的众多原始石刻文献考察不是临时来的，有几十年的经验在里面，有 30 年的实践经验和历史背景，作为它的学术背景在里边，不是突然而来的。

序 跋 书 评

# 《海外中国古典文学研究译丛》发刊词

蒋 寅[*]

现代中国人文科学是在西学东渐的风潮中诞生的，又是直接由日本汉学的引领而逐步成长起来的。就古典文学而言，我们在罗振玉、王国维的治学路径上可以鲜明地看到日本学术的影响，此后中国的古典文学研究，无论是林传甲等的文学史编纂、鲁迅的古典小说研究还是陈中凡、郭绍虞的批评史研究，都是在海外汉学的刺激和引导下展开的。回顾近代以来的古典文学学术史，我们不能不正视来自外部的影响。

到今天，中国古典文学已成为国际化的学问，海外汉学也成为中国古典文学研究的重要力量，积累了非常丰富的学术成果。日益便捷的国际交流，正在不断缩小语言和文化隔阂的沟堑，沟通和扩大海内外学术成果的交流。但与此同时，国内学界经常可见的对待国外汉学的两种态度，也让人感到不安。一种态度是唯海外汉学马首是瞻，甚至对本土成果视而不见，论著中只称引海外学者的看法，奉若神明，毫无审思；另一种态度则是漠视海外汉学的成果，目为旁门小道，隔靴搔痒，排除在自己的学术视野之外。这两种态度都是有碍于学术正常发展的，在今天尤其应该正视其局限。

还有一种态度也是需要警惕的，那就是时下流行的"争夺话语权"口号背后的狭隘的竞争意识。早在 1929 年，陈寅恪先生就在给北大历史系毕业生的诗中写道："群趋东邻受国史，神州士夫羞欲死。田巴鲁仲两无成，

---

\* ［作者简介］蒋寅，1959 年生，江苏南京人。文学博士，华南师范大学文学院教授，博士生导师，《中国诗学》集刊主编。研究方向：中国古代文学、文献学、古代文论。

要待诸君洗斯耻。"① 对中国历史要到日本去学习感到羞耻和悲哀。随着新时期以来国内学术的长足进步，中国学者的自信也随着社会发展水平的高涨而不断提高。在后殖民理论的鼓吹下，一种要确立中国学术的主体性，构建中国学术话语的意识也日益凸显、日益高涨起来。于是，学术话语权之争，也成为民族主义思潮的部分目标，在文化的高端层面展开。无论在政府还是民间，争夺学术话语权都经常被当作一个正当的口号提出，不免使学术打上鲜明的地缘政治色彩和急功近利的烙印。对照王国维"学无古今，学无中西，学无有用无用"的名言，反倒是生活在那个积贫积弱乱世的前辈们，更显出一派淡定从容、不卑不亢的自信气度。

虽然学术从来就没有远离过政治，人文、社会科学研究更是天然地带有一定的意识形态色彩，但学术本身是天下公器。我们首先应该用一种平常心，本着对学术的敬畏和严肃态度，公正地看待海外学者的成果，尊重他们的劳动和智慧。先师程千帆先生晚年在接受《文学研究参考》记者采访时曾指出：

> 不少人认为，中国人研究中国文学理所当然是最高水平，外国人总难免隔雾看花，郢书燕说。因此没有必要去看国外同行的工作。具体分析起来，这种说法恐不尽然。……我认为国外中国学的某些成果是值得国内学者认真学习的。……国外中国学研究是随整个科学的发展而发展的，国外的科学发展较快，这是不能否认的事实。西方社会科学乃至自然科学的研究成果直接影响到国外中国学研究，是顺理成章的事。②

当时国内学界封闭多年，对海外汉学著述所知甚少。程千帆先生专门致函叶嘉莹、周策纵等教授，请他们介绍海外著名汉学机构的负责人，代购或复印有影响的论文、专著。我做博士论文时，也从老师那儿得到他托友人复制的日本、中国台湾学者的相关论文，使自己的研究能够在知己知彼的起点上展开。

---

① 《北大学院己巳级史学系毕业生赠言》，陈美延、陈流求编《陈寅恪诗集附唐篔诗存》，清华大学出版社，1993，第18页。
② 《访程千帆先生》，巩本栋编《程千帆沈祖棻学记》，贵州人民出版社，1997，第91~92页。

在国际学术交流日益便捷、日益频繁的今天，获取海外学术资讯已变得非常容易，学界对海外学术出版物完全不闻不问的人倒是少了，无论内心评价如何，就是为了所谓学术规范，也不能不关心。而更常见的，倒是在"与世界接轨"口号下，许多大学都建立了海外汉学研究的机构，以海外汉学为研究对象的学术刊物也出版了若干种。只不过这些研究及其出版物多属比较文学专业或从事外国文化研究的学者所为，对成果的选择和介绍常有很大的随意性，很难反映海外中国古典文学研究的进展和深度，就是从获取信息的意义上也未必有多少实用性。我从上世纪 90 年代初创办《中国诗学》时起，就一直想办一个能及时反映海外中国古典文学研究动向和最新成果，并有计划地翻译、介绍海外汉学经典论著的译丛。受各种条件限制，逡巡至今，不能实现。如今在华南师范大学建设高水平大学经费的支持下，这一夙愿终于成为现实，实在让我非常高兴。

译丛定名为《海外中国古典文学研究译丛》，由华南师范大学中国文学与文化研究所编辑，暂定每年出版一辑，以海外学者的外语论著翻译为主体，另辟有学者访谈、研究综述、会议纪要、书评、出版讯息、学术机构介绍等栏目。希望得到海内外学界同道的支持，为我们提供外文出版物、翻译文稿及其他稿件，使《译丛》成为沟通海内外中国古典文学研究的一座便桥。

他山之石，可以攻玉。此邦之译，可以为桥。

蒋　寅

五四运动百年之日

　　[华南师范大学文学院主办，蒋寅主编《海外中国古典文学研究译丛》（第一辑），凤凰出版社，2020。包括中国中古文学国际学术研讨会论文专辑、译文、书评、综述等栏目]

# 《宋代节令诗研究》序

周裕锴<sup>*</sup>

李懿博士的学位论文《宋代节令诗研究》即将付梓，来函嘱我为之作序。我于节令文学研究甚为生疏，当年对她的论文指导也尽力不够，甚为惶愧，然而毕竟自她在川大读本科生起，我就是任课教师，后来她攻读硕士、博士，我又忝为指导教师，于情于理推脱不得，所以在此简单谈谈我对本书的体会以及对作者的期待。

在我的印象中，宋代各种节令就是万众狂欢的日子，帝王官僚、士庶男女都借节日而获休假和游乐的机会，各种民俗活动也借此特殊的日子登场表演。总之，包括娱乐、休闲、游戏以及各种礼制、仪式、宴会、音乐等，都是节令活动的内容。至于节令文学的研究，我的印象是论著甚多，历代的和断代的都有，特别是在民俗学领域，可称得上蔚然成风。

当年李懿决定做节令文学研究时，我觉得并不是一个好的选择，因为一是担心这个领域研究者较多，容易撞车；二是担心其工作仅仅流于为民俗学提供材料，缺少文学研究的价值；三是担心研究思路太陈旧，难以写出新的东西。然而，经过她的努力，收集与此课题相关的各种材料，阅读大量原始文献，参考各种理论著作，整理调整研究思路，论文初成后又反复修改，乃至答辩通过后再根据专家意见订正润色，所以今天摆在我面前

---

* ［作者简介］周裕锴，1954 年生，四川成都人。文学博士，四川大学中国俗文化研究所研究员，四川大学文学与新闻学院教授、博士生导师。兼任中国宋代文学学会副会长、中国苏轼学会会长、中华诗教学会副会长、韩国东方学会副会长。研究方向：宋代文学、佛教与文学。

的书稿，已完全达到出版水平，并有值得称道的新东西。

首先是本书的选题有其较新的内容。八年前学界的节令研究，多是以文学文献作为民俗学的印证材料和附庸工具，即便是节令文学本身的研究，也多集中在词这样的体裁上，如本书绪论所列，多部以节令文学为题的硕士论文，都是以某个节日的宋词书写为考察对象。实际上，宋诗特有的叙事性功能以及其数量庞大的作品，在节令的书写方面更具有典型意义。因此李懿以宋代节令诗为论述对象，不仅避开了节令词研究的常见选题，而且避免了以单个节令为题的零碎分散，从更宏观整体的角度讨论了宋诗的节令书写。

此书令人耳目一新之处还有它的框架，其各章节以专题式研究为中心，不同于时下流行的以时代背景、思想风潮、民俗活动、节令描写为章节的模式。这种带着问题意识的研究，是我颇为欣赏的，因为学术的推进，便是不断提出新问题并予以合理的论述解决。叠床架屋式的材料堆砌，陈陈相因的观点综述，虽然有其学术规范的要求，但向来为我所不喜，这是因为这种研究归根结底缺乏学术的原创性，缺少人文学者内在生命力的灌注。平日我跟学生讨论，常引用姜夔《白石道人诗说》里的几句话："人所易言，我寡言之；人所难言，我易言之。"这并非有意求与他人不同，标新立异，而是因为学术研究本来就是需要去挑战他人"难言"者，不必去附和他人"易言"者，由此方能推进到更高更新的水平，否则学术研究就丧失了任何意义。所以，当我看到李懿避易就难，避熟就生，从女性、儿童、农家几种他人较少关注的书写角度入手，揭橥这几类书写在社会学、民俗学尤其是文学和美学方面的价值；从宋代文人的节令诗书写中考察其生命情境的种种表现，揭橥其人文气象、理性精神、淑世情怀和帝京情结；从节日的应制诗中考察权力运作、皇权象征、神道设教等，拓展节令诗研究的视野，为她治学的勇气感到由衷的高兴。

本书还有一个让我欣喜的地方，就是作者奉行的文本细读和文学本位的理念（这也是我一贯提倡的治学理念），使之有别于其他论著的民俗学路径，展现了宋代节令诗自身文学和美学的价值。本书最后一章关于诗歌语言艺术的探讨，如俗语化、用典、翻案、副文本、以文为戏等，用具体诗例的分析揭示了宋代节令诗的审美新变，而附录中有关节令诗对其他文类如宋词、宋人地理笔记的影响，皆对宋代文学研究有一定推进作用。虽然，用挑剔的眼光来看，其语言表述和理论概括都还有值得进一步提高之处。

我认识李懿已经十二年，深知她具有独立自强的意志品质，属于品学兼优的青年。她2012年从川大博士毕业并获得学位后，次年进入清华大学国学院，师从陈来、刘东教授，从事博士后研究，其学术视野和学术水平在此期间都得到较大的提高。2016年入职江西省社科院语言文学所，从事宋代文学和江西地方文化研究，逐步成为该所的青年骨干。作为她的老师，我为之感到骄傲。我希望李懿能以这本书的出版为契机，鞭策自己，在今后的学术道路上脚踏实地走下去，践行当年的理想。而江西这块热土，在宋代孕育了大量的文学家和思想家，文化底蕴极为深厚，我相信她在未来的学术事业上一定大有作为！

（李懿著《宋代节令诗研究》，中国社会科学出版社，2020。周裕锴序，分为节令与女性书写、节令与儿童书写、节令与农家书写、节令与生命情境书写、节令与权力书写、节令诗的审美新变等章节）

# 在求是与创新中书写自我

## ——写在《王辉斌学术文集》即将出版之际

王辉斌[*]

　　期盼已久的《王辉斌学术文集》（以下简称《文集》），近日终于进入了制版、印刷的工序，如果不出意外，只要顺利地过了"装订关"，其发行全国，便指日可待。这对于终年在书海里遨游的我来说，自然称得上是一件人生中的大事，因此，有朋友建议我写点什么以为纪念，而我也正有此意，于是，便有了这篇小文。

　　事情还得从2016年说起。这一年的9月，"中国唐代文学会第十八届年会暨唐代文学国际学术研讨会"在成都召开。会议期间，有朋友提出了为拙著编《文集》的建议，并就某些具体问题进行了初步谋划，如以中国孟浩然研究会的名义组织编辑，组建"王辉斌学术文集编委会"等。大约两个月后，我又就此事与有关方面进行了协商、沟通，如于出版社的选题报批、出版形式、合同签订，等等。2018年8月，趁在复旦大学参加"中国唐代文学会第十九届年会暨唐代文学国际学术研讨会"之机，我又于会议期间对属于唐代文学方面的编委会成员（含有关海外成员）进行了逐一落实。就这样，所有与《文集》相关的各种各类事项，在2018年12月前得以全部解决。由是，《文集》的编辑、文字录入、排版、清样校对等，即因此有序地向前推进。但在去冬今春，因疫情所致，却又耽误了不少时日，这实在是有点人算不如天算的！

---

　　* ［作者简介］王辉斌，1947年生，湖北天门人。湖北文理学院文学院教授，中国孟浩然研究会会长。

　　《文集》为十六开本，精装，十卷十册，约800万字，基本上是对我40多年（1977～2019）研究中国古代文学的一份学术总结。之所以说"基本上"，是因为在《文集》所选收的22种著作中，并不包含一种约200万字的"别集校注"书稿（将另行出版套装本）。这22种著作研究对象的时间跨度，由夏商周而清末民初，上下三千年，内容则涵括了商周逸诗研究、先唐诗人研究、唐代诗人研究、唐代诗人婚姻研究、《全唐文》研究、唐宋词研究、宋金元诗研究、明清小说研究、明清戏著史研究、唐后乐府诗研究、乐府诗批评史研究，等等。这一系列的研究，即构成了我所倡行的"文学史研究打通关"成果最直接的反映。也正因此，三千年的"文学史打通关"研究，使得我数十年的研撰之所获，即因了这次《文集》的出版，而得以较全面、充分地展现。

　　我的"文学史研究打通关"，是建立在这样的一种学术前提下的，即每个朝代或者每个时期都要有至少是一种著作问世，除研究内容相衔接外，还必须立足于求是创新，即便是热点问题，也无不如此，如《文集》中的《唐宋词史论稿》一书，即可为例。在西学东渐之前，人们之于唐宋词的研究（主要为词话著作与作品选评），已是粗具规模，而自西学东渐以来，这一研究即成为一种专门之学。我之于唐宋词的研究，既非是考察与勾勒其发展脉络，也不是对其中若干"知识点"做平面之描述或立体之介绍，而是以"史"为线索，对存在于其中的种种问题，进行了属于文献学范畴的求是（可具体参见该书修订本卷首所附《修订本前言》），而此，即让我的唐宋词研究，与时人的唐宋词研究大不相同。所谓"求是"，虽为我所倡行的"三求原则"之一"求"（说详后），但说到底，其所强调的实际是研究对象中的问题意识（我将研究李白的一种著作取名为《李白求是录》，其意即此）。比如，在已行世的各种词史或文学史著作中，几乎都认为"苏轼是宋词大量用典的第一人"，且从无人对此提出过异议，而我在《唐宋词史论稿》中，则以确凿的内证材料，首次对这种千篇一律的宋词研究进行了求是考辨，认为真正在宋词中"大量用典的第一人"，是有"浪子"之称的柳永而非苏轼。并认为：苏轼的"豪放词"在当时遭到了"苏门六君子"等人的极力反对，其本人也几乎成为词体创作中的孤家寡人；被尊称为"英雄词"的辛弃疾词，其实是一种词的"变调"，一种仅供阅读的案头文学;凡称之为词者(无论是什么词),必须具备音乐与平仄两个基本要素,缺一不可,等等。仅此,即可见出我的唐宋词研究,确乎是与时人之研究大不相同的,原因则是求是乃贯穿全书之始终。

谈到对唐宋词的研究,自然要涉及被称为"百代词曲之祖"的《菩萨蛮》(平林漠漠烟如织)与著名的《忆秦娥》。这两首词是否为李白所作,历来颇具争议。且争议者又自行分为两大"阵营",即研究唐宋词者,几乎皆认为李白是这两首词的作者;而研究李白者,则几乎皆认为这两首词非李白所作。这是一种很有趣的"学术对立"。记得在一次"李白研究学术研讨会"上,有研究唐宋词者作大会发言,当其大谈李白这两首词的学术价值与词史意义时,主持人兼评论人即插言道:请先弄清这两首词的作者后再谈价值与意义。发言者脸色骤变,尴尬无比。所以,我在撰著《唐宋词史论稿》时,即着眼于求是的角度,用了一整章的篇幅,对传世的全部"李白词"进行了逐一考察,最后得出结论,李白是诗人而非词人,现所存见之"李白词"全为后人伪托。

其实,真正能凸显我在"文学史研究打通关"中之求是特点的,是《文集》中的唐代诗人研究系列,如《孟浩然研究》、《孟浩然新论》(由《孟浩然年谱》《孟浩然评传》《孟浩然论丛》三者组成)、《王维新考论》、《李白研究新探》、《杜甫研究新探》、《唐代诗人探赜》、《唐代诗人婚姻研究》、《全唐文作者小传辨证》等。而其中,被我视为最具求是特点之精华者,则为有 54 万字之众的《全唐文作者小传辨证》。本书是《文集》中唯一的一种单行本超过 50 万字的著作。仅从书名看,便可知这是一种以求是为准的专书。全书原为一摞 60 多万字的读书笔记,始于 1984～1988 年我通读《全唐文》之际,前后历经 35 年而修订梓行,书中所辨证的作者小传数以百计,仅就专题辨证而言,《全唐文作者小传辨证》堪称《全唐文》问世以来的第一书。虽然,在此书出版之前,清人劳格与今人岑仲勉都曾撰著各自之《读全唐文札记》,但二者之札记合计也不足万字,且辨证的作者小传也只有 50 篇左右。至若错误,两《札记》皆有。对于劳、岑二氏《札记》之错误,我在《全唐文作者小传辨证》中,亦对其进行了程度不同之辨证。从这一意义上讲,我的这一 54 万字的研究成果,其实是具有双重特点的,即其既考辨了《全唐文》作者小传之误,又辨证了劳、岑二氏《札记》之讹，而此，则皆与求是的关系密不可分。

除了唐代诗人研究系列之外，《中国乐府诗批评史》的求是特点也甚为明显，如开篇第一章第一节"'前乐府'的文献依据"，即属如此。长期以来，人们之研究乐府诗者，皆将颜师古《汉书》注之"乐府之名，盖始于此"奉为圭臬，且从无人对其产生过怀疑，于是，乐府诗始于西汉说，即因此而代代相传，并被写进了现当代的各种文学史教科书。而本书之本章本节，则以求是为切入点，并将出土文物与传世文献互为关联，首次对"乐府始于西汉说"进行了全面、系统而翔实之辩驳，从而还"乐府诗肇始期"以历史真实。同样的求是之况，亦存在于《唐后乐府诗史》之中。传统的说法，乐府诗至唐而止。而事实上，宋、辽、金、元、明、清六朝的乐府诗，才是乐府诗史上的一座真正的文学巅峰。这一时期的乐府诗，以新乐府、拟乐府（即唐人所说的"古乐府"）为主，而新乐府中之即事类乐府、竹枝类乐府、歌行类乐府、宫词类乐府等，即为此期乐府诗之最重要者。正因此，这一时期的乐府诗，无论是诗人数量抑或作品数量，都是数十倍甚至是百倍于汉唐乐府，故而，其创作规模、文学影响、时间跨度等，都较汉唐乐府诗有过之而无不及。而所有这一切，即皆为《唐后乐府诗史》之求是所获。至于《文集》中的其他方面之求是，这里就不一一自数"家珍"了。

求是与创新，在我的"文学史研究打通关"中，既互为关联，又贯穿始终，因而在《文集》中随处可见。所谓"创新"，以我个人的理解而言，主要指的是研究成果的原创性特点。而我40多年的研究经历与经验又表明，原创性与求是，其实是具有很强的内在联系的，如上举《中国乐府诗批评史》，即充分证实了这一点。此书之所以取名为"中国乐府诗批评史"，所表明的是其为乐府诗批评的通史而非断代史，而此，无论是于乐府史研究抑或文学批评史研究来说，都是属于一种具有原生态特点的本真研究的，前人所言"开山伐林""采山之铜"，即此之谓也。虽然如此，但此书的第一章"'前乐府'批评"，却又属于地地道道的求是之作。2008年，我曾在《王维新考论》的《自序》中，首次提出了"求实、求是、求真"的"三求原则"，而这一"三求原则"，即在《中国乐府诗批评史》第一章中得到了很好的落实与体现。

同样的情况，《文集》中的《乐府诗通论》《宋金元诗通论》《明清戏著史论》，以及《唐后乐府诗史》等著作，亦皆具有这种原创性特点。拙著《乐府诗通论》出版之前，虽有一种《乐府通论》问世，但我之《通论》与该《通论》却迥然有别。对于该《通论》，拙著《乐府诗通论》第六章第二节之《王易及其〈乐府通论〉》已有评说，读者自可参看。我的《乐府诗通论》，就其原创性特点而言，主要表现为：（1）全书之"通论"，在时间的跨度上是由夏商周而清末民初，凡三千餘年，绝非是只局限于汉魏乐府诗的《乐府通论》可比。（2）在乐府诗史方面，首次将三千年的乐府诗分为"前乐府"（即汉武帝"乃立乐府"之前的乐府诗）、"汉唐乐府"、"唐后乐府"三大阶段，并进行了逐一论析。（3）对三千年乐府诗史之"乐府演变""乐府专书""乐府批评""乐府研究"等，首次进行了多角度之立体观照。这些"通论"内容，不仅自西汉扬雄《琴清英》问世以来的唐、宋、元、明、清无人关注，而且当今研究乐府诗者，也无只字之及，则其"开山伐林"特色之鲜明，仅此即可见其一斑。《宋金元诗通论》一书，为本研究领域中的第一书，因为在千年的宋诗研究史上，将宋诗与金诗、元诗作为一个"文学单元"以研究者，舍本书外别无他作。至若《商周逸诗辑考》《唐后乐府诗史》《明清戏著史论》等，亦皆属如此，此不赘言。

在我 40 多年的学术历程中，力主求是与创新，是我所遵循的两大学术原则，而提倡并践行"文学史研究打通关"，则为我所追求的一种具有宏大格局的学术目标，且穷年累月而不舍。二者的相互交织与相互作用，不仅成就了《文集》所收入的这一系列成果，而且也使得我彻悟了人生中之学术"百味"，其中最关键者，就是只有一以贯之、持之以恒，才能成就一番事业，舍此别无他途。

我深感庆幸的是，自从步入了中国古代文学研究这道学术之门后，既不曾徬徨，更不曾退缩，而是数十年与之日出日落，相伴并行，因而才有了这套约 800 万字的《文集》的问世。约 800 万字的学术著作，对于我本人而言，可算得上是一份沉甸甸的成果，其所表明的是我 40 多年来，并没有因虚度年华而辜负自我，更不曾辜负我所生活的这个时代！

2020 年 5 月 20 日于古隆中求是斋

# 附 录

## 《王辉斌学术文集》出版说明

王辉斌教授是首倡"文学史研究打通关"并躬身践行的一位学者。在自1977年迄今的四十多载春秋中，不仅较圆满地完成了其自订的"文学史研究打通关"计划，而且还相继推出了包括这一计划在内的约800万字的研究成果。这些成果，分别涉及乐府学、辑佚学、文学文献学、戏曲学，以及先唐诗人研究、孟浩然研究、王维研究、李白研究、杜甫研究、唐代诗人婚姻研究、唐宋词研究、宋金元诗研究、明清小说研究等多个方面。其跨度之久远，视域之开阔，范围之宽广，门类之多样，为当今学界所少有。

王辉斌教授现为中国孟浩然研究会会长，其研究中国古代文学及孟浩然的成果，已多为学界所关注，并有学者建议编辑出版其文集。有鉴于此，经中国孟浩然研究会与有关方面协商，决定对王辉斌教授的已有成果进行一次集中整理。为便于整理工作的顺利开展，受中国孟浩然研究会的委托，由研究会两位副会长担任主编，并邀约海内外26位学者成立了"王辉斌学术文集编委会"。于是，即有了这套《王辉斌学术文集》的问世。

《王辉斌学术文集》共编入王辉斌教授的22种著作，并以年代为序，将其编为十卷十册。这些成果由商周而明清，上下三千年，是王辉斌教授数十年来潜沉书海、砥砺学术的一份结晶，其之出版，期盼有益于学界同仁。

《王辉斌学术文集》编委会

2020 年 6 月 17 日

# 《王辉斌学术文集》编辑委员会

**主　编**

卢燕新（南开大学教授）

张震英（海南师范大学教授）

**编　委**

张志烈（四川大学教授）

施议对（澳门大学教授）

胡大浚（西北师范大学教授）

薛天纬（中国人民大学教授）

韩理洲（西北大学教授）

林继中（闽南师范大学教授）

吴在庆（厦门大学教授）

张安祖（黑龙江大学教授）

下定雅宏（日本国冈山大学教授）

钟振振（南京师范大学教授）

陈尚君（复旦大学教授）

简锦松（台湾中山大学教授）

尚永亮（武汉大学教授）

赵敏俐（首都师范大学教授）

俞　宁（美国西华盛顿大学教授）

罗时进（苏州大学教授）

张　晶（中国传媒大学教授）

胡可先（浙江大学教授）

沈文凡（吉林大学教授）

郑永晓（中国社科院文学所教授）

李南钟（韩国全州大学）

刘锋焘（陕西师范大学教授）

程国赋（暨南大学教授）

杜晓勤（北京大学教授）

苗怀明（南京大学教授）

康　震（北京师范大学教授）

（以年齿为序排列）

## 《王辉斌学术文集》总目

第一卷/第一册

中国乐府诗批评史

乐府诗通论

第二卷/第二册

商周逸诗辑考

先唐诗人考论

第三卷/第三册

孟浩然研究

孟浩然新论

第四卷/第四册

王维新考论

李白研究新探

第五卷/第五册

杜甫研究新探

唐代诗人婚姻研究

唐代诗人探赜

第六卷/第六册

全唐文作者小传辨证

唐人生卒年录

第七卷/第七册

唐代诗文论集

河岳英灵集校注

唐诗选注（湖北编）

第八卷／第八册

唐宋词史论稿

宋金元诗通论

第九卷／第九册

四大奇书探究

明清戏著史论

第十卷／第十册

唐后乐府诗史

求是斋杂著

国 学 会 议

# 传承中华优秀文化的价值与路径

## ——第八届全国国学院院长高层论坛暨传统文化教育学术研讨会侧记

徐侠侠　李　冰*

**内容提要**　2019 年 8 月 22 日至 23 日，"第八届全国国学院院长高层论坛暨传统文化教育学术研讨会"在河南省郑州市黄河科技学院举行。来自中国孔子研究院，河南省社科院，河南省社科联，河南省教育厅，陕西师范大学、山西大学、曲阜师范大学、江苏师范大学、广西民族大学等十余所高校，以及教育科学出版社，《中州学刊》《中原文化研究》等学术刊物的四十余位专家学者参会。代表们就中华优秀传统文化的历史贡献与时代价值、中华优秀传统文化与学校育人、结合当地传统文化资源弘扬优秀传统文化等专题展开了学术研讨。

**关键词**　中华优秀传统文化　国学院院长　传统文化教育

为进一步贯彻两办《关于实施中华优秀传统文化传承发展工程的意见》精神，坚定新时代社会主义文化自信，弘扬中华优秀传统文化，2019 年 8 月 22 日至 23 日，"第八届全国国学院院长高层论坛暨传统文化教育学术研讨会"在郑州市召开。会议共收到论文 40 余篇，来自中国孔子研究

---

*　[作者简介] 徐侠侠，女，1988 年生，陕西汉中人。陕西理工大学马克思主义学院讲师，西安理工大学思想政治教育专业博士研究生。研究方向：传统家文化、马克思主义人才学。李冰，1974 年生，河南永城人。副研究员，南京师范大学马克思主义哲学专业博士研究生。研究方向：传统家礼、生态哲学。

院、河南省社科院、河南省社科联、河南省教育厅、陕西师范大学、山西大学、曲阜师范大学、江苏师范大学、河南师范大学、广西民族大学、陕西理工大学、衡阳师范学院、商丘师范学院、宝鸡文理学院、湖南科技学院以及教育科学出版社和《中州学刊》《中原文化研究》等学术刊物的专家学者参加了此次论坛。20余位学者作了大会发言，与会代表围绕中华优秀传统文化的历史贡献与时代价值、中华优秀传统文化与学校育人、结合当地传统文化资源弘扬优秀传统文化等专题展开了学术交流研讨。

## 一 中华优秀传统文化的历史贡献与时代价值

与会者普遍认为，中华优秀传统文化博大精深，包含着中华民族最根本的精神基因，是中国特色社会主义植根的文化沃土，要将中华优秀传统文化作为中华文明的重要内容进行传播极其重要。河南省社科联主席李庚香指出，必须要充分认识中华优秀传统文化在中华民族伟大复兴中发挥的重要作用，要不断对其进行创造性转化，探索出传承与发扬中华传统文化的有效路径，不仅要让世界了解发展中的中国、开放中的中国、为人类做出贡献的中国，更要让世界了解哲学社会科学研究中的中国，聚焦于优秀传统文化研究中的中国、不断传播文明成果的中国。中国孔子研究院院长杨朝明教授认为，中国儒学是中华民族的文化和文明的主干，要研究中国儒学就必须追本溯源，即通过不断加深与早期儒学密切相关问题的研究，对早期儒学进行重新认识，从而更深层次地研究了解中国儒学，让中国儒学在新时期体现出应有的时代价值。广西民族大学国学院院长张震英教授认为，在新时代传承和弘扬中华优秀传统文化过程中，一定要坚持"扬弃"原则不动摇，坚持"取其精华，去其糟粕"，克服"教条主义"，树立"客观、科学、礼敬"的态度，避免"爱屋及乌""醉心复古""食古不化""狭隘偏颇""沉渣泛起"等倾向，对传统文化特别是作为封建社会主流意识形态的经学部分进行认真清理，对其中的糟粕要保持高度警惕。

与会者还认为加强传统家文化研究，对于当今优秀传统文化传承工程具有非常重要的学术价值和现实意义。江苏师范大学中华家文化研究院院长陈延斌指出，要通过挖掘和整理家训、家书文化，以优良的家风家教培育青少年，从而传承中华文脉。要系统整理传统家训文献，使之更加便于传承和弘扬，要探讨家训思想及其教化实践古为今用，推进今天的家庭教育、家庭美德建设和新型家训文化构建，要立足于传统家训资源，为当代优秀家风培育提供理论支撑和实践参考，要承接传统家训文化血脉，促进社会主义核心价值观大众认同，借鉴家训教化、规诫路径方法，为精神文明建设和青少年的培养提供有益借鉴。江苏师范大学葛大伟副教授认为江苏家训在中国家训文化发展史上地位举足轻重，他指出应努力研究和挖掘江苏家训史中道德教化思想方法的时代价值为今所用。河南师范大学赵振教授指出，一方面，传统家训为儒家文化走向民间架起了一座桥梁，儒家思想通过家庭礼仪得到践行与强化，儒家文化通过家训的通俗化阐释扩大了其受众范围，得到了更广泛更有实效的传播；另一方面家训还促使儒学朝着形而下的实用方向发展，通过家训来促进儒家伦理生活化与具体化。同时，家训赋予了传统儒学以新的内涵与形式，光大了中华优秀传统文化。

## 二　中华优秀传统文化是学校育人的丰富滋养

与会者还围绕中华优秀传统文化与高校立德树人进行了研究。与会者普遍认为，中华优秀传统文化要融入高等教育立德树人的大格局之中，使其在高等教育中真正发挥出固本铸魂的作用。河南省教育厅王亚洲认为，高校要坚决落实"立德树人"根本任务，要不断挖掘中华优秀传统文化并赋予其新的内涵，为培养社会主义合格建设者和可靠接班人提供育人资源与精神动力；黄河科技学院董事长胡大白教授指出，进入新时代要高度重视优秀传统文化资源对于高校"立德树人"的作用，将优秀传统文化中育人思想融入高校"三全育人"机制之中，充分利用好高校优势来建设、守护中华优秀传统文化传播的阵地；陈延斌教授强调，当前传统文化教育要按照党的十九大报告关于"深入挖掘中华优秀传统文化蕴含的思想观念、人文精神、道德规范"的要求，重点抓好优秀民族精神教育、具有时代价值的传统价值理念教育、传统美德教育和中华民族优秀家文化教育。

与会者围绕国民教育各阶段传统文化教育问题进行了研讨。与会者普遍认为，国民教育是传承优秀传统文化的主要途径，要将中华优秀传统文化与国民教育各阶段教育相融相合。陕西师范大学国学院院长曹胜高教授指出，当前在国民教育序列中大学传统文化课程建设与教材编写呈现多元化倾向，出现很多教材编写缺乏依据、课堂教学缺少共识、课程建设缺乏标准和课外读物指向不明的问题。要解决好这些问题关键要构建优秀传统文化教育普及的学理依据。山西大学国学院院长刘毓庆教授认为，当前国学教育进入课堂出现了诸如四书及传统蒙书进课堂的内容未经过严选、小学语文课堂及老师模块不够清晰等问题。要从课程内容上、课程设计上、课程形式上下功夫，让中华优秀传统文化中的精华部分被有效利用。

与会者还围绕中华优秀传统文化与高校思想政治教育关系进行了探讨。与会者普遍认为，传承和弘扬中华优秀传统文化已成为思想政治教育工作的重要使命，要加强中华优秀传统文化在思想政治教育中的功能与作用。黄河科技学院中华传承发展研究院执行院长李学勇教授认为，高校开展的思想政治教育与以儒家立德为本的优秀传统文化教育在育人目标上具有一致性，在育人功能上具有相辅相成性；广州城市学院国学院院长宋婕教授认为，新时期要在思政课设计理念和定位、课程内容、教学手段、教学评价几个方面加强中华优秀传统文化在理论教学与实践体验中的广度和深度；还有的学者认为，特别要明确传统德育路径方法与思想政治教育方法创新之间的关联性，深入研究可操作、有实效的方法加以创新，以运用于当下高校育人。

## 三 结合当地传统文化资源弘扬优秀传统文化

与会者普遍认为，近年来中华优秀传统文化与地方文化相结合，形成了很多文化品牌，积累了不少传播经验。衡水学院董子研究院执行院长魏彦红教授介绍了衡水学院通过设置学报专栏、举办高端学术会议、出版研究成果、开设董子讲堂等方式广泛传播董学，对中国传统文化产生了积极影响；衡阳师范学院船山学社常务副社长朱迪光教授就如何弘扬以船山民族气节为重点的国学教育进行了探讨，他认为船山思想的推广要从推广内容、推广方法上不断创新；广东省国学教育促进会副会长李文良结合东莞泰威电子有限公司的实践，强调书院化企业在面对新时期以"变"为特征的外部环境时要坚守以优秀传统文化为主要内容的"不变"，要致力于培育以德为本的企业核心价值观。

　　此次论坛与会学者达成了四点共识：一是要继续确立中华优秀传统文化的重要地位。中华优秀传统文化是中华民族的"根"与"魂"，更是坚定文化自信精神上的"定海神针"；二是要继续坚持大力传承和发扬中华优秀传统文化，而传承与发扬的前提是要厘清相关概念和问题，将正确有益的内容弘扬光大；三是要继续发挥中华优秀传统文化的功能性作用，将中华优秀传统文化与学校育人相结合，为涵育社会主义核心价值观、促进学校思政课教学提供滋养作用；四是要持续推进传统文化的创造性转化和创新性发展，尤其是以地域传统文化、家文化为着力点，加大优秀传统文化传承的力度、效度和温度。

# 百年盛典，推故致新

## ——王船山思想国际学术研讨会综述

朱迪光　陈　杨*

**内容提要**　为纪念王船山先生诞辰400周年，进一步弘扬船山思想，2019年10月29日由衡阳市人民政府、中国社会科学院古代史研究所、国际儒学联合会、湖南省社会科学院、湖南省社会科学界联合会联合主办的王船山思想国际学术研讨会在湖南省衡阳市举行。文化部原部长、著名作家王蒙，中央文献研究室原主任、国际儒学联合会会长滕文生，中国社会科学院副院长、中国历史研究院院长高翔，湖南省委常委、省委宣传部部长张宏森，原中国武警水电部队参谋长谷安彪少将等莅临会议。来自中国、美国、日本和韩国的100余位专家学者齐聚一堂，共同探寻船山思想的精髓和时代价值。

**关键词**　王夫之　400周年诞辰　学术研讨会

王夫之，字而农，号姜斋、又号夕堂，湖南衡阳人。他与顾炎武、黄宗羲并称明清之际三大思想家。王夫之晚年隐居于衡阳石船山，著书立传，后人遂尊称其为王船山。此前，1982年、1992年、2002和2012年举办过王船山思想学术研讨会。30年来，国内外学者对船山思想的研究成果丰硕。党的十八大以来，习近平总书记站在新的历史起点上，阐述传统文

---

* ［作者简介］朱迪光，1961年生，湖南衡东人。湖南省船山学研究中心教授。研究方向：船山学、中国古代文学。陈杨，1980年生，湖北襄阳人。文学博士，衡阳师范学院文学院讲师。研究方向：古代文学与地方文化。

化的发展历程与基本特点、思想精神与现代价值以及对待传统文化的态度
原则等问题，形成了中国共产党人新时期的传统文化观。梳理习近平总书
记的系列讲话，不难发现，总书记在多种场合、多个方面先后援引了王夫
之的"名非天造，必从其实""新故相推，日生不滞"等名言警句，体现
了对船山思想的推崇和对中华优秀传统文化的继承与创新。2016 年 5 月 17
日，习近平总书记在哲学社会科学工作座谈会上历数中国历史长河中涌现
的思想大家时，也提到了王夫之。此次王船山思想国际学术研讨会也是在
这一背景下筹备和举办的。此次会议以"王船山思想与中华文化复兴"为
主题，由大会主题发言和分论坛研讨两个环节组成。会议气氛热烈，学术
气息浓郁，碰撞出不少学术火花，是对船山研究的一次总结。

　　船山思想作为中华优秀传统文化百花园中的瑰丽奇葩，是湖湘文化弥
足珍贵的靓丽名片，具有鲜明的时代价值。习近平总书记在党的十九大报
告中深刻指出："文化兴国运兴，文化强民族强。没有高度的文化自信，
没有文化的繁荣兴盛，就没有中华民族伟大复兴。"举办王船山思想国际
学术研讨会，纪念王船山诞辰 400 周年，缅怀王船山的伟大精神和历史贡
献，具有重要的学术价值和应用价值。船山思想是中国民族文化宝库中的
重要组成部分。对船山思想进行系统深入的研究，有助于保留传统文化的
智慧，更好地继承中国传统文化；通过创新性转化，有助于发展社会主义
先进文化，推动传统文化适应新时代要求的内容与方式。

　　继承和弘扬船山精神对新时代的社会主义精神文明建设具有现实意
义。弘扬船山精神，是对船山诞辰最好的纪念。文化部原部长、著名作家
王蒙以"新时代的精神开拓与精神资源"为题做主题发言，指出学习船山
精神的关键在于融会贯通，拓展我们的精神资源；见贤思齐，整合时代的
与世界的先进文化，根植于中国革命与中国特色社会主义的现代化建设。
学习船山精神的意义关键在于从精神和文化上充实自己，鞭策自己，做到
思想上的脱贫，为社会贡献更多更好的精神产品。

　　船山思想总结了中国历代治国理政的经验教训，在哲学思想、政治思
想等方面给后世留下了极具历史价值的思想遗产，并对近代中国思想启蒙
产生了重要作用。中央文献研究室原主任、国际儒学联合会会长滕文生的
主题发言以"新时代弘扬船山精神的意义"为题，指出中国特色社会主义

进入新时代，我们要以古鉴今，对船山思想在内的中国优秀传统文化进行创造性转化和创新性发展，更好地为社会发展和经济建设服务。

船山先生是湖湘文化精神的集大成者，船山哲学促使了以"忧乐天下"为本的湖湘文化精神的形成。主题发言中，中国伦理学会会长、清华大学人文学院院长万俊人教授以"船山哲学与湖湘文化精神"为主题，从船山哲学是湖湘文化精神的精华与高峰、船山哲学与湖湘文化的精神养成、船山哲学的精神文化遗产与湖湘文化精神的时代意义三个方面进行深入阐释，并指出船山哲学是中国近世启蒙思想的先导。船山哲学思想使后进的湖湘文化一跃而成为近代中国文化思想的引领者，具有中华民族文化精神的典范意义。

船山先生是明末清初中国启蒙思想大师的杰出代表，船山伦理思想代表着中国古代人本主义发展的最高水平，并蕴含着近现代人本主义的因素。中国伦理学会副会长、湖南师范大学王泽应教授做了"再论王船山伦理思想的世界意义"的主题发言。他认为，王船山是明末清初中国启蒙思想大师的杰出代表。船山的伦理思想代表着中国古代人本主义思想发展的最高水平，并蕴含着近现代人本主义思想的因素。王船山的伦理思想是马克思主义伦理思想产生之前最接近马克思主义伦理思想精神实质的伦理思想类型或范式，不仅具有极其重要的世界意义，而且对后世的影响也正在不断被发现。

此外，中国电视剧编剧委员会会长、著名剧作家刘和平以"王船山史学思想照亮了历史，也照亮了现实"为主题，阐述了王船山的史学思想价值，指出船山思想也对其创作电视剧《大明王朝1566》《雍正王朝》《北斗南箕之歌》等产生了很大的启发和影响。

本次会议共收到学术论文89篇，分成综合类、哲学思想类、政治思想类和文化思想类四个分论坛进行研讨，有40位专家学者做了学术报告，与会学者围绕着王船山的相关思想，进行了深入的研讨。

船山政治思想作为船山思想体系的一部分，肇因于明亡的历史教训，彰显于《读通鉴论》和《宋论》等史论著作。王船山的政治思想对于传统的政治思想有因有革，既有采借又有扬弃，其理论贡献表现在除旧和布新两方面。就前者而言，王船山对周文王以来近3000年的专制君主制度进行了深刻彻底的整体性批判；就后者而言，也有许多建设性创见，如对于"君、相、谏官"三者"环相为治"的权力制衡之设计等，都与近代政治理念相接近。湖南大学岳麓书院陈力祥教授认为船山先生在治国理政方面贡献有三：一是提出了"政即礼也"的命题，说明了治国理政的合法性和合理性。二是倡导人本主义的治国理念，提出"以人为依""依人建极"等著名的概念。三是提出了和谐社会的理想，认为理想的和谐社会是"礼宜乐和"。因此，对船山思想要综合性继承、创造性发展，利用船山资源宝库来解决目前的伦理危机、道德危机，为当下治国理政提供丰富的智慧源泉。江苏省社会科学院哲学与文化研究所副研究员孙钦香从德治主义的角度，通过探讨船山对"德与位"之"融合"和"分离"的相关论述，揭示了传统儒家政治哲学的关切与特质，以及囿于单一的政体形式所造成的思考困局。船山在经典注疏阐释的过程中，将传统儒家"德位一致"理念中的"德"的内涵具体化，从公私、义利角度来限定"德"的内容，是基于对"德化天下"的反思和批判。船山关于"德与位"的思考有助于反思近代政治哲学"去道德化"后造成的政治相对主义、虚无主义之困境，有助于认识和评判传统儒家政治哲学的特质及其困顿。中国社会科学院哲学研究所副研究员陈明指出，船山借由疏解《论语》本章之义，探论为政之道，对政治得以维系的功能要素，政治建立施为的本末与次第，社会道德对政治的支撑作用等问题，都做出了深入分析与阐发。船山认为百姓诚信之德的养成是政治建构与维系的核心基础；政治建构应以道德教化为起点与导向，再次第达至足食、足兵的目标。船山的相关论说，不仅关涉儒家的政治理念，更基于他对明朝灭亡和时代问题的反省，对时代变局做出的极具现实针对性的思考。中山大学哲学系（珠海）邓联合教授对船山《庄子解》中的政治思想进行了阐发，船山认为如果统治者罔顾民众天然各异的本心本愿，妄以统一的名法强拢天下纷纭之物事于一律，或试图凭借一己有限的所知所能实现对社会事务的绝对管控，结果必将是贼民害物而成乎乱。以"帝王之道，止于无伤"为底线原则，船山进一步反思了专制政治中儒家仁义之道的异化现象和吊诡效应，指出惟有因任民众自在自足之"常然"和社会生活固有的"自然之序"，仁义之道在政治实践中才具有正当性。宁波大学哲学与国学中心彭传华教授从船山与中国政治思想的近代转型出发，从船山政治思想对维新派、革命派及革命志士和革命群众的影响入手，探讨其是如何将船山的政治思想与西方民主民族思想进行接榫、融合与转化，从而凸显出了中国政治思想近代转型的艰辛历程和船山政治思想在中国近代的改革和革命历程中发挥的巨大作用。

船山作为一代哲人和学者，对文化问题也有精辟独到的见解。船山强烈的政治使命感和坚定的文化思想信仰，使他把儒家学说作为维护封建统治的正统之学，但从文化意义上来讲，他对诸多学派采取了兼容并包、摄精弃粗的态度。船山文化观的特点表现为政治性、正统性很强。在文化结构的诸类型中，他十分重视政治文化：不仅强调文化为政治服务，而且以是否合乎儒家政治作为区分正统学说与异端邪说的标准。中国社会科学院古代史研究所研究员郑任钊从经学文本分析探讨王船山文化思想的贡献。他指出，王夫之解经较之史上诸家多有卓异之处，"以经释经"是王夫之提倡实证考据的产物。王夫之诠释《春秋》主张据经义以求本义，不受三传所束缚，通过比较经文用辞异同来探求春秋大义。他通过比较《春秋》记载许止弑君的用辞异同，力主经既书弑则必为弑，打破了三传许止非实弑之说，认定许止为毒杀君父之贼。"以经释经"重视经文字义、罗列归纳经文异同等取向与方法，对乾嘉汉学的经学考据也产生了影响。日本北海道大学名誉教授佐藤錬太郎以船山《读四书大全说》所收的对《论语集注大全》的批判为中心进行考察，指出船山认为孔子之言是普遍的真理。其对《论语集注大全》加以批判，直接原因是其中所引用的先儒的解释中将孔子之教视为相对化，认为有关轻视道德修养的礼的实践之倾向的解释有损孔子的本意。深层原因是他痛感于当时社会伦理秩序的失范，认识到要依靠重视道德修养的朱子学来恢复阶级秩序和君臣道德。浙江大学人文学院李明友教授认为，王船山不仅是关注社会现实的哲学家，也关注着时代的科学成果。他在《思问录·外篇》中多次评论西方传教士传播的科学技术，并吸取"质测之学"的方法论，用"质测"来解释格物，以"惟质测得之"来改造格物致知，从而使他的格致说既初步摆脱了心性论的束缚，又具有了鲜明的近代认识论的特征。船山的格物致知论具有实证科学的意义，体现出了兼容并包、摄精弃粗的文化态度。湘潭大学碧泉书院哲学系方红姣教授认为船山思想的形成受到了湖湘学派的影响。船山与胡安国、胡宏、张栻等为代表的湖湘学派存在着密切的思想关联：船山的辟佛思想是湖湘学派辟佛思想的延续；船山的理欲观是对湖湘学派天理人欲思想的继承；船山的知行观发挥了湖湘学派"缘事物而知"和知行互发的观点；船山和湖湘学派在体用一致以及义与利的内涵阐释上是一致的。船山是湖湘学派的继承者，是湘学从古代向近代转型的重要转折点。

船山在人文社科各个领域都取得了非凡的成就，其中尤以哲学成就最为显著。梁启超在《中国近三百年学术史》中写道："船山和亭林，都是王学反动所产生人物。但他们不但能破坏，而且能建设。……亭林建设方向近于'科学的'，船山建设方向近于'哲学的'。"船山哲学思想博大宏富，包罗万象。有学者从宏观角度，对船山哲学的特质进行研究。如武汉大学哲学学院郭齐勇教授认为，"气"是船山哲学的最重要范畴，船山的宇宙观是"太虚即气""太虚一实"的气化宇宙观；在关于事物变化发展动力的问题上，船山发展了张载的"一物两体""动非自外"的观点，坚持内因论，反对外因论；在人性论上，船山肯定了人性"日生日成"和"习与性成"；在知行关系上，船山提出了"知行相资以为用""并进而有功"的知行合一观，勾勒出了船山哲学中的主要观点。有学者通过对船山著作文本进行研究，探讨船山哲学思想。韩国朝鲜大学哲学系李哲承教授对王夫之著作中出现的"和"观的逻辑结构和意义进行考察，认为王夫之哲学中出现的"和"论与朱熹等人的观点存在差异：他认为《论语·学而》中的"和"与《中庸·第一章》的"和"之间有意义上的差异，王夫之批评朱熹把"和"当作用的观点，但他不同意体与用中把这两个"和"当作用的朱熹的观点。这种批评实质上是对朱熹通过安静的理与运动的气的二分法分类方式，构建理尊气卑逻辑的观点的批判，反映了船山把理作为运动的气的条理，重视解决动态变化的具体现实问题的观点。有学者用西方哲学语境来阐述船山哲学。如华东师范大学哲学系陈赟教授立足西方哲学语境分析船山哲学中的自然与天道，通过对船山哲学中的自然秩序及其运作机制的思考和这一思考面对自然秩序的不同形式：天之天、物之天与人之天，以及自然秩序中结构与反结构共构问题的分析，认为船山对自然界的看法既不同于西方古典的迷魅的自然观，也不同于现代的去魅的自然观，角度新颖。也有学者对船山的哲学观进行阐释。武汉大学哲学系吴根友教授阐述了王船山文明史观的基本思想内容及其结构，并对其文明史观中的自相矛盾及不合乎文明史发展进程的观点进行剖析与辨正。这种从文明史宏阔的视野来考察船山思想与相关论述，有助于更好地理解船山思想创新的特殊历史情境，拓宽了船山哲学思想的研究视域。还有学者从船山哲学对后世的影响角度进行研究。如上海健康医学院马克思主义学院陈焱博士从船山对郭嵩焘洋务外交理念的影响为中心考察洋务运动背后的中国传统哲学影响。认为以郭嵩焘为代表的近代湖湘士大夫对船山之学的借鉴不仅是从具体史论方法层面，同时还涉及抽象的世界观与价值观层面。船山实际上是以郭嵩焘为代表的近代洋务派的精神与理论导师之一。在推动洋务运动时，郭嵩焘以船山实学思想作为方法论依托和理论参照来接续西学，船山的哲学方法论在郭嵩焘务实求变的洋务思想中发挥了十分重要的影响。

船山是中国的，也是世界的。船山思想在国内的传播和影响情况也受到了学者们的关注。衡阳师范学院文学院杨旭明副教授认为船山思想的传播历经明清、民国和新中国三个发展时期，呈现出传播主体由精英到草根，传播内容由碎片到系统，传播渠道由单一到多元的历史图景。船山思想传播的深远影响主要体现在：船山的实学思想影响了湖湘学风；船山的民族思想影响了社会变革；船山的家教思想影响后裔为人处世。船山思想还传播到了海外，国外的船山研究也成为学术界关注的热点。北京外国语大学中国语言文学学院韩振华教授指出，西方王船山研究较晚，通过梳理西方学界近百年船山研究的历程，得出西方船山研究进路大致经历了政治—历史研究、哲学研究、比较研究的文脉历程。在比较研究阶段，西方汉学界展开的关于中西思想异同的争论进一步将西方船山研究推向比较研究的样态。西方学者的船山研究进路和结论往往不同于汉语学界，但它们也是船山研究的重要组成部分。南开大学日本研究院刘岳兵教授通过分析船山学在近代日本的传播、内藤湖南的船山论和船山史论对松井等的影响，指出近代日本学者对船山的著作关注点不同：或侧重政治论，或侧重史论或侧重哲学观等。因为船山本人及其著作的多义性，船山思想可以渗透到近代日本不同的思想领域。在建构近代日本知识体系时，船山思想发挥了重要的作用。也有学者对英语世界的船山学译介现状进行梳理。衡阳师范学院外国语学院吕建兰老师从博士论文、专著、章节、期刊论文、译著和书评等方面对船山学在英语世界的译介现状进行了翔实而又具体的介绍，指出船山学在英语世界的译介现状不容乐观，亟须既有船山学研究背景又有较高的英语翻译能力的学者对船山著作进行英译，才是实现船山学"走出去"的重要途径。对船山形象和船山精神的研究也一直受到学者的关注。中南大学哲学系吕锡琛教授指出，王船山不仅以"六经责我开生面"的理论勇气对传统文化进行总结和创新，彰显出高尚的士人形象；而且还深刻地反省明末空谈心性的空疏学风，呼唤和期待广大士人修德正身，匡维世教，读书穷理，经世致用，坚守正义和良知，担负起振兴中华、重建民族文化的重任。船山对士人之责的思考对我们整肃学风，修身律己，推动中华优秀传统文化创造性转化和创新性发展具有示范和启迪意义。衡阳师范学院文学院朱迪光教授将文化自信和船山对民族文化的理论探讨相结合，认为以船山思想为代表的中华优秀传统文化是中国人的文化基因，是中华民族的血脉，也必然成为文化自信理论的重要源泉。船山思想中的文化自信对于当代中华文化的复兴有启示意义。船山关于文化自信的认识虽然达不到当代文化自信理论的水平，但是，其对文化自信的探索毕竟为后来的爱国救亡人士所肯定，其重要内容被吸收。船山思想影响了谭嗣同、梁启超、章太炎等一大批仁人志士，促使他们为中华文化复兴而努力奋斗，也成了当代中国共产党人文化自信理论形成的重要渊源之一。还有学者侧重于对船山学人进行研究。山东大学儒学高等研究院博士后林柏宏从海峡两岸船山研究向度的对比角度，对陈来先生的船山学研究进行分析。认为海峡两岸的船山学研究，长期以来有着不同的发展向度，早期是唯心、唯物之异，后来有心学、理学之别。心学式船山学以曾昭旭为代表，理学式船山学以陈来为代表。陈来理学式船山学的特色在于对比船山与朱子间概念之异同，能看出朱子对船山的影响。岳麓书社编审夏剑钦对开创和传承船山学的先驱人物进行梳理，指出清代康熙晚期的刘献廷、潘宗洛、张仕可、储大文、董思凝、李周望、缪沅、王敔和乾隆年间的余廷灿、阮元才是开创和传承船山学的首批先驱人物。其中，船山之子王敔是开创和传承船山学第一代学人中最大的功臣，邓显鹤是研究和传承船山学第二代学人中的魁首。对船山学先驱人物进行梳理不仅见出船山学的传承、研究渊源有次，而且得出的这一认识也改变了学界的习惯性认识，具有重要价值。

此次王船山思想国际学术研讨会有如下特点：一是微观深入。本次研讨会许多学者都注重微观研究，彰显出了细致、深入、扎实的学风。如：华东师范大学刘梁剑教授的《王船山〈西铭〉题解天亲合一思想初探》、韩国成均馆大学金东敏教授的《王夫之实证的〈春秋〉解释方法论——以〈春秋〉"春王正月"的解释为中心》、湖南科技学院国学院周建刚教授的《船山〈读孟子说〉的理气心性论——以〈告子章〉为中心》等都是通过微观篇章来考察船山哲学范畴的具体意义及其传承与创新。二是研究面广。从参会论文内容看，学者们船山学研究的领域十分广泛，涉及船山的哲学、史学、伦理学、政治学、诗学、美学等各个方面。三是推故创新。参会学者开拓创新，利用新思路提出了新观点。比如，湖南省船山学社王兴国社长认为船山对近现代中国影响最大的是其爱国主义和民族主义，船山是中国近现代的精神领袖，是儒学正统的重建者。该观点对船山历史地位的界定具有开创意义。北京大学哲学系张学智教授通过对《坤》和《既济》卦揭示王夫之《周易》阐发中包含的哲学思想及其时代关切，把王夫之的哲学思想与现实政治考虑关联起来，属于一种新角度的创新尝试。也有的论文采用了新材料，如湖南省图书馆研究馆员寻霖的《衡阳〈邗江王氏五修族谱〉序文整理》，采用了很多第一手的珍贵资料，文中整理序文11篇，仅有2篇曾公开刊行，具有重要的资料价值。

此次研讨会议题丰富，内容广泛，是一次成功的国际学术大会。本次学术研讨会汇聚了国内外船山研究的主要代表性学者，显示了学界在船山研究上的较高学术水平；更汇集了一批青年学者，表明了船山研究后继有人而且具有接续开创的青春活力。本次研讨会的召开不仅加深了学界对船山思想的了解，也推进了同道学者之间的学术交流，更深化和拓展了船山研究，必将进一步促进船山研究的蓬勃发展。

# Contents

**图书在版编目(CIP)数据**

中华优秀传统文化研究. 第三辑/张震英主编. --
北京:社会科学文献出版社,2021.6
ISBN 978 - 7 - 5201 - 8077 - 1

Ⅰ. ①中… Ⅱ. ①张… Ⅲ. ①中华文化 - 文集 Ⅳ.
①K203 - 53

中国版本图书馆 CIP 数据核字(2021)第 042063 号

中华优秀传统文化研究（第三辑）

主 编／张震英

出 版 人／王利民
组稿编辑／任文武
责任编辑／连凌云

出 版／社会科学文献出版社·城市和绿色发展分社 (010) 59367143
地址：北京市北三环中路甲 29 号院华龙大厦 邮编：100029
网址：www. ssap. com. cn
发 行／市场营销中心 (010) 59367081 59367083
印 装／三河市尚艺印装有限公司

规 格／开 本：787mm × 1092mm 1/16
印 张：23.75 插 页：1 字 数：360 千字
版 次／2021 年 6 月第 1 版 2021 年 6 月第 1 次印刷
书 号／ISBN 978 - 7 - 5201 - 8077 - 1
定 价／98.00 元